U0959268

《中国法院2023年度案例》编委会

主　任　刘贵祥

副主任　李晓民　雷　鸿　胡田野　王晓芳　袁登明

成　员　赵海峰　王　立　梁　欣　程　瑛　王　锐
　　　　　刘　畅　曹海荣　朱建伟　李晓果

《中国法院2023年度案例》编辑人员（按姓氏笔画）

王　锐　王翼妍　刘　畅　朱建伟　朱　琳　李晓果
李明桓　李　谦　宋　爽　林子雍　胡　岩　赵文轩
姜　丹　唐世银　唐鑫鑫　徐　汛　曹海荣　梁　欣
程　瑛　焦　颖　潘园园

编　务　赵文轩

本书编审人员　李晓果

中国法院2023年度案例

国家法官学院　最高人民法院司法案例研究院　/ 编

行政纠纷

中国法制出版社
CHINA LEGAL PUBLISHING HOUSE

《中国法院2023年度案例》通讯编辑名单

刘晓虹 北京市高级人民法院

王　凯 北京市高级人民法院

董　扬 天津市高级人民法院

童若涵 河北省高级人民法院

崔铮亮 山西省高级人民法院

杨智勇 内蒙古自治区高级人民法院

周文政 辽宁省高级人民法院

苏　浩 吉林省高级人民法院

王　妍 黑龙江省高级人民法院

牛晨光 上海市高级人民法院

缪　芳 江苏省高级人民法院

左一凡 江苏省高级人民法院

谷昔伟 江苏省南通市中级人民法院

宋婉龄 江苏省无锡市中级人民法院

杨　治 浙江省高级人民法院

李　波 浙江省高级人民法院

刘伟玲 安徽省高级人民法院

杨　宇 福建省高级人民法院

章光园 江西省高级人民法院

李　宁 山东省高级人民法院

张　琦 河南省高级人民法院

宋淼军 湖北省高级人民法院

黄　娅 湖北省宜昌市中级人民法院

唐　竞 湖南省高级人民法院

李　雪 广东省高级人民法院

邹尚忠 广西壮族自治区高级人民法院

韦丹萍 广西壮族自治区高级人民法院

李周伟 海南省高级人民法院

闫帅锋 重庆市高级人民法院

任　梦 四川省高级人民法院

杨俊杰 云南省高级人民法院

石　瑾 云南省昆明市中级人民法院

伍席芳 贵州省高级人民法院

余长智 贵州省贵阳市中级人民法院

王丽萍 西藏自治区高级人民法院

郑亚非 陕西省高级人民法院

张旦旦 甘肃省高级人民法院

王　晶 青海省高级人民法院

康　莹 宁夏回族自治区高级人民法院

石孝能 新疆维吾尔自治区高级人民法院

吉　雄 新疆维吾尔自治区高级人民法院生产建设兵团分院

序

法治是治国理政的基本方式，司法是法治体系的重要基石。党的二十大报告指出，要坚持走中国特色社会主义法治道路，建设中国特色社会主义法治体系、建设社会主义法治国家。加快建设公正高效权威的社会主义司法制度，努力让人民群众在每一个司法案件中感受到公平正义。人民法院始终坚持以习近平新时代中国特色社会主义思想为指导，深入学习贯彻习近平法治思想，围绕“公正与效率”这一主题，践行新时代能动司法理念，把加强司法案例研究作为加快建设公正高效权威社会主义司法制度，坚持为大局服务、为人民司法的重要途径，通过发布具有普遍指导意义的典型案例，统一法律适用，提高审判质效，提升司法公信力，努力让人民群众在每一个司法案件中感受到公平正义。

“中国法院年度案例系列”丛书，是国家法官学院和最高人民法院司法案例研究院精选全国各高级人民法院每年选送的优秀案例，深入挖掘典型案例内在价值编辑的实用精品丛书，旨在总结提炼典型案例的裁判规则和裁判方法，发挥司法规范、指导、评价、引领的重要作用，大力弘扬社会主义核心价值观，增强全民法治意识和法治素养，展现新时代我国司法领域新发展、新成就。

本丛书自2012年编辑出版以来，已连续出版12年，每年年初出版，受到读者广泛好评。本丛书出版之初有15个分册。近年来，为顺应审判执行实践需要，更加全面反映我国司法审判执行工作的发展进程，响应读者需求，2014年度新增金融纠纷、行政纠纷、刑事案例3个分册，2015年度将刑事案例调整为刑法总则案例、刑法分则案例2个分册，2016年度新增知识产权纠纷分册，2017年度新增执行案例分册，2018年度将刑事案例扩充为4个分册，2022年度将土地纠纷（含林地纠纷）分册改为土地纠纷（含环境资源案例）分册。在全国各级人民法院的大力支持下，丛书编委会现编辑出版《中国法院2023年度案例系列》丛书，共23个分册。

“中国法院年度案例系列”丛书以开放务实的态度、简洁明快的风格，追求“好读有用”，主要体现出以下特色：一是选编案例来源广泛、时效性强。

国家法官学院和最高人民法院司法案例研究院每年通过各高级人民法院汇集全国范围内上一年度审结生效的典型案例近万件，使该丛书有广泛的精选基础，可及时、定期提供全国范围内新近发生的多种类型的新型、疑难案例。二是由法官释理说法，全方位深度挖掘案例价值。大多数案例由主审法官撰写“法官后语”，深入阐释案例的裁判思路和相关考量，充分发挥典型案例在司法裁判、类案参考、法学研究、行为指引、宣示教育等方面的价值，力求引发读者的共鸣与思考，为读者提供借鉴和启迪。三是编排依次以案由和法律适用问题为序，方便读者检索。丛书充分体现“以读者为中心”的理念，每册内容主要根据案由分类编排，每个案例主要围绕法律适用问题，用一句话精要概括裁判规则、裁判思路或争议焦点，以其作为主标题，让读者能一目了然，迅速找到所检索的目标案例。四是注重裁判文书再加工，高度提炼案例内容。案例编写突出争议焦点以控制篇幅，剔除无关信息，尽可能在有限的篇幅内为读者提供更多与争议焦点、所查类案相关的有效、有益信息。

中国法制出版社始终全力支持“中国法院年度案例系列”丛书的出版，给了作者和编辑们极大的鼓励。2023年，这套丛书将继续提供数据库增值服务。购买本书，扫描前勒口二维码，即可在本年度免费查阅往年同类案例数据库。我们在此谨表谢忱，并希望通过共同努力，逐步完善，做得更好，真正探索出一条编辑案例书籍、挖掘案例价值的新路径，更好地服务司法审判高质量发展、服务法治社会建设、服务学习研究法律的读者。

“中国法院年度案例系列”丛书既是法官、检察官、律师等法律工作者的办案参考和司法人员培训的实用教材，也是社会大众学法用法的经典案例读本，同时是教学科研机构与人员从事案例研究的良好系列素材。当然，案例作者和编辑在编写、编审过程中也难以一步到位实现最初的愿望，客观上会存在各种不足甚至错误，欢迎读者批评指正。我们愿听取各方建议，不断拓宽深化司法案例研究领域，立足新发展阶段，推动实现中国特色司法案例事业的高质量发展。

国家法官学院

最高人民法院司法案例研究院

2023年5月

目　录

Contents

一、行政处罚

二、行政强制

三、行政许可

四、行政征收

五、行政登记

六、行政确认

七、行政允诺

八、政府信息公开

九、行政处理

十、行政复议

十一、行政协议

十二、行政赔偿

十三、不履行法定职责

一、行政处罚

1

比例原则在民航行政处罚案件中的适用

——王某诉某省公安厅机场公安局直属分局、某省人民政府行政处罚及行政复议案

【案件基本信息】

1. 裁判书字号

山东省济南市中级人民法院（2021）鲁01行终102号行政判决书

2. 案由：行政处罚及行政复议纠纷

3. 当事人

原告（被上诉人）：王某

被告（上诉人）：某省公安厅机场公安局直属分局

被告：某省人民政府

【基本案情】[①]

2019年6月26日8时55分，在某市国际机场国内出发安检二区通道内，

---

① 对于本书【基本案情】作以下两点提示：第一，案情中出现的各方主体在名称、职能等方面均以案情发生时为准；第二，所引法律法规等条文均为当时有效。本书以下不再对此进行提示。

王某将一个黑色电子点烟器放在钱包中，将钱包放在男士挎包中，欲通过安检乘坐飞机前往上海。安检工作人员发现后，将王某送至某省公安厅机场公安局直属分局候机楼派出所。候机楼派出所受案后，对报警的安检工作人员及王某进行了调查询问。2019年6月26日10时17分，候机楼派出所向王某制作《行政处罚告知笔录》，告知其拟作出行政处罚决定的事实、理由、依据，并告知其享有的陈述、申辩权，王某签字确认其不提出陈述和申辩。同日，某省公安厅机场公安局直属分局作出《行政处罚决定书》，认定王某携带、交运禁运物品的违法行为成立，决定给予王某罚款1000元的行政处罚，并收缴电子点烟器一个。王某不服上述《行政处罚决定书》，向某省人民政府提出行政复议申请。某省人民政府受理王某的行政复议申请后，经审查作出《行政复议决定书》，决定维持涉案《行政处罚决定书》。王某不服某省公安厅机场公安局直属分局作出的《行政处罚决定书》及某省人民政府作出的《行政复议决定书》，诉至法院。

【案件焦点】

在民航行政处罚案件中，如何适用比例原则审查行政处罚决定的合法性及合理性。

【法院裁判要旨】①

山东省济南市历下区人民法院经审理认为：比例原则要求行政机关在行使自由裁量权时选择成本相对最小的执法手段，选择对行政相对人侵害最小的方式，从而使行政执法的成本与执法收益相一致。本案中，王某尚未通过安检进入候机隔离区，未对航空秩序及安全产生干扰，且其作为一般社会大众，对于随着技术革新而产生的包括电子点烟器在内的各类点火装置能否随身携带登机并不具有辨识能力和注意义务，对携带电子点烟器乘坐航空器不具有主观恶意。王某在安检中积极配合调查并能够认识到携带电子点烟器乘坐航空器的危害性，

---

① 本书【法院裁判要旨】适用的法律法规等条文均为案件裁判当时有效，下文不再对此进行提示。

对其所携带的电子点烟器予以收缴亦未造成严重社会后果，属于情节轻微，危害程度不大。在这种情况下，某省公安厅机场公安局直属分局对王某作出罚款1000元的行政处罚，具有不合理性。

山东省济南市历下区人民法院依照《中华人民共和国行政诉讼法》第七十条第一款第三项、第七十九条之规定，判决：

一、撤销涉案《行政处罚决定书》；

二、撤销涉案《行政复议决定书》。

某省公安厅机场公安局直属分局不服一审判决，提起上诉。山东省济南市中级人民法院经审理认为：王某作为有乘坐航空器旅行经历的成年人，对于打火机、点烟器应具有足够的辨识能力。在机场设置有醒目警示标识的情况下，其在进入安检区后主动交出打火机，足可表明其对于打火机等火种对航空安全的危害性具有足够的认知能力。但其不仅未向机场安检人员主动出示或自行处置点烟器，反而将点烟器存放在较为隐蔽的黑色钱包内，且在进入安检区时亦未主动出示该点烟器，足可认定其存在藏匿的主观故意，对其处罚款1000元并收缴点烟器，认定事实清楚，适用法律、法规正确，程序合法，过罚得当。一审法院适用比例原则，认定被诉行政处罚决定存在不合理性，并予以撤销，系适用法律不当，应予纠正。

山东省济南市中级人民法院依照《中华人民共和国行政诉讼法》第八十六条、第八十九条第一款第二项之规定，判决如下：

一、撤销一审判决；

二、驳回王某的诉讼请求。

【法官后语】①

在行政法领域内，比例原则对审查行政权力行使的合理性、平衡行政手段与目的之间的关系、限制行政自由裁量权的行使发挥着重要作用，故而广泛应

---

① 本书【法官后语】对相关法律问题涉及的法律法规等进行了时效性更新，下文不再对此进行提示。

用于司法实践中，成为审查行政行为的重要理论依据。在行政审判中，比例原则虽然具有规则属性，但其适用并非不受限制。法律规范具有优先适用性，而比例原则应当作为弥补法律漏洞或补充评价行政行为的手段。法院在审理行政处罚案件时，应当先以事实为依据，以法律为准绳，审查行政行为的合法性，再借助比例原则衡量行政行为是否具有合理性。在法律法规有明确规定，机场亦设置醒目的警示标识提醒乘客禁止携带相关禁运物品的情况下，违法行为人仍隐匿禁运物品欲通过机场安检区进入候机隔离区，应当认定具有携带禁运物品的故意。民航公安机关在查明事实的基础上，依照法定程序在处罚幅度内对违法行为人作出处罚决定，其行政行为具备合法性。

在行政行为具备合法性的前提下，适用比例原则考量行政行为的合理性时，不应局限于行政机关与行政相对人两方的利益来衡量行政手段与行政目的是否合乎比例，还应将社会公共利益纳入考量范畴，综合评价比例原则的适用可能对当事人及社会公众产生的影响。在民航领域，安全是民航事业发展的生命线，是关乎人民群众生命财产的头等大事。认真开展机场安检工作、排查整治安全隐患、依法打击危害民航安全的违法行为是确保民航安全运行平稳可控的重要条件，也是机场管理部门、公安机关的法定职责，稍有疏忽，即会酿成大祸。民航公安机关处理涉及民航安全的违法案件需秉持慎之又慎的态度，严格依照法律规定作出行政行为。人民法院在审理涉及民航领域的行政处罚案件时，亦应秉持安全隐患零容忍的态度。评价携带禁运物品的行为不能以是否突破安检区为依据，即便违法行为人未突破安检区，未对航空安全造成实际威胁，亦不能以其情节轻微、危害程度不大为由，不予追究违法责任。

从社会公共利益的角度考量，航空安全牵涉人民群众切身利益，稍有疏漏即可能造成严重事故，给公共安全及社会利益带来巨大损失。规范民航安全领域内行政处罚案件的审查，公正裁判树立行为规则，充分发挥司法的教育、评价、指引、规范功能，对排除民航安全隐患，保障人民群众生命财产安全，支持民航业健康发展，维护社会安全和秩序具有重要意义。

编写人：山东省济南市中级人民法院　张振明　靳颖

2

采购项目成交单位即使主张其资质被他人借用亦不影响其成为安全生产责任主体

——能源科技公司诉某市某区应急管理局行政处罚案

【案件基本信息】

1. 裁判书字号

江苏省苏州市中级人民法院（2021）苏05行终601号行政判决书

2. 案由：行政处罚纠纷

3. 当事人

原告（上诉人）：能源科技公司

被告（被上诉人）：某市某区应急管理局（以下简称某区应急局）

【基本案情】

某学院将其宿舍空调及充值计费系统的政府采购项目委托给项目管理公司组织实施采购。2020年6月9日，项目管理公司在网上发布了采购公告，采购文件载明："成交单位应对安装施工安全、质量全面负责，如因成交单位原因造成质量、安全事故，成交单位承担一切经济法律责任；成交供应商承担搬运安装期间现场的安全以及设备和搬运安装人员的安全责任。"能源科技公司于2020年6月16日参加采购谈判并提交了谈判响应文件，在响应文件中承诺"采购文件、成交通知书和本报价响应文件将构成约束我们双方的合同""由于不履行安全职责导致出现安全问题愿接受相应的经济处罚和责任追究"。经评审，能源科技公司被确定为成交供应商，依据成交通知书，能源科技公司须于2020年7月15日前签订政府采购合同。同日，项目管理公司发布成交公告，明确能源科技公司为成交单位。后能源科技公司并未与某学院签订正式的政府采购合同。2020 年 6 月 30 日，能源科技公司向某学院交付 50 台空调。

2020 年 7 月 3 日 11 时，朱某在某学院宿舍楼安装空调时，不慎从四楼坠落至地面，后经抢救无效死亡。2020 年 7 月 9 日，某区人民政府（以下简称某区政府）成立事故调查组。2020 年 10 月 27 日，事故调查组作出调查报告，认为：1. 死者朱某安全意识和自我保护意识淡薄，违规冒险操作，安全防范措施没有到位，不慎从四楼坠落是导致死亡事故发生的直接原因。2. 能源科技公司中标后，未认真履行标书规定的义务，未加强作业现场监管是导致事故发生的主要原因，能源科技公司未认真履行标书规定的义务和安全管理职责，是事故责任单位。经请示后，某区政府作出批复，同意事故调查组的分析和认定。2020 年 11 月 4 日，某区应急局对能源科技公司的违法行为进行立案。2020 年 12 月 15 日，某区应急局告知能源科技公司拟作出行政处罚的事实根据和法律依据及其享有的陈述申辩和听证的权利。后能源科技公司提交了听证申请书和申辩书。2021 年 1 月 19 日，某区应急局对该案组织听证，于同日对能源科技公司作出罚款 23 万元的行政处罚决定，并将处罚决定送达能源科技公司。后能源科技公司不服前述行政处罚，提起本案诉讼。

【案件焦点】

能源科技公司是否应当为涉案项目发生的安全生产事故承担安全主体责任。

【法院裁判要旨】

江苏省常熟市人民法院经审理认为：原告主张其虽然是中标单位，但并非实际施工单位，不应认定其为安全生产责任主体。首先，根据在案的询问笔录等证据显示，姚某与原告协商后，双方同意以原告名义承接涉案项目，后原告亦允许姚某实际操办该项目，原告的做法违反了《中华人民共和国安全生产法》第二十五条第一款和第四十六条第一款的规定，应承担相应责任。其次，采购文件已明确要求：成交单位应对安装施工安全、质量全面负责，如因成交单位原因造成质量、安全事故，成交单位承担一切经济法律责任；成交供应商承担搬运安装期间现场的安全以及设备和搬运安装人员的安全责任。原告针对采购文件的上述要求也进行了相应承诺。综上，原告应当对涉案项目的安全生产进行管理，并承担相应责任。本案中，某区政府组织事故调查组进行了调查并作出调查报告，认定原告未认真履行标书规定的义务和安全管理职责，是事故责任单位，建议被告按照相关法律法规的规定对该公司依法实施行政处罚。上述调查报告经某区政府批复同意。被告依据上述批复的调查报告，经调查核实，对原告作出行政处罚，事实清楚，证据充分，适用法律正确，程序合法，并无不当。

江苏省常熟市人民法院依据《中华人民共和国行政诉讼法》第六十九条之规定，判决如下：

驳回原告能源科技公司的诉讼请求。

能源科技公司提起上诉。江苏省苏州市中级人民法院经审理认为：在涉案安全事故发生时，虽然上诉人尚未与某学院签订正式的政府采购合同，但在前期的采购文件及谈判响应文件中已经明确约定了上诉人作为生产经营单位所应承担的安全生产责任，被上诉人某区应急局根据《中华人民共和国安全生产法》的规定对上诉人作出处罚并无不当。无论上诉人与姚某之间构成何种民事法律关系，均不能免除上诉人作为涉案项目成交单位的安全生产责任。

江苏省苏州市中级人民法院依照《中华人民共和国行政诉讼法》第八十九条第一款第一项的规定，判决：

驳回上诉，维持原判。

【法官后语】

本案的争议焦点在于安全生产责任主体的认定问题。原告主张涉案项目的实际投标人、实际中标人、实际施工人均系姚某，原告作为出借资质的单位，并非实际生产经营单位，不应承担安全生产责任。因此，对于生产经营单位并未实际参与生产经营是否应当承担安全生产主体责任的问题存在两种观点。一种观点认为，既然并未实际参与生产经营，那么就无法实际履行安全生产的相关义务，不能苛责其成为安全生产责任主体。另一种观点认为，采购项目成交单位即使主张其资质被他人借用亦不影响其成为安全生产责任主体。

实践中随意出借相关资质的情形时有发生。如果个人或者施工队借用企业资质层层转包导致施工现场管理混乱，各类安全事故的多发便无法避免。《中华人民共和国安全生产法》第四十九条第一款明确规定，生产经营单位不得将生产经营项目、场所、设备发包或者出租给不具备安全生产条件或者相应资质的单位或者个人。虽然《中华人民共和国安全生产法》仅对发包、出租给不具备安全生产条件或者相应资质的单位或者个人进行禁止性规定，未对招投标过程中出借其资质给其他单位或者个人进行生产经营行为进行明确的禁止性规定，但不可否认的是上述出借资质的行为，根据我国现行法律的现行规定，属于违法行为。

对于出借资质违法行为造成的生产质量问题或者安全生产事故，相关法律也规定了资质出借人应承担法律责任。比如，《中华人民共和国建筑法》第六十六条就规定，建筑施工企业转让、出借资质证书或者以其他方式允许他人以本企业的名义承揽工程的，责令改正，没收违法所得，并处罚款，可以责令停业整顿，降低资质等级；情节严重的，吊销资质证书。对因该项承揽工程不符合规定的质量标准造成的损失，建筑施工企业与使用本企业名义的单位或者个人承担连带赔偿责任。另外，《最高人民法院关于审理工伤保险行政案件若干问题的规定》第三条第一款第五项也明确规定，个人挂靠其他单位对外经营，其聘用的人员因工伤亡的，被挂靠单位为承担工伤保险责任的单位。参照上述规定以及《中华人民共和国安全生产法》的立法精神，承办法官认为，在对外关系上，一般可将资质出借方和资质借用方视为一个整体，使之共同成为安全生产责任主体。特别是在发包人、安全生产监管部门对资质出借方出借资质事实不知情的情况下，为了维护招投标对外公示的信赖以及交易秩序的稳定，安全生产监管部门将资质出借方作为安全生产责任主体进行监督管理，并无不当。在这种情形下，采购项目成交单位即使主张其资质被他人借用亦不影响其成为安全生产责任主体。

以本案为例，在涉案安全事故发生时，虽然能源科技公司尚未与某学院签订正式的政府采购合同，但在前期的采购文件及谈判响应文件中已经明确约定了能源科技公司作为生产经营单位所应承担的安全生产责任，某区应急局对能源科技公司作出处罚并无不当。将出借资质的企业作为安全生产责任主体，才符合《中华人民共和国安全生产法》的立法精神，才能从源头上打击出借资质的企业，落实企业安全生产的主体责任，保护劳动人民的生命安全。

为切实防止和减少安全生产事故，保障人民群众生命和财产安全，《中华人民共和国安全生产法》对生产经营单位的安全生产教育培训义务作出了严格的规定，无论从业人员是否具备相关资质、工作经验是否丰富、是否已经知晓安全生产知识，均应无一例外地接受生产经营单位的教育培训。本案中，能源科技公司对于实际安装人员朱某未进行安全教育培训，甚至在发货时由谁负责安装都不清楚，对作业现场缺乏有效监管，最终导致朱某不慎从高处坠落死亡的安全生产事故，能源科技公司的行为已经违反了上述规定，应当对其作出处罚。

编写人：江苏省常熟市人民法院　苏志鑫　李彤

3

独立董事信息披露责任的行政处罚追诉时效应当自上市公司违法信息披露行为终了之日起算

——支某诉中国证券监督管理委员会某省监管局、中国证券监督管理委员会行政处罚及行政复议案

【案件基本信息】

1. 裁判书字号

北京市第二中级人民法院（2021）京 74 行终 3 号行政判决书

2. 案由：行政处罚及行政复议纠纷

3. 当事人

原告（上诉人）：支某

被告（被上诉人）：中国证券监督管理委员会某省监管局（以下简称某省证监局）、中国证券监督管理委员会（以下简称中国证监会）

【基本案情】

玻璃公司2015年半年度报告存在虚假记载。支某自2015年4月17日至2016年2月22日在玻璃公司担任独立董事。2015年8月19日，支某在玻璃公司第五届董事会第六次会议上对2015年半年度报告投赞成票，并签署书面确认意见，保证上述定期报告不存在任何虚假记载、误导性陈述或者重大遗漏，并对内容的真实性、准确性和完整性承担个别及连带责任。2015年8月21日，玻璃公司公告披露2015年半年度报告。

2018年8月20日，某省证监局向玻璃公司作出现场检查通知书，并于2018年9月5日至21日对玻璃公司进行了现场检查。2019年1月24日，某省证监局向玻璃公司作出调查通知书，决定对玻璃公司涉嫌信息披露违法违规进行立案调查。2019年5月22日，某省证监局向支某作出调查通知书，向其调查核实情况。2019年8月27日，玻璃公司公告披露《关于公司前期会计差错更正及追溯调整的公告》。2020年3月20日，某省证监局向支某作出行政处罚及市场禁入事先告知书，告知支某对其作出行政处罚的事实、理由和依据，并告知其具有陈述、申辩的权利。2020年4月8日，支某提交书面陈述与申辩意见。2020年4月15日，某省证监局作出被诉处罚决定，对支某给予警告，并处以3万元罚款。支某不服被诉处罚决定，向被告中国证监会提起行政复议申请。2020年8月21日，中国证监会作出被诉复议决定，维持了被诉处罚决定。

支某不服，认为某省证监局对支某作出的行政处罚明显超过《中华人民共和国行政处罚法》第二十九条规定的处罚时效，明显违法，缺乏公正性、合理性、合法性，故向法院提起行政诉讼。

【案件焦点】

对支某的行政处罚是否符合《中华人民共和国行政处罚法》第二十九条行政处罚追诉时效规定。

【法院裁判要旨】

北京市西城区人民法院经审理认为：关于对支某的行政处罚是否符合《中华人民共和国行政处罚法》第二十九条行政处罚追诉时效规定的问题。实施行政处罚，纠正违法行为，应当坚持处罚与教育相结合，教育公民、法人或者其他组织自觉守法。根据《中华人民共和国行政处罚法》第二十九条的规定，如果违法行为在长时间内没有被发现，并且违法行为人再没有新的违法行为，不再有社会危害性，从处罚与教育的目的看，可以不再给予行政处罚。但是，如果违法行为有连续或者继续状态的，因其社会危害性一直存在，应从行为终了之日起计算追诉时效。上市公司信息披露制度对于规范证券发行和交易行为，保护投资者的合法权益具有重要意义。《中华人民共和国证券法》第七十条规定，依法必须披露的信息，应当在国务院证券监督管理机构指定的媒体发布，同时将其置备于公司住所、证券交易所，供社会公众查阅。上市公司披露的信息一经发布，其影响的是不特定投资者，且影响力具有持续性。如果上市公司披露的信息有虚假记载、误导性陈述或者重大遗漏，则其社会危害性将一直存在，因此应认定上市公司披露信息的行为存在继续状态，从行为终了之日计算行政处罚追诉时效。本案中，玻璃公司于 2015 年 8 月 21 日公告披露 2015 年半年度报告，于 2019 年 8 月 27 日公告披露《关于公司前期会计差错更正及追溯调整的公告》，故应从 2019 年 8 月 27 日计算对玻璃公司披露 2015 年半年度报告的行政处罚追诉时效。某省证监局经过立案调查对支某作出行政处罚符合《中华人民共和国行政处罚法》第二十九条的行政处罚追诉时效规定。

本案中，玻璃公司 2015 年半年度报告存在虚假记载。支某担任玻璃公司的独立董事，并在玻璃公司 2015 年半年度报告的书面确认意见上签字确认，对相关信息披露文件的真实、准确、完整承担严格的法定保证责任，且并无相关证据证明支某在此过程中进行了审慎、有效的监督。某省证监局关于支某在玻璃公司信息披露过程中未尽到勤勉尽责义务的事实认定清楚，进行了立案、调查、告知、复核、送达等，符合法定程序。

中国证监会收到支某的行政复议申请后，在法定期限内向某省证监局作出行政复议答复通知书，经审查认为情况复杂，不能在规定期限内作出行政复议决定，遂向支某作出行政复议延期审理通知书，之后于法定期限内作出被诉复议决定，向支某送达。被诉复议决定的程序合法、结论正确，并无不当。

综上，被诉处罚决定针对支某的行政处罚认定事实清楚，适用法律正确，程序合法。中国证监会作出的复议决定程序合法，结论正确。支某的诉讼请求缺乏事实和法律依据。

北京市西城区人民法院依据《中华人民共和国行政诉讼法》第六十九条、第七十九条的规定，判决：

驳回支某的诉讼请求。

二审法院同意一审法院裁判意见。

【法官后语】

本案主要围绕独立董事违法信息披露行政处罚追诉时效如何起算展开。部分观点主张独立董事在信息披露活动中只实施了签字确认行为，追诉时效应当自独立董事签字确认起算；部分观点则主张违法信息披露责任源自信息披露行为，并且信息披露存在继续状态，应当自违法信息披露终了之日起算。本案中，法院从独立董事违法信息披露责任的源头、责任附随性、信息披露的继续状态方面入手，就争议问题进行了细致论述，对引导独立董事依法履职、准确理解与适用行政处罚追诉时效制度具有指导意义。

第一，独立董事的违法信息披露责任源于连带行为人属性。虚假信息的发布者是上市公司，之所以需要一并追究独立董事的责任是因为独立董事是信息披露活动中的连带行为人。独立董事是公司董事会成员之一，与其他董事一道对信息披露事务享有决策权；同时，独立董事是公司治理体系中引入外部力量监督公司管理的监督者，法律法规赋予了独立董事对上市公司及相关主体的监督职权。正因为独立董事特殊的地位和职业定位，《中华人民共和国证券法》

规定了独立董事要承担保证披露的信息真实准确完整的义务。在承担信息披露责任时，独立董事与上市公司一起承担连带责任。

第二，独立董事的违法信息披露责任具有附随性。独立董事一人的签字确认并不会必然导致违法信息披露行为的发生，违法信息披露责任的违法性和危害性均体现在上市公司的信息披露行为。可见，独立董事的违法信息披露责任依附于上市公司违法信息披露责任而存在，无法单独成立。在上市公司被认定违法的时候即应推定独立董事存在过错，除非独立董事能够证明其已经勤勉尽责。因此，计算行政处罚追诉时效应当以上市公司的信息披露行为为依据，而不能以独立董事的签字确认为依据。

第三，上市公司的信息披露行为存在继续状态。依法必须披露的信息，会在国务院证券监督管理机构指定的媒体发布，同时会置备于公司住所、证券交易所，供社会公众查阅。信息一经发布，即对不特定投资者产生持续影响力。如果上市公司披露的信息有虚假记载、误导性陈述或者重大遗漏，而未予纠正，则投资者将对上市公司业绩等情况持续产生错误认知，社会危害性将一直存在。因此，应认定上市公司披露信息的行为持续存在，从行为终了之日计算行政处罚追诉时效。

厘清独立董事权责边界是独立董事在现代化公司治理中依法履职的基础。在认定违法信息披露责任时不能将独立董事个人责任与上市公司整体责任割裂开来。只有在明确独立董事责任附随性的基础上，依据上市公司信息披露行为的继续状态，自终了之日计算行政处罚追诉时效，才能引导独立董事主动参与上市公司事务管理，积极履职，更好地实现保护投资者利益的目标。

编写人：北京市西城区人民法院　颜九洲

4

发布虚假广告行政处罚中广告费用的认定及过罚相当原则的适用

——黄某诉某市市场监督管理局行政处罚案

【案件基本信息】

1. 裁判书字号

江苏省南通市中级人民法院（2020）苏06行终671号行政判决书

2. 案由：行政处罚纠纷

3. 当事人

原告（上诉人）：黄某

被告（被上诉人）：某市市场监督管理局（以下简称某市市监局）

【基本案情】

黄某系个体工商户。2019年3月5日起，黄某在一敬老院租用场地推销商品，通过发放鸡蛋、让村民交押金送砂锅和破壁机、抽奖等活动吸引村民。3月9日，某市市监局现场检查，发现销售现场有玉石床垫等产品。检查时，黄某正在使用自有设备向村民播放关于玉石床垫的宣传视频，视频中有“散发远红外线、增强人体免疫力”“溶解胆固醇斑块、加快人体代谢、刺激汗腺活跃、刺激肠胃蠕动、排除人体毒素”等涉嫌虚假宣传的内容。

2019年5月30日，某市市监局作出行政处罚听证告知书，告知黄某其涉嫌虚假宣传，根据《中华人民共和国广告法》第五十五条的规定，拟对其处理如下：1. 责令停止发布广告、消除影响；2. 处罚款30万元，上缴国库。并告知黄某有陈述、申辩和要求举行听证的权利，可以在收到告知书后三个工作日内提出。6月1日，黄某提出申辩意见并要求听证。6月28日，某市市监局组织听证，黄某提出案涉床垫属于赠品，不用于销售；提供了购买投影仪、U盘的网上购物截屏图片，显示支付货款分别为1480元、39.9元；提供了雇请的播放人员书写的支付工资60元/天的证明和购买鸡蛋支出800元的证明。黄某认为，某市市监局将以上费用认定为实际发生的广告费用，拟作出罚款30万元的处罚过重。2020年2月24日，某市市监局作出《行政处罚决定书》，认定黄某在营销过程中利用视频对玉石床垫进行虚假宣传，违反《中华人民共和国广告法》的规定。因黄某系利用自有设备播放免费自网络下载的视频宣传内容，无法计算具体的广告费用，故处以30万元罚款。黄某不服，遂提起行政诉讼，请求撤销某市市监局于2020年2月24日作出的《行政处罚决定书》。

【案件焦点】

被诉处罚决定认定案涉广告费用无法计算事实是否清楚，适用法律是否正确。

【法院裁判要旨】

江苏省南通经济技术开发区人民法院经审理认为：某市市监局适用《中华人民共和国广告法》第五十五条之规定，责令黄某停止发布广告、消除影响，并处30万元罚款，适用法律正确，且在量罚幅度范围内，并无不当，执法程序合法。

江苏省南通经济技术开发区人民法院依据《中华人民共和国行政诉讼法》第六十九条之规定，判决：

驳回黄某的诉讼请求。

黄某不服一审判决，提起上诉。江苏省南通市中级人民法院经审理认为：《中华人民共和国广告法》第五十五条规定，违反本法规定，发布虚假广告的，由市场监督管理部门责令停止发布广告，责令广告主在相应范围内消除影响，处广告费用三倍以上五倍以下的罚款，广告费用无法计算或者明显偏低的，处二十万元以上一百万元以下的罚款。根据该规定，市场监管部门负有对广告费用进行调查核实、准确认定的法定职责。本案中，黄某在行政执法程序中提供了相关证据材料，包括播放设备及视频资料存储设备U盘的购买凭证、购买赠品鸡蛋的费用证明、雇用的人工工资支出证明等，黄某对场地租用费在听证中也进行了说明，某市市监局也向出租人进行了调查。黄某提出的上述广告支出项目与黄某发布虚假广告的活动形式相符，没有明显不合理之处，某市市监局也未提供证据证明黄某还存在其他广告费用支出而拒不提供材料，或者提供虚假材料，导致广告费用无法查清的情形。由此可见，黄某发布案涉虚假广告的费用具体、明确，某市市监局具有核实认定广告费用的事实基础，本案属于广告费用可以计算的情形。

某市市监局本应依法对广告费用作出认定，但某市市监局主张案涉广告费用无法计算，理由主要是下载视频的流量费用、播放设备的单次使用费、发放鸡蛋等赠品的支出中具有广告性质的费用等难以计算。上述理由均不能成立。

第一，关于视频制作、获取的费用。《中华人民共和国广告法》第五十五条规定的广告费用应当是行为人实际支出的有形的费用，案涉视频系黄某从互联网免费获取，该视频的制作费用不应纳入广告费用的范围。某市市监局在答辩状中也称“该视频的拍摄和上传费用与本案无关”。黄某下载该视频的流量费可以根据该视频的大小以及网络使用费的收费标准加以确定。根据现行的流量计费方式，下载该短视频的流量费微乎其微。某市市监局以该几乎可以忽略不计的费用无法查清为由而适用20万元以上的处罚幅度，貌似严格适用法律，实际导致处罚畸重。

第二，黄某购买的播放设备及U盘的费用分别为1480元、39.9元，该两项设备属于发布广告的工具，应当纳入广告费用。某市市监局认为上述设备不可能仅在涉案行为中使用一次，因无法确定上述设备总共使用的次数，故本案中的单次使用费无法计算。而通常情况下，公众对于日常使用的物品都不会刻意记录使用过的次数，也无记录的必要。法律不应强人所难，行政执法也当如此。某市市监局选择以单次使用费计算广告费用的方法从表面上看似乎有利于黄某，实则却科以黄某根本无法完成的举证要求，继而达到对黄某处以20万元以上罚款的结果。某市市监局无视该结果而采用实质明显不利于黄某的计算方法不具有正当性。该计算方法显然过于机械，也违背了基本的公平原则。

第三，因黄某销售床垫、发布有关床垫的虚假广告与销售其他商品的行为同时进行，故在该过程中发放鸡蛋等赠品以及其他为吸引人流量而产生的支出作为广告费用的比例确实难以直接确定。但费用没有单独列支不等于广告费用无法计算。市场监管部门应当根据实际案情依职权以合理适当的方法和比例加以确定，而不能因为《中华人民共和国广告法》第五十五条规定了“广告费用无法计算”的情形而怠于对具有一定复杂性的广告费用作出认定，否则将是对该法律规定的滥用，也将造成对违法行为人行政责任的不当加重，背离《中华人民共和国行政处罚法》规定的实施行政处罚必须以事实为依据，与违法行为的事实、性质、情节以及社会危害程度相当的基本原则。

综上，某市市监局在黄某发布虚假广告的费用可以计算的情况下认定属于广告费用无法计算的情形，处以 30 万元罚款的决定认定事实不清、适用法律错误。被诉处罚决定应予撤销。一审法院所作驳回黄某诉讼请求的判决错误，予以纠正。某市市监局应当重新根据认定的事实以及相应的法律规定，在法定期限内作出处罚决定。

江苏省南通市中级人民法院依照《中华人民共和国行政诉讼法》第八十九条第一款第二项，第七十条第一、二项之规定，作出如下判决：

一、撤销一审判决；

二、撤销涉案《行政处罚决定书》；

三、责令某市市监局自本判决发生法律效力之日起在法定办案期限内重新作出处罚决定。

【法官后语】

罚款是实践中被广泛适用的一种处罚方式。罚款数额的确定关系到违法行为人所应承担的法律责任的大小以及自身经济上的负担。罚款的设定有概括式、定额数值式、定额倍率式、区间数值式和区间倍率式等规定方式。[①] 就《中华人民共和国广告法》第五十五条而言，既有以广告费用为基数，以广告费用的3~5倍确定罚款数额的区间倍率式，也有对于广告费用无法计算的情形采用的区间数值式，直接规定在20万元至100万元之间确定罚款金额。

实践中，个别行政机关在适用该条文对违法行为人追究行政责任时存在以下问题，影响了行政执法的效果。一是实践中对于“广告费用无法计算”的认定把握不当，广告费用可以计算却被认定为“广告费用无法计算”，导致适用法律错误的情形。广告费用的认定有赖于行为人对广告费用支出是否作出如实的陈述，能否提供费用支出的凭据以及提供的票据是否真实等。有的即使提供了证据，广告费用能否确定也存在一定困难。因此，实践中往往出现广告费用可以计算的情形被错误认定为广告费用无法计算的情形，从而导致本应适用倍率式，却适用了数值式的错误处罚。二是实践中容易出现过罚不相当、轻过重罚的行政处罚后果。例如，违法行为较轻，广告费用客观上不能计算或者行政机关对于能够认定的而不予认定，最终违法行为人被处以20万元以上的罚款，造成轻过重罚的后果。

针对上述存在问题，为了确保对《中华人民共和国广告法》第五十五条的准确适用，行政执法中应当提高对广告费用的认定能力，树立对过罚相当原则的适用意识。

1. 行政机关应当积极履行对广告费用的调查核实职责，不能怠于或者被动行使该职责

《中华人民共和国行政处罚法》第五十四条第一款规定，行政机关必须全面、客观、公正地调查，收集有关证据。对广告费用支出情况最知情的人员即发布虚假广告的违法行为人，其有义务作如实陈述，提供证据材料，但违法行为人并不一定知悉法律规定的罚则，不了解广告费用问题在处罚决定中的重要影响，因此，并不能苛求违法行为人主动说明广告费用的情况。而行政机关则负有对作出行政处罚的基本事实进行调查取证的义务。因此，行政机关应当积

① 张红：《行政罚款设定方式研究》，载《中国法学》2020年第5期。

极地对广告费用展开全面调查。

2. 行政机关有权能动核定广告费用

所谓能动核定广告费用是指行政机关在广告费用客观存在，但具体的数额没有证据直接予以反映的情况下，应当依职权加以认定，而不能因法律规定了“广告费用无法计算”的情形而对部分较为复杂的情形怠于核定，使得原本可以计算广告费用的，以“广告费用无法计算”而作出不应有的高额罚款。在适用《中华人民共和国广告法》第五十五条时，应当厘清“广告费用无法计算”和“广告费用认定复杂”两种不同情形。在广告费用的认定较为复杂的情况下，应当赋予行政机关一定的依职权认定的空间，否则，机械地适用“广告费用无法计算”的罚则，极易造成过罚不相当的高额处罚的结果。

3. 充分发挥过罚相当原则在《中华人民共和国广告法》第五十五条适用中的调节作用，将该原则贯穿于行政执法的全过程

行政机关在对广告费用是否属于无法计算情形这一事实的认定过程中，需要运用过罚相当原则。一方面，广告费用是否属于无法计算的情形属于事实认定，事实认定具有羁束性，而过罚相当原则一般适用于裁量行为，但行政机关在选择采用何种方式对广告费用进行核定的时候，也应当对该方式最终是否可能导致处罚结果明显过当进行一定的考量，以避免作出错误的认定，侵犯违法行为人的合法权益。另一方面，即使广告费用确实属于无法计算的情形，行政机关适用《中华人民共和国广告法》第五十五条规定的“处二十万元以上一百万元以下的罚款”的罚则时，也要善于运用过罚相当原则，根据违法行为的性质、情节、危害性等确定合理的罚款数额。

编写人：江苏省南通市中级人民法院　刘海燕

5

个体工商户“无证经营医疗活动”与个人“无证行医”同时受到处罚不违反“一事不再罚”原则

——孙某、某美发中心诉北京市某区卫生健康委员会行政处罚案

【案件基本信息】

1. 裁判书字号

北京市第三中级人民法院（2021）京 03 行终 1706 号、1707 号行政判决书

2. 案由：行政处罚纠纷

3. 当事人

原告（上诉人）：孙某、某美发中心

被告（被上诉人）：北京市某区卫生健康委员会（以下简称某区卫健委）

【基本案情】

孙某于 2013 年 11 月 29 日注册登记了某美发中心。2021 年 1 月 25 日，某区卫健委接到举报投诉称“某美发中心无证开展医疗美容活动”，某区卫健委于次日予以立案。之后，某区卫健委通过现场检查、询问当事人和证人、向法院调取民事诉讼材料等方式进行调查。某区卫健委经调查认为，孙某未取得医师资格证书、医师执业证书，在某美发中心从事医疗美容活动，其中：2019 年 8 月 30 日，孙某为杜某某注射了除皱针，收取杜某某 1100 元；2020 年 10 月 1 日，孙某为张某甲实施了提眉手术，收取张某甲 2700 元；违法所得共计 3800 元。其间，某区卫健委还履行了送达监督意见书、行政处罚事先告知书、责令改正通知书等程序。后某区卫健委于 2021 年 4 月 6 日对孙某作出 003 号行政处罚决定书（以下简称 003 号被诉处罚决定），依据《中华人民共和国执业医师

法》第三十九条的规定，决定予以孙某罚款60000元整的行政处罚。同日对某美发中心作出004号行政处罚决定书（以下简称004号被诉处罚决定），依据《中华人民共和国基本医疗卫生与健康促进法》第九十九条第一款的规定，决定予以某美发中心没收违法所得3800元，并处罚款100000元整的行政处罚。孙某、某美发中心不服003号被诉处罚决定、004号被诉处罚决定，遂成讼。

【案件焦点】

个体工商户“无证经营医疗活动”与个人“无证行医”同时受到处罚是否违反“一事不再罚”原则。

【法院裁判要旨】

北京市平谷区人民法院经审理认为：孙某、某美发中心对其未依法取得医师资格证书和医师执业证书无异议。关于两案违法事实的认定问题，第一，关于某美发中心的经营者孙某于2019年8月30日为杜某某注射除皱针的事实，其虽辩解未给杜某某注射过除皱针，杜某某于当日向孙某转账的1100元系杜某某用于办理理发卡的，但被告对杜某某进行了询问，并调取了杜某某与孙某之间的微信聊天记录和转账记录等证据，且某美发中心的辩解不符合常理，其亦未提供证据证明自己的主张，故能够确认某区卫健委认定的该事实。第二，关于某美发中心的经营者孙某于2020年10月1日为张某甲实施提眉手术的事实，某美发中心予以认可，且被告对张某甲进行了询问，并调取了张某甲与孙某之间的微信聊天记录等证据，能够证明该事实的存在。

关于两案罚款金额的问题，某区卫健委所参照的《北京市卫生计生行政处罚裁量规则》和《北京市卫生计生行政处罚裁量细则》是北京市卫生行政部门制定的适用于本领域的指导性文件，且上述裁量规则和裁量细则系依据《中华人民共和国执业医师法》制定，并未超出法律规定的范围，故可以作为本市各卫生行政部门作出处罚时的参照标准。孙某、某美发中心主张事后进行经济补偿以及生活艰辛等均不属于减轻处罚之法定事由。

北京市平谷区人民法院依照《中华人民共和国行政诉讼法》第六十九条之

规定，判决如下：

驳回孙某、某美发中心的诉讼请求。

二审法院同意一审法院裁判意见。

【法官后语】

一事不再罚原则在我国行政处罚领域的法源主要体现在《中华人民共和国行政处罚法》第二十九条，对当事人的同一个违法行为，不得给予两次以上罚款的行政处罚。同一个违法行为违反多个法律规范应当给予罚款处罚的，按照罚款数额高的规定处罚。

关于认定“一事”的构成要件，因原行政处罚法一般不考虑主观过错，两案发生于行政处罚法修改前，故采三要件说：一是具备行政法律规范所保护并已经被违法行为所侵害的合法权益；二是客观上有违反行政法律规范且罚则完备的违法行为；三是具备适格的违法主体。第二要件易理解，各方当事人对此亦无争议。第一要件即违法性要件与刑事类似，侧重于考察从法律所保护并已被违法行为所侵害的合法利益，一般表现为经济利益、文件利益或者公共管理秩序等。第三要件即适格违法主体，一般指违反行政管理秩序的具有责任能力的公民、法人或其他组织。其中责任能力的认定是关键。

具体到两案是否属于“一事”的认定，虽然因个体工商户与个人的财产混同，最终承担责任可能均系孙某，但不能从结果承担倒推行政处罚的合法性，仍应当结合前述的构成要件来判定。

第一，违法性要件或违法的客观方面不满足：“无证经营医疗活动”，即医疗卫生机构未取得医疗机构执业许可证擅自执业，侵害的是医疗卫生机构诊疗从业市场的经营秩序与公共卫生管理秩序，违背了《中华人民共和国基本医疗卫生与健康促进法》第一条关于“发展医疗卫生与健康事业，保障公民享有基本医疗卫生服务，提高公民健康水平，推进健康中国建设”的立法目的。该法侧重于评价医疗卫生机构与医疗卫生人员的执业行为。

“无证行医”，即在未取得医师资格证书、医师执业证书的情况下擅自从事医疗美容执业活动。侵害的是国家对于医师执业的管理秩序以及就诊者的生命健康安全，违背了《中华人民共和国医师法》第一条关于“保障医师合法权益，规范医师执业行为，加强医师队伍建设，保护人民健康，推进健康中国建设”的立法目的。该法侧重于评价医师的执业行为。

第二，主体要件不满足：个体工商户与实际经营者在法律上属于不同主体。《最高人民法院关于适用〈中华人民共和国行政诉讼法〉的解释》第十五条第二款规定，个体工商户向人民法院提起诉讼的，以营业执照上登记的经营者为原告。有字号的，以营业执照上登记的字号为原告，并应当注明该字号经营者的基本信息。虽然该司法解释是关于诉讼主体资格的认定规则，但行政执法程序中处罚对象的认定基本法理相同，即对于有字号的个体工商户的承担责任主体是经营者。司法实践中的多数案例也倾向于认为，对于有字号的个体工商户，行政处罚应以该字号为相对人，同时注明经营者的自然情况。

此外，如果某美发中心雇用了其他无医师资格证书、医师执业证书的个人在其场所实施非法医疗执业活动，则对于其他个人以“无证行医”处罚，对某美发中心以“无证经营”处罚，则并无争议。两案虽由某美发中心的实际经营者自行直接实施了非法医疗执业活动，但违法行为的认定与该种情况并无实质不同。

编写人：北京市第三中级人民法院　陈金涛　任丹阳

6

加处罚款的计算期间与减免期限

——科技公司诉某市应急管理局行政处罚案

【案件基本信息】

1. 裁判书字号

江苏省盐城市中级人民法院（2021）苏09行终398号行政裁定书

2. 案由：行政处罚纠纷

3. 当事人

原告（上诉人）：科技公司

被告（被上诉人）：某市应急管理局

【基本案情】

某市应急管理局于2020年10月9日作出《行政处罚决定书》，查明：2020年5月12日，李某某在屋面作业过程中，从高处坠亡。科技公司无资质承接工程，又将工程转包给自然人，且未对施工活动实施有效的安全生产管理，科技公司对该起事故的发生负有责任。依据《中华人民共和国安全生产法》第一百零九条第一项规定，决定对科技公司罚款20万元。《行政处罚决定书》还交代：科技公司应自收到该决定书之日起15日内缴纳罚款，到期不缴每日按罚款数额的3%加处罚款。如不服该处罚决定，可以依法在60日内申请行政复议，或者在6个月内依法向人民法院提起诉讼，但决定不停止执行，法律另有规定的除外。逾期不申请行政复议、不提起行政诉讼又不履行的，某市应急管理局将依法申请人民法院强制执行或者依照有关规定强制执行。

科技公司于2020年10月10日签收《行政处罚决定书》，在履行期限内未缴纳罚款。某市应急管理局于2020年10月28日作出《罚款催缴通知书》并送达。科技公司仍未缴纳罚款。2021年1月12日，某市应急管理局作出《加处罚款决定书》，决定对原告加处罚款20万元。科技公司不服，遂诉至法院，请求撤销某市应急管理局作出的《加处罚款决定书》。

【案件焦点】

1. 本案加处罚款的计算期间是否正确；2. 二审期间，被上诉人能否对加处罚款进行减免。

【法院裁判要旨】

江苏省盐城市盐都区人民法院经审理认为：根据《中华人民共和国安全生产法》第九条规定，某市应急管理局具有对其辖区内安全生产工作实施综合监督管理的法定职权。

《中华人民共和国行政处罚法》第四十四条规定，行政处罚决定依法作出后，当事人应当在行政处罚决定的期限内予以履行。第四十五条规定，当事人对行政处罚决定不服申请行政复议或者提起行政诉讼的，行政处罚不停止执行，法律另有规定的除外。本案中，科技公司于2020年10月10日收到《行政处罚决定书》，应在15日内主动履行。由于科技公司既未主动履行，又未及时申请复议或诉讼，某市应急管理局于2021年1月12日作出《加处罚款决定书》。在原告对基础罚款没有履行的情况下，被告加处罚款符合法律规定且在法定额度内。

江苏省盐城市盐都区人民法院依照《中华人民共和国行政诉讼法》第六十九条之规定，判决如下：

驳回科技公司的诉讼请求。

科技公司不服一审判决，提起上诉。本案二审期间，科技公司申请某市应急管理局减免加处罚款，并主动缴纳了在先的20万元罚款。某市应急管理局同意减免加处罚款12万元，科技公司随后立即缴纳加处罚款8万元，并撤回本案上诉。江苏省盐城市中级人民法院经审理认为：上诉人科技公司自愿申请撤回上诉，系其真实意思表示，符合法律规定，应予准许。

江苏省盐城市中级人民法院依照《中华人民共和国行政诉讼法》第六十二条之规定，裁定如下：

准许科技公司撤回上诉。

【法官后语】

1. 关于加处罚款的计算期间问题

在实践中，不少行政相对人想当然地认为诉讼期间就是起诉期限，以致被加处罚款。其实，起诉期限和诉讼期间是两个完全不同的概念。起诉期限是指当事人认为行政行为侵犯其合法权益，可以在法定期限内向法院提起诉讼，法院将依法予以受理；超过法定期限向法院提起诉讼，法院将不再受理。而诉讼期间是指当事人起诉至法院，法院立案受理、审理、裁判结案的期间。结合案情，行政处罚决定中交代的起诉期限，是指行政相对人自收到行政处罚决定之日起 6 个月内可以向法院提起诉讼。而行政处罚决定的诉讼期间是指行政相对人对行政处罚决定提起诉讼，法院从立案到结案的期间。

关于诉讼期间为何不计算加处罚款数额的问题。行政诉讼法第五十六条第一款规定，诉讼期间不停止行政行为的执行。其法理在于行政行为是代表国家作出的，一经作出就具有公定力、确定力、强制力和执行力。行政行为在未被依法撤销前，应当受到社会的充分认可和尊重。行政行为有两种法律救济途径，第一种是行政审查即行政复议，第二种是司法审查即行政诉讼。法律救济期间即审查期间，并不影响行政行为本身的法律效力。为了提高行政效率和维护行政管理秩序的相对稳定，法律规定诉讼不停止执行。这里不停止的是原行政行为的执行，而非执行罚。加处罚款的性质是执行罚，故诉讼期间应当中止执行。2021 年修订的行政处罚法第七十三条第三款规定："当事人申请行政复议或者提起行政诉讼的，加处罚款的数额在行政复议或者行政诉讼期间不予计算。"本案中，某市应急管理局作出加处罚款决定时，科技公司未对行政处罚决定提起诉讼，故不存在诉讼期间，也就当然没有诉讼期间不予计算加处罚款数额的问题。

关于在起诉期限内如何计算加处罚款期间的问题，并非所有的起诉期限都全部计算加处罚款数额。开始计算起诉期限的前 15 天不能计算加处罚款数额，因为这是行政机关给予行政相对人的主动履行期。在起诉期限内，行政相对人提起诉讼后，进入诉讼期间的时间应予扣除。如此掐头去尾后的起诉期限才能计算加处罚款数额。具体而言，即行政相对人收到行政处罚决定后，应在行政处罚决定中注明的自收到决定之日起 15 日内缴纳行政罚款，或在该 15 日的期限内申请行政复议或提起行政诉讼。否则，自超期之日（第 16 日）起至起诉之日的期间，将计算加处罚款的数额。本案中，科技公司于 2020 年 10 月 10 日收到行政处罚决定，应在 15 日内主动履行。但科技公司未在该期限主动履行，也未申请行政复议或提起行政诉讼，故自超期之日起至 2021 年 1 月 12 日，每日按行政罚款数额的 3%加处罚款。某市应急管理局于 2021 年 1 月 12 日作出加处罚款20万元的决定，加处罚款计算期间并无不当。

2. 关于加处罚款的减免期限问题

行政强制法第四十二条第一款规定，当事人采取补救措施的，行政机关可以减免加处的罚款。可见，减免加处罚款是行政机关的自由裁量权。采取补救措施通常可以理解为行政相对人主动改正违法行为，积极消除违法后果，这里主要是指行政相对人积极主动缴纳行政罚款。关于行政机关减免加处罚款的期限，时间起点应该是加处罚款决定作出以后，因为是否加处罚款也是行政机关的自由裁量权，所以要等到行政机关作出加处罚款决定之后，行政相对人才可以开始申请减免。行政机关可以减免加处罚款的时间终点是在法院受理行政强制执行申请前。经审查，本案某市应急管理局减免加处罚款符合法律规定，也是在相应的期限内进行了减免。

编写人：江苏省盐城市中级人民法院　李星星

7

建筑物划分转租情形下消防安全责任主体的认定

——食品公司诉北京市某区消防救援支队行政处罚案

【案件基本信息】

1. 裁判书字号

北京市第二中级人民法院（2021）京02行终740号行政判决书

2. 案由：行政处罚纠纷

3. 当事人

原告（上诉人）：食品公司

被告（被上诉人）：北京市某区消防救援支队（以下简称某区消防队）

【基本案情】

2019年9月1日，地产公司与食品公司签订房地产租赁合同，食品公司承租位于某村的房地产（即火灾发生地点）。合同约定“对于甲方和政府相关监管部门日常安全检查过程中发现的事故隐患和不安全因素，乙方必须严格按照规定期限整改”。2020年5月1日，食品公司承租的库房发生火灾。2020年5月2日，某区消防队对食品公司法定代表人薛某进行询问调查，薛某认可某区消防队在前期现场检查时曾发现建筑存在占用防火间距、消防设施设置不符合要求、电气线路老化等问题，上述隐患问题未整改；认可在某区消防队2020年1月17日约谈地产公司、食品公司等单位后，截至火灾发生之日，隐患问题仍未整改。某区消防队经审批，于2020年5月20日作出被诉处罚决定书，认为食品公司未对隐患问题进行整改，造成火灾，违反了《北京市消防安全责任监督管理办法》第十三条的规定，故根据《北京市消防安全责任监督管理办法》第十九条第一款规定，决定给予食品公司罚款20万元整的行政处罚。2020年5月28日，某区消防队作出《火灾事故认定书》，认定案涉火灾原因为第三方公司员工王某违规进行电气焊引燃库房内可燃物。食品公司不服，遂成讼。

【案件焦点】

食品公司将库房划分后转租给第三方公司，此时对于建筑物是否承担消防安全保障责任。

【法院裁判要旨】

北京市大兴区人民法院经审理认为：根据在案证据可以认定，食品公司系案涉火灾发生场所及该场所消防设施维护保养的管理人，对该场所负有消防安全保障责任。其法定代表人薛某在接受某区消防队询问调查时亦认可对于某区消防队在前期现场检查和约谈时发现的隐患问题未及时整改。虽然案涉火灾的直接原因为第三方公司员工王某违规电气焊引燃库房内可燃物，但食品公司对安全隐患的问题怠于整改导致了火灾，造成了巨大的财产损失，浪费了有限的社会救援力量。故某区消防队依据上述规定作出被诉处罚决定书，属认定事实清楚，证据充分，程序合法，处罚幅度适当。食品公司主张其履行了充分的安全注意义务，与事实不符。其认为某区消防队处罚不当、适用法律错误，无法律依据。

北京市大兴区人民法院依照《中华人民共和国行政诉讼法》第六十九条之规定，判决：

驳回食品公司的诉讼请求。

食品公司不服，提起上诉。北京市第二中级人民法院经审理认为：《北京市消防条例》第二十一条第二款规定，建筑物由所有权人以出租、委托等方式交由他人管理使用的，管理使用人应当履行消防安全职责。《北京市消防安全责任监督管理办法》第十条规定，实行承包、租赁或者委托经营、管理的，产权单位应当提供符合消防安全要求的建筑物。当事人在订立的合同中，可以依法明确各方的消防安全责任；当事人未订立合同或者在合同中未明确消防安全责任的，承包、承租或者受委托经营、管理的单位应当承担消防安全责任。本案中，食品公司从地产公司处租赁涉案火灾发生场所，双方在租赁合同中约定了由食品公司承担安全管理责任。食品公司整体承租涉案火灾发生场所后，将该场所划分成若干区域，并分别转租给第三方商户。据此，食品公司承租了涉案火灾发生场所并实际用于经营，即取得该场所的实际管理使用人的身份，虽然后续存在划分转租，但并不能排除其对于涉案火灾发生场所整体的管理义务。故食品公司对于涉案火灾发生场所负有消防安全保障责任。

食品公司主张，某区消防队曾作出两份关于落实主体责任确保消防安全的函是以案外某工程质量监督站为受文单位，故消防安全保障责任应由案外某工程质量监督站承担。本院认为，食品公司的消防安全保障责任，系基于其实际管理使用涉案火灾发生场所而产生，非因实际管理使用人身份的丧失或与产权人之间的另行约定不得免除。因此，某区消防队出于协调产权人与实际管理使用人尽快落实整改的实际工作需要所发的函并不能免除食品公司的消防安全保障责任。

食品公司另主张，其在火灾发生前已经组织整改，但因案外某工程质量监督站未予配合导致未整改到位，其已尽到整改义务。从涉案火灾发生场所存在的实际隐患来看，整改工作并非均需对房屋主体结构进行调整，故整改工作并不完全依赖案外某工程质量监督站的配合。且食品公司并未提交证据证明其在火灾发生前具体进行了何种整改工作，对其已尽到整改义务的主张，不予认可。

北京市第二中级人民法院依照《中华人民共和国行政诉讼法》第八十九条第一款第一项之规定，判决如下：

驳回上诉，维持原判。

【法官后语】

消防安全保障工作事关人民群众的生命财产安全和社会稳定。一方面，消防工作的实践规律决定了，消防事故一旦发生，消防救援客观上只能嗣后减灾，不能完全消除事故损失；另一方面，随着我国城市化进程的加快，城市规模扩张，消防救援力量的相对稀缺属性更加凸显。因此，应侧重于通过严格落实安全生产制度实现事前避免消防事故，这就要求企业在生产经营过程中，主动落实社会责任，遵守消防法律法规，积极履行消防安全保障义务。

实践中，大型建筑物的经营使用模式多为一级主体作为承租人从产权人处整体承租建筑物后，再行划分转租给二级主体。在此模式下，存在两个租赁法律关系，在这两个租赁合同中，合同双方均存在约定消防安全保障义务承担的可能性。在合同约定由次承租人承担消防安全保障义务的前提下，该主体对于自己实际管理使用的建筑物部分的消防安全承担保障责任自无疑问，但此时是否可以完全排除承租人的消防安全保障责任仍存有疑问。这也是本案中，食品公司认为自己不应承担消防安全保障责任的理由之一。

为解决这一疑问，我们不妨以一种极端情况为切入点来分析问题，即承租人将建筑物划分后尽数转租给次承租人，并约定由次承租人来承担消防安全保障责任。此时，若认为承租人可以与次承租人通过约定来完全排除自己的消防安全保障责任，将会导致承租人在事实上对建筑物整体处于管理控制地位的情况下，免除了其对于建筑整体的消防安全保障责任。这显然是与《北京市消防条例》第二十一条的规定相悖的。从消防隐患的客观表现来看，部分消防隐患如消防间距占用、消防通道占用、消防器材设置、公共电气设施老化等涉及建筑物共用部分及建筑物结构部分的隐患，次承租人往往不能够独立解决。故而，从体系解释和目的解释的角度来看，应当认为此种情况下，次承租人对于其承租的部分承担消防安全保障责任，承租人则基于其与产权人的约定以及其对于建筑整体管理使用者地位，对于建筑整体承担消防安全保障责任。

编写人：北京市第二中级人民法院　徐宁　陶军

8

律师同时在两个以上律师事务所执业的认定

——邓某诉某市司法局、某省司法厅行政处罚及行政复议案

【案件基本信息】

1. 裁判书字号

广东省深圳市中级人民法院（2021）粤03行终193号行政判决书

2. 案由：行政处罚及行政复议纠纷

3. 当事人

原告（被上诉人）：邓某

被告（上诉人）：某市司法局、某省司法厅

【基本案情】

原告邓某原就职于A律所。2017年6月20日，原告向A律所提出离职转所申请。2017年6月29日，原告从A律所离职，双方解除劳动关系，并于当日办理了离职手续。2017年6月30日，原告与B律所签订《律师聘用合同》，聘用期限为2017年7月1日至2020年6月30日。

2017年7月10日，吕某向原告进行法律业务咨询。2017年7月12日，吕

某与B律所签订《委托代理协议》，聘请B律所的律师邓某作为吕某与其丈夫张某离婚纠纷一案的委托代理人。2017年7月13日，A律所通过某省司法厅网上办事大厅发起执业变更业务。2017年7月19日，某省司法厅批准原告执业变更业务。2017年7月21日，原告取得新的律师执业证。

2017年9月20日，吕某以原告同时在两个律师事务所执业为由，向深圳市律师协会投诉原告及B律所，认为原告同时在两个律师事务所执业属于违法违规行为，故对其离婚案件属于无权代理，应返还《委托代理协议》确定支付的100万元律师费。

2019年2月14日，某市某区司法局作出《调查报告》，认为原告存在两项违法行为：一是转所期间，在发起执业变更申请前就已与B律所签订聘用合同，以B律所律师的名义代理吕某与张某的离婚纠纷案件，即在获准变更执业机构前以拟变更律师事务所律师的名义承办业务，属于同时在两个以上律师事务所执业的违法行为，涉嫌违反《中华人民共和国律师法》第四十七条第一项；二是在代理案件过程中有故意提供虚假证据或威胁、利诱他人提供虚假证据、妨碍对方当事人合法取得证据的行为，建议某市司法局对原告进行行政处罚。

2019年7月15日，被告某市司法局作出《不予处罚决定书》，认为原告在获准变更执业机构前以拟变更律师事务所律师的名义承办业务，属于同时在两个以上律师事务所执业的违法行为，违反了《中华人民共和国律师法》第四十七条第一项和《律师和律师事务所违法行为处罚办法》[①] 第五条第二项的规定，因该项违法行为轻微并及时纠正，没有造成危害后果，决定依照《中华人民共和国行政处罚法》第二十七条第二款之规定对其不予行政处罚。后原告邓某向被告某省司法厅申请行政复议，某省司法厅作出《行政复议决定书》，维持某市司法局作出的行政行为。

原告认为，原告2017年6月29日从A律所完成离职交接手续后，未再以

---

① 载中国政府网，http：//www.gov.cn/zhengce/2010-04/08/content_5713722.htm，最后访问时间：2023年4月11日。

A律所律师名义执业，且吕某系与B律所签订《委托代理协议》，原告并未与吕某签订代理协议，《委托代理协议》也未指定原告代理吕某的离婚案件，被告某市司法局、某省司法厅适用《律师和律师事务所违法行为处罚办法》第五条第二项的规定，认定原告邓某同时在两个律师事务所执业，系对《中华人民共和国律师法》第四十七条第一项的扩大解释，属于认定事实不清、法律适用错误，应当依法予以撤销，故诉至法院。

【案件焦点】

某市司法局、某省司法厅关于原告邓某构成同时在两个以上律师事务所执业的违法行为但不予行政处罚的处理，是否具有事实和法律依据。

【法院裁判要旨】

广东省深圳市盐田区人民法院经审理认为：原告邓某从A律所离职后，与B律所建立聘用关系，吕某向原告邓某咨询时，原告邓某实际已为B律所聘用，彼时其确实未获准变更执业机构。但咨询不等于执业，故原告邓某“在获准变更执业机构前以拟变更律师事务所律师的名义承办业务”证据不足，被告某市司法局认定原告“同时在两个以上律师事务所执业”事实依据不充分。在此情形下，被告某市司法局适用《中华人民共和国行政处罚法》第二十七条及《律师和律师事务所违法行为处罚办法》第三十八条第二款对原告不予行政处罚的决定，属于适用法律错误。

广东省深圳市盐田区人民法院依照《中华人民共和国行政诉讼法》第七十条第一项、第二项及第七十九条之规定，判决：

撤销被告某市司法局的《不予处罚决定书》、被告某省司法厅的《行政复议决定书》。

一审法院宣判后，某市司法局、某省司法厅不服一审法院判决，均提起上诉。广东省深圳市中级人民法院经审理认为：本案中，2017年6月29日，原告邓某与A律所解除聘用关系、交接业务以及相关档案、办妥离职证明。虽然律师执业证上的执业机构仍为A律所，但此时邓某已没有以A律所律师名义继续执业的基础条件，在案证据亦无法证明其以A律所律师名义继续执业的客观事实。

2017年6月30日，邓某与B律所签订《律师聘用合同》，2017年7月12日，吕某与B律所代表律师签订《委托代理协议》委托代理离婚纠纷案件，邓某此后具体办理该案，属于律师执业活动。在违法行为性质方面，邓某已构成未取得B律所律师执业证而在B律所从事律师执业活动的行为，但本案争议并不止于此一违法行为，而在于是否进一步构成同时在两个以上律师事务所执业。

《中华人民共和国律师法》第四十七条第一项规定，“同时在两个以上律师事务所执业的”应予以处罚，按照文义，违法行为应具备“同时”“两个以上律师事务所”“执业”的构成要素。结合关于律师合法执业的规定理解，本条规制律师本应在一个律师事务所执业但同时在两个以上律师事务所执业的行为；结合立法目的理解，本条规范旨在避免律师同时在两个以上律师事务所执业产生管理失序、利益冲突、不正当竞争和损害当事人利益等问题。邓某从A律所离职后未在A律所执业但在取得B律所律师执业证前在B律所的执业行为，不是同时在两个以上律师事务所执业的行为，未产生管理失序、利益冲突、不正当竞争和损害当事人利益问题，不构成《中华人民共和国律师法》第四十七条第一项文义和目的规制的违法行为。

司法部的部门规章《律师和律师事务所违法行为处罚办法》第五条第二项细化规定“在获准变更执业机构前以拟变更律师事务所律师的名义承办业务”属于《中华人民共和国律师法》第四十七条第一项规定的律师“同时在两个以上律师事务所执业的”违法行为，应当予以处罚。但该条应当根据上位法《中华人民共和国律师法》的规定来理解适用，具体规制律师办理变更执业机构期间执业行为，亦即规制律师在获准变更执业机构前，既继续以原律师事务所律师名义执业，又以拟变更律师事务所律师名义承办业务，从而构成同时在两个以上律师事务所执业的情形。邓某从A律所离职后，未再以A律所律师名义执业，虽然在获准变更执业机构前以拟变更律师事务所律师的名义承办业务，但并不构成“同时在两个以上律师事务所执业的”违法行为。

综上，某市司法局作出的不予行政处罚决定和某省司法厅作出的行政复议决定，认定邓某构成“同时在两个以上律师事务所执业”的违法行为，缺乏事实依据和法律依据，上诉理由不成立，二审法院不予支持。原审判决认定事实不清，判决理由不当，但判决结果正确，二审法院依法指正后维持原判。

广东省深圳市中级人民法院依照《中华人民共和国行政诉讼法》第八十九条第一款第一项的规定，判决：

驳回上诉，维持原判。

【法官后语】

1. 适用禁止律师“同时在两个以上律师事务所执业的”，应从其立法目的进行目的解释

《中华人民共和国律师法》明确禁止的是“律师同时在两个以上律师事务所执业”，旨在确保律师只能在一个律师事务所执业，规制律师跨所执业，避免律师事务所管理混乱，妨碍司法行政机关对律师行业的有序管理；也旨在避免律师跨所执业产生利益冲突、竞业行为，防止律师不当竞争、损害当事人利益等情形发生。执法、司法实践中，理解和适用法律条文，应当对法律条文的目的有充分的考虑，不能脱离和偏离立法目的，更不能泛化法律调整范围。

2. 适用禁止律师“同时在两个以上律师事务所执业的”，应从其文字本意进行文义解释

《中华人民共和国律师法》第四十七条第一项规定的违法行为表述是“同时在两个以上律师事务所执业的”，从文义上理解，主要包含“同时”“两个以上律师事务所”“执业”三方面内容要素。仅结合本案而言，系基于不具有“同时”和“执业”两方面事实来整体理解，本案不具有“同时在两个以上律师事务所执业”整体文义所描述的事实。

3. 适用禁止律师“同时在两个以上律师事务执业的”，应从立法架构出发进行体系解释

正确适用“在获准变更执业机构前以拟变更律师事务所律师的名义承办业务”的法律意涵，应在其上位法《中华人民共和国律师法》规定及同位阶规章

规定的体系下进行体系解释，即律师仍在原任职律师事务所执业的同时，又“在获准变更执业机构前以拟变更律师事务所律师的名义承办业务”，则属于“同时在两个以上律师事务所执业的”情形；如果律师“在获准变更执业机构前以拟变更律师事务所律师的名义承办业务”，未再以原任职律师事务的名义执业，则不属于“同时在两个以上律师事务所执业的”情形。

综上，从目的解释、文义解释、体系解释的角度理解适用《中华人民共和国律师法》第四十七条及《律师和律师事务所违法行为处罚办法》第五条的规定，本案中邓某虽然“在获准变更执业机构前以拟变更律师事务所律师的名义承办业务”，但未再以原任职的律师事务所的律师名义执业，不构成“同时在两个以上律师事务所执业的”情形。

编写人：广东省深圳市中级人民法院　王强力　李桂红

9

“偷面积”宣传行为认定

——置业公司诉杭州市某区市场监督管理局、杭州市某区人民政府行政处罚及行政复议案

【案件基本信息】

1. 裁判书字号

浙江省杭州市中级人民法院（2021）浙01行终308号行政判决书

2. 案由：行政处罚及行政复议纠纷

3. 当事人

原告（上诉人）：置业公司

被告（被上诉人）：杭州市某区市场监督管理局（以下简称某区市监局）、

杭州市某区人民政府（以下简称某区政府）

【基本案情】

置业公司开发建设有A房产项目。2016年12月17日，置业公司就该房产项目设计规划方案向原杭州市规划局某区分局报批备案，报批备案图中标注了七种标准户型的房屋装修示意图，有两种户型分别为“两房两厅两卫”“三房两厅两卫”。置业公司于2017年4月开始采用发放四折页宣传册、单页宣传册以及在售房网站宣传等方式，对其开发的A房地产项目七种标准户型进行宣传，将已报批备案户型套型中的“两房两厅两卫”宣传为“三房两厅两卫”、将“三房两厅两卫”宣传为“四房两厅两卫”。2019年10月15日，置业公司将销售的商品房毛坯交付消费者，交付商品房户型套型与其备案的竣工图、规划方案图的户型套型均一致，与其发放的四折页、单页宣传图册和售房网站中宣称的七种标准户型套型不一致。

2019年9月中旬以来，某区市监局陆续接到举报，反映置业公司在销售其开发的A房产项目过程中涉嫌虚假宣传行为。某区市监局进行立案调查并于2020年7月16日作出《行政处罚决定书》，认为置业公司实际交付的房屋与其销售宣传的不一致，违反了《中华人民共和国广告法》第二十八条第二项的规定，属虚假宣传误导消费者的行为，依据该法第五十五条第一款的规定，决定责令置业公司改正，并处罚款50万元。置业公司不服，向某区政府申请行政复议，某区政府于2020年11月5日作出维持被诉处罚决定的行政复议决定。

置业公司不服，以针对宣传单页中的阳台、设备平台等部分，原告都以醒目的红、蓝线框进行标注，将这些需要消费者后期自行改造的部分进行了明确、明显的提示，实际样板房中也做了相关提示，原告并不存在欺骗、误导消费者的行为为由诉至法院，要求撤销被诉处罚决定书及行政复议决定书。

【案件焦点】

1. 房地产销售中较为常见的“偷面积”销售宣传行为如何定性；2. “偷面积”宣传行为是否构成虚假广告。

【法院裁判要旨】

浙江省杭州市萧山区人民法院经审理认为：原告在售房时通过发放四折页宣传册、单页宣传册等广告方式对其销售的房屋进行宣传，将已报批备案户型套型中的“两房两厅两卫”宣传为“三房两厅两卫”、“三房两厅两卫”宣传为“四房两厅两卫”，该宣传内容明显与实际情况不符，将对消费者购房行为产生实质性影响；同时原告在发布的广告中将阳台、设备平台等改造成卧室进行宣传，亦将误导消费者认为可以对相关阳台、设备平台等设施进行施工改造，消费者如若按上述宣传进行装修必将承担不符合规划的法律后果。故原告的行为违反了广告法第二十八条的规定，构成发布虚假广告的违法行为。被告某区市监局根据广告法第五十五条第一款的规定，对原告作出责令改正并处罚款 50 万元的处罚决定，认定事实清楚，适用法律正确，量罚适当。原告主张相关广告宣传资料仅为要约邀请，不构成合同内容及交付标准，且在宣传过程中已充分履行提醒和告知义务，并不存在广告法第二十八条规定的虚假广告行为，也不会对消费者行为产生误导的主张，明显与客观事实和法律规定不符，不予采纳。

浙江省杭州市萧山区人民法院依照《中华人民共和国行政诉讼法》第六十九条之规定，判决如下：

驳回置业公司的诉讼请求。

二审法院同意一审法院裁判意见。

【法官后语】

近年来，新开发建设的商品房楼盘通过各种形式进行宣传销售，如使用宣传册、网络媒体等。在广告宣传的过程中，房地产开发商对周围配套服务、户型等一系列与商品房有关的信息宣传套路十足，花样百出。本案即涉及房地产销售中较为常见的“偷面积”销售宣传行为。该行为是否可以定性为虚假广告，是本案审查的争议焦点，具体而言，涉及两个问题：一是“偷面积”行为如何定性；二是“偷面积”宣传行为是否构成虚假广告。本文将对此开展讨论。

1. “偷面积”即设备平台改造行为的法律性质

本案主要涉及的是平台设备的改造，开发商或者开发商指定的第三人在交付房屋后通过与消费者签订改造协议形式，对设备平台进行改造，使得设备平台变成房屋专有面积，也就是所谓的“偷面积”行为，对于该行为法律上是否允许，这是本案涉及的第一个问题。

浙江省《建筑工程建筑面积计算和竣工综合测量技术规程》第2.0.20条规定，室外设备平台指“房屋主体结构外，供空调外机、热水器组等设备搁置检修空间”。根据该规程，设备平台应当计入建筑面积。对于是计入共有面积还是专有面积，笔者认为，从设备平台的功能出发，设备平台是供空调外机、热水器组等设备搁置检修的空间，因此并不专属于某一户业主使用，该设备平台所形成的空间或者投影面积应当不属于建筑物专有部位。从设备平台的定义本身出发，前述技术规程明确设备平台“位于房屋主体结构外”，因此其与消费者实际可以占有、使用的部位并不相通，故不存在被单个业主占有、使用、收益、处分的权利，理应推定该平台属于建筑物共有部分。

根据上述分析，房屋交付后，开发商或者开发商指定的第三人通过与消费者签订改造协议形式，对设备平台进行改造，将不相通的空间打通，使设备平台形成的空间可以被特定的业主占有、使用。该行为通过对业主共有部分进行改造，使其变为建筑物专有部分。《中华人民共和国城乡规划法》第四十三条规定，建设单位应当按照规划条件进行建设；确需变更的，必须向城市、县人民政府城乡规划主管部门提出申请……第六十四条规定，如未按照建设工程规划许可证的规划进行建设的，县级以上地方政府城乡主管部门可以责令停止建设，可以改正的，限期改正，无法改正，限期拆除，不能拆除的，没收实物或者违法收入，并处建设工程造价百分之十以下的罚款。根据上述规定，通过签订改造协议将设备平台改造为业主专有部分的面积，可能会使购房者承担违反城乡规划法的法律后果。

2. 置业公司的行为是否构成虚假广告

本案宣传行为是否构成虚假广告，有两方面的要件需要考虑，一是是否构成广告，二是是否构成虚假广告。

广告法第二条第一款规定："在中华人民共和国境内，商品经营者或者服务提供者通过一定媒介和形式直接或者间接地介绍自己所推销的商品或者服务的商业广告活动，适用本法。"根据上述规定，构成广告的要素有两个方面，一是进行了宣传，二是必须通过一定的媒介，造成了一定的公共影响力。若只是单纯宣传则只构成虚假宣传，但若通过广而告之的行为让公众知晓，则构成广告。本案中，置业公司在售房时不仅在售楼部发放四折页宣传册、单页宣传册，同时也在售房网站上对其销售的房屋户型进行宣传，其宣传行为有一定的公众传播性，故构成广告。

对于是否涉及虚假广告，广告法第二十八条规定，广告以虚假或者引人误解的内容欺骗、误导消费者的，构成虚假广告。广告有下列情形之一的，为虚假广告：（一）商品或者服务不存在的；（二）商品的性能、功能、产地、用途、质量、规格、成分、价格、生产者、有效期限、销售状况、曾获荣誉等信息，或者服务的内容、提供者、形式、质量、价格、销售状况、曾获荣誉等信息，以及与商品或者服务有关的允诺等信息与实际情况不符，对购买行为有实质性影响的；（三）使用虚构、伪造或者无法验证的科研成果、统计资料、调查结果、文摘、引用语等信息作证明材料的；（四）虚构使用商品或者接受服务的效果的；（五）以虚假或者引人误解的内容欺骗、误导消费者的其他情形。根据上述规定，虚假广告有两种表现形式：一是虚假宣传，宣传与实际不符；二是引人误解的宣传，即便宣传的内容符合实际，但可能使得消费者对商品的真实情况产生误解。

本案中，原告在售房时对其销售的房屋进行宣传，将已报批备案户型套型中的"两房两厅两卫"宣传为"三房两厅两卫"、"三房两厅两卫"宣传为"四房两厅两卫"，该宣传内容明显与实际情况不符。同时，原告在发布的广告中将阳台、设备平台等改造成卧室进行宣传，亦将误导消费者认为可以对相关阳台、设备平台等进行施工改造，但事实上消费者如若按上述宣传进行装修必将承担不符合规划的法律后果。从这一层面来说，即便原告主张已经对交付的实际情况在宣传时向消费者作出提示，但其宣传内容使得消费者确信其在交付后可以对设备平台进行改造。允诺的信息与实际情况不符，构成虚假广告。允诺的信息与实际情况不符，不仅包括允诺与客观事实不符，也包括作出的允诺是法律所禁止的行为。本案中，即便房地产开发商在宣传中对实际交付的房屋情况进行了特别提示，但其关于设备平台可以改造成房屋套内面积的宣传，将误导消费者认为可以在房屋交付后对相关阳台、设备平台等进行施工改造，但事实上该行为不为法律所允许。置业公司以违法利益为诱导促使消费者购买房屋，构成虚假广告，应按照广告法、行政处罚法等相关规定进行处罚。

编写人：浙江省杭州市萧山区人民法院　郭权　楼丹利

10

未过当制止违法行为不应予以行政处罚

——王某诉广安市公安局某区分局、广安市某区人民政府行政处罚及行政复议案

【案件基本信息】

1. 裁判书字号

四川省广安市中级人民法院（2022）川16行终43号行政判决书

2. 案由：行政处罚及行政复议纠纷

3. 当事人

原告（被上诉人）：王某

被告（上诉人）：广安市公安局某区分局（以下简称某区公安分局）、广安市某区人民政府（以下简称某区政府）

【基本案情】

2021年6月16日，陶某因听信他人说王某说其坏话，与张某分别骑摩托车围堵骑摩托车的王某并与王某发生口角。陶某先对王某指指点点，并触碰到王某，致王某的摩托车倒地。在王某转身弯腰放置物品时，陶某又从背后推王某。王某愤而扔掉手中物品并脱掉高跟鞋丢在其摩托车倒地位置附近。在双方持续争执中，陶某还扯王某裙子、推王某肩膀。在王某右手触碰到陶某面部后，陶某又殴打王某面部。王某便赤脚踢了陶某下腹至大腿部位两脚。随后，陶某脱掉高跟鞋，用高跟鞋持续殴打王某20余秒。与陶某同行的张某也参与其中，三人扭成一团。其间，王某未有明显反击行为。被路过的黑衣男子拉开后，王某从地上捡起高跟鞋向陶某头部扔去。之后，王某住院治疗，损伤被评定为轻微伤；陶某被医院诊断为腹部软组织伤。

某区公安分局对三人均进行了行政处罚，其中，对王某处行政拘留七日，并处罚款三百元。王某以其行为是自我保护，不应受到行政处罚为由申请行政复议，某区政府维持了原处罚决定，遂成讼。

【案件焦点】

某区公安分局对王某作出的行政处罚决定是否合法。

【法院裁判要旨】

四川省广安市前锋区人民法院经审理认为：从某区公安分局提供的现场监控视频、当事人询问笔录来看，案外人陶某、张某在与王某争执之前，即有在路口以摩托车围堵的方式拦截原告的故意；且陶某在争执的阶段，拉王某裙子、推王某肩膀，其行为具有一定的挑衅性；另外，王某在遭受陶某殴打后，仅有两次明显反击行为，第一次系赤脚踢陶某，发生在原告与陶某抓打期间，应系制止违法侵害的行为；第二次系原告用高跟鞋丢向陶某头部，该行为发生在原告与陶某被劝说停止扭打后，该行为确有不妥，但考虑到该行为发生在陶某对原告长达20余秒的连续高跟鞋击打之后，且危害程度较轻，故不宜直接认定为“殴打他人，或者故意伤害他人身体”的违法行为。同时，行政处罚不应忽视起因，某区公安分局作出本次行政处罚忽视了本次事件的起因不在原告。基于以上因素，某区政府作出的维持复议决定亦有不当。行政处罚决定和行政复议决定均缺乏合法性。

四川省广安市前锋区人民法院依照《中华人民共和国行政诉讼法》第七十条第一项、第六项，第七十九条之规定，判决：

撤销涉案《行政处罚决定书》与《行政复议决定书》。

被告某区公安分局、某区政府不服，提起上诉。四川省广安市中级人民法院经审理认为：从某区公安分局提供的现场监控视频和询问笔录可知，陶某在本案中挑衅意图明显，王某并无殴打或者伤害陶某的故意。陶某用高跟鞋、张某徒手共同对王某实施殴打时，王某才采取赤脚踢打方式予以反击，王某的行为具有明显的防卫性质，符合《公安机关执行〈中华人民共和国治安管理处罚法〉有关问题的解释（二）》[①] 第一条“为了免受正在进行的违反治安管理行为的侵害而采取的制止违法侵害行为，不属于违反治安管理行为”的规定。某区公安分局认定王某的行为系故意殴打他人或者故意伤害他人身体，属于认定事实错误。其依照《中华人民共和国治安管理处罚法》第四十三条第一款之规定，决定对王某处行政拘留七日，罚款三百元，适用法律错误。

关于事件的起因，王某是否说过坏话不应当作为案发当晚陶某、张某拦截、殴打王某的合法理由，并进而否定王某在遭受殴打时具有防卫的权利。

四川省广安市中级人民法院依照《中华人民共和国行政诉讼法》第八十九条第一款第一项之规定，判决如下：

驳回上诉，维持原判。

【法官后语】

对王某的行为如何评判，是本案争议焦点。对王某、陶某争执发生的原因，王某扬手、踢打、扔鞋的行为性质，双方存在截然不同的意见。王某认为自己

① 载公安部网站，https：//app. mps. gov. cn/gdnps/pc/content. jsp? id=7433754，最后访问时间：2023 年 4 月 11 日。

处处退让，偶有还击是自我保护；公安机关则认为是与陶某互殴。人民法院对此予以准确的判断，无论是对公安机关还是对社会公众如何处理类似冲突都具有一定的参考意义。

根据《中华人民共和国民法典》第一百八十一条规定，因正当防卫造成损害的，不承担民事责任。正当防卫超过必要的限度，造成不应有的损害的，正当防卫人应当承担适当的民事责任。《中华人民共和国刑法》也有类似规定。行政法居于民法与刑法之间，当然亦应适用这些规定。一般认为，正当防卫是指，行为人为了保护社会公共利益、自身或者他人的合法权益免受正在进行的紧迫侵害，针对这一非法侵害采取必要措施，在必要限度内采取的防卫措施。正当防卫的构成要件包括：一是有侵害事实；二是不法侵害正在进行且具有现实紧迫性；三是须以合法防卫为目的；四是防卫须对加害人本人实行；五是防卫不能超过必要限度。前两项为侵害的时间、状态以及排除行为合法性的要求，后三项为防卫的意图、对象以及程度要求。

具体到本案，视频监控显示，王某的行为，按照时间顺序可拆分为六个方面：一是扔掉手中物品并脱掉高跟鞋丢在摩托车倒地位置附近；二是王某扬手、陶某偏头；三是与陶某口头争执；四是与陶某、张某扭打在一起；五是赤脚踢陶某两下；六是被劝阻后向陶某扔鞋。结合陶某拦截王某、双方发生口头争执、陶某拉扯王某裙子致其摩托车倒地、推拉王某、陶某用高跟鞋持续殴打王某的事实，以及庭审中王某对脱鞋扔在摩托车旁边的合理解释，无法得出王某在双方殴打成团之前有伤害对方的故意，相反，陶某挑衅味较浓。综观事件发生经过，结合该事件的起因、双方的言行与力量对比分析，陶某的行为具有逐步激烈的连贯性，而王某除赤脚踢打外未见明显反击行为，王某赤脚踢打与扭打行为，针对的是陶某、张某的挑衅，且反击程度并未超出合理的限度，更未从被动变主动进行攻击，认定为自我保护下的防卫措施更为适宜。至于被劝阻后向陶某扔鞋，系争执停止后王某单方的行为，虽是故意的违法行为，但虑及未造成损害后果，也不宜判定为殴打或故意伤害而被施以行政处罚，不过人民法院的裁判文书在对此情节的说理时也单独给予了否定性评价。

对于民间纠纷中均有动手的行为人，公安机关一视同仁的态度本身值得肯定，但不能仅以是否动手来判定行为的对错，以致“各打五十大板”。面对对方的挑衅及殴打，当事人为了摆脱侵害，通过虚张声势、吓唬对方，甚至予以必要还击的行为都不能轻易认定为非法。当然，我们希望发生争执的当事人能够理性、妥善处理问题，公安机关“各打五十大板”的处罚可能也有这样的考虑，但是执法机关不能苛求行为人在紧急状态下先仔细权衡利弊，再采取最为理性的方式（比如逃跑、报案等）来避免冲突。若是如此，行为人可能会遭受更大的伤害。

正当防卫作为民事侵权、刑法处罚中的免责事由，也符合朴素的公平正义观念，即让违法者受到惩戒，让制止违法的行为受到法律保护。需要强调的是，我们肯定的是遭受紧迫侵害后采取必要限度的反击和抗衡以自我保护，绝非变被动为主动、以制止违法侵害为名加以侵害甚至事后攻击。正当防卫这种自力救济的方式不具有社会危害性，只要未超过必要限度，应当不予处罚。只有这样，才能鼓励人民群众同违法、犯罪行为作斗争，保持社会平安稳定。

编写人：四川省广安市中级人民法院　甘文玉　陈爱华

11

小区地下停车场道路属性的认定

——吴某诉某市公安局交通警察支队、某市公安局行政处罚及行政复议案

【案件基本信息】

1. 裁判书字号

福建省漳州市中级人民法院（2021）闽06行终1号行政判决书

2. 案由：行政处罚及行政复议纠纷

3. 当事人

原告（上诉人）：吴某

被告（被上诉人）：某市公安局交通警察支队（以下简称某市交警支队）、某市公安局

【基本案情】

2019年11月9日21时许，原告吴某饮酒后叫代驾司机。张某受聘驾车，后因代驾费支付问题，双方发生争执。原告吴某支付代驾费后，发现张某将车停放在小区地下停车场内他人的私家车位上，遂驾车沿通道寻找临时车位停放。其间，因张某报警，吴某停车时被民警查获。经鉴定，吴某血样中检出乙醇（酒精），乙醇含量为266mg/100ml。2019年11月21日，被告某市交警支队作出《公安交通管理行政处罚决定书》，认定吴某于2019年11月9日22时45分，在小区地下停车场实施醉酒后驾驶机动车的违法行为，依据《中华人民共和国道路交通安全法》第九十一条第二款的规定，作出吊销吴某机动车驾驶证，五年内不得重新取得机动车驾驶证的行政处罚。吴某不服某市交警支队作出的《公安交通管理行政处罚决定书》，于2020年3月10日向某市公安局申请行政复议。某市公安局于2020年5月6日作出《行政复议决定书》，确认某市交警支队作出的行政处罚决定违法，但不予撤销。

漳州市龙文区人民检察院于2020年1月19日作出《不起诉决定书》，认为吴某实施了《中华人民共和国刑法》第一百三十三条之一规定的行为，但犯罪情节轻微，具有坦白、自愿认罪认罚，驾车距离短、未造成其他损失或后果等情节，决定对吴某不起诉。后吴某对某市交警支队、某市公安局的行政处罚决定及行政复议决定不服，提起行政诉讼。

【案件焦点】

吴某在小区地下停车场醉酒驾驶，这一地点是否属于《中华人民共和国道路交通安全法》第一百一十九条规定的“道路”。

【法院裁判要旨】

福建省漳州市龙文区人民法院经审理认为：案涉地下停车场并非封闭空间，其通行对象并不特定，范围面向社会大众，符合“道路”的公共性特征，醉酒后于该地下停车场驾驶机动车必将威胁不特定人的人身、财产安全，应适用《中华人民共和国道路交通安全法》进行处罚。某市交警支队在查明吴某于醉酒情况下在案涉小区地下停车场驾驶机动车的事实，对吴某作出吊销机动车驾驶证，五年内不得重新取得机动车驾驶证的处罚决定，认定事实清楚、适用法律正确。某市公安局受理行政复议申请后，经通知答复、审查证据材料后作出被诉行政复议决定并送达，程序合法。

福建省漳州市龙文区人民法院依照《中华人民共和国行政诉讼法》第六十九条的规定，判决如下：

驳回吴某的诉讼请求。

吴某不服，提起上诉。福建省漳州市中级人民法院经审理认为：对于在单位管辖范围内的场所，是否属于前述“道路”，区分的关键在于是否允许社会机动车通行，是否可“用于公众通行”。因此，案涉地下停车场虽然不是传统意义上的道路，但只要允许社会机动车进出，可用于公众通行，就是《中华人民共和国道路交通安全法》所称的“道路”。经查，案涉小区地下停车场入口处张贴收费公告，停车场出入口处采用非人工管理，由电脑读取车牌后自动抬杆让车辆（含社会车辆）进出。该地下停车场除固定车位外另有临时车位，可供社会车辆停放，因此，该地下停车场并非封闭空间，其通行对象并不特定，范围面向社会大众，符合前述“道路”的公共性特征，醉酒后于该地下停车场驾驶机动车必将威胁不特定人的人身、财产安全，应适用《中华人民共和国道路交通安全法》进行处罚。一审判决认定事实清楚，适用法律正确，程序合法。

福建省漳州市中级人民法院根据《中华人民共和国行政诉讼法》第八十九条第一款第一项的规定，判决如下：

驳回上诉，维持原判。

【法官后语】

道路从其本身词义上理解就是地面上供人、车通行的基础设施，可分为城市道路、小区道路、厂矿道路、林区道路及乡村道路等，但是并非所有人、车可至的地方都可纳入行政处罚乃至刑法意义上的“道路”范畴。小区地下停车场是否属于道路问题不能一概而论，而应根据小区地下停车场的性质进行分析判断。

1. 是否符合“道路”的公共性特征

《中华人民共和国道路交通安全法》第一百一十九条第一项规定：“‘道路’，是指公路、城市道路和虽在单位管辖范围但允许社会机动车通行的地方，包括广场、公共停车场等用于公众通行的场所。”该法条定义中强调了道路的“公共性”性质，旨在保护公众人身、财产安全。购物商场、游乐场所等公共停车场系向不特定人群开放，社会车辆可自由进出，对于其公共性较容易理解，也不存在争议。但对于小区住宅的地下停车场是否属于道路问题则不能一概而论。对“道路”的认定关键在于对道路“公共性”的理解，而所谓公共，其本质特征在于通行对象的不特定性。案涉地下停车场虽然不是传统意义上的道路，但只要允许社会机动车进出，可用于公众通行，就是《中华人民共和国道路交通安全法》所称的“道路”。

但地下停车场的“道路”毕竟与一般的城市道路不一样，故交通警察部门一般也不会在小区地下停车场查处酒驾、醉驾行为，往往是因为当事人在地下停车场实施酒驾、醉驾行为之后发生事故或者因为报警而引发的后续相关部门查处、追责。即便如此，对于这种开放的小区地下停车场，社会机动车辆可自由通行，存在较大的安全隐患，任何人都不能存在未必会被查处的侥幸心理。

2. 不宜认定为“道路”的情形

现实社会中还存在一些实行严格登记制度的小区地下停车场，该类型的小区地下停车场只面向特定小区业主及租户开放，不允许其他外来社会车辆进入，要进入该小区地下停车场需在小区物业管理处登记备案，需读卡进入或由机器自动识别已登记车辆后才可以进出停车场；小区业主及租户的亲友探访，需停车场管理人员核实身份登记后允许进入。这种严格依附于小区业主人身性质才可进入的地下停车场，因通行对象仅局限于小区业主及租户或核实登记的亲友，其通行对象相对“固化”，只对特定人群开放，社会机动车辆并不能自由进出，不符合“公共性”特征，其性质不宜认定为“道路”。这就要求交警部门或刑事侦办部门在处理案件时应详尽调查，确定属于“道路”后再启动相关的追责程序。若对小区地下停车场的性质不加以区分，统一泛化认定为“道路”，则超出了公众的日常认知范围，也与法律法规的规定相违背。

3. 刑法上的不起诉不能成为行政处罚免责理由

《最高人民法院、最高人民检察院、公安部关于办理醉酒驾驶机动车刑事案件适用法律若干问题的意见》第一条规定，“在道路上驾驶机动车，血液酒精含量达到80毫克/100毫升以上的，属于醉酒驾驶机动车，依照刑法第一百三十三条之一第一款的规定，以危险驾驶罪定罪处罚”。对于醉酒在符合前述“道路”特征的地下停车场通行的是否都要予以追究刑事责任，也要具体情况具体分析。如本案中，吴某醉酒在地下停车场挪车，车程短、车速慢，考虑其违法犯罪行为比较轻微，没有造成严重后果，检察机关虽认定吴某实施了危险驾驶的行为，但对其作出了不起诉决定。刑事虽然不予追责，但仍需要根据案件的具体情况，追究行为人的行政责任，或者予以训诫或者责令具结悔过、赔礼道歉、赔偿损失，或者由主管部门予以行政处罚或者行政处分。虽然吴某的违法行为较为轻微，但仍然对不特定的人身、财产安全造成了威胁，某市交警支队依据《中华人民共和国道路交通安全法》第九十一条第二款的规定，作出吊销吴某机动车驾驶证，五年内不得重新取得机动车驾驶证的行政处罚并无不当。

综上，通行对象是否具有不特定性，是否具有明显的公共性，是我们认定是否属于行政法或刑法意义上的“道路”范畴的重要标准。

编写人：福建省漳州市龙文区人民法院　严淑珍

12

行刑交叉案件中一事不再罚原则的适用

——农产品公司诉某县市场监督管理局、某县人民政府行政处罚及行政复议案

【案件基本信息】

1. 裁判书字号

贵州省高级人民法院（2021）黔行申431号行政裁定书

2. 案由：行政处罚及行政复议纠纷

3. 当事人

原告（被上诉人、再审申请人）：农产品公司

被告（上诉人、再审被申请人）：某县市场监督管理局（以下简称某县市监局）、某县人民政府（以下简称某县政府）

【基本案情】

农产品公司系收购、储藏、生产加工油菜籽的有限责任公司。2017年6月23日，农产品公司与某县政府签订《核桃、花椒、油菜深加工建设项目和2万亩基地建设合同书》。同年7月6日，农产品公司与油脂公司签订《商标及QS证标识授权使用合同书》，约定油脂公司将注册登记的商标以及食用油生产许可证提供给农产品公司使用，范围包括产品包装、标签与广告宣传。同年9月9日，农产品公司委托周某负责公司生产经营，但未在当地成立新公司，亦未在当地办理食品生产许可证。同年10月，农产品公司开始生产菜籽油并冠以一级菜籽油标识供应到当地部分学校。

2018年1月20日，农产品公司以7.6元/公斤的价格从湖南某公司购进菜

油（成品四级）17吨，分别用菜籽和采购的四级成品菜油加工了13780公斤一级菜籽油。同年3月9日，农产品公司将加工的该批菜籽油抽样送检。经检测，该批菜籽油质量不合格。农产品公司对该批加工的菜籽油重新提炼后未经重新检测即配送至当地部分学校，销价为13.8元/公斤。后油脂公司化验员对该批菜籽油进行自测，结果仍为质量不合格，并告知周某。农产品公司仍未停止该批菜籽油的销售。后经两次抽样送检，检验结果依然为质量不合格。

某县市监局将该案移送公安司法机关处理。2018年11月15日，德江县人民检察院以周某犯生产、销售伪劣产品罪依法提起公诉。同年11月27日，德江县人民法院作出刑事判决，判决被告人周某犯生产、销售伪劣产品罪，单处罚金60000元。2019年3月，德江县人民检察院向某县市监局发出检察建议书，建议依照相关法律法规对农产品公司进行查处等。经查处，某县市监局对农产品公司作出《行政处罚决定书》，决定没收不合格菜籽油11358公斤；罚款2091804元。农产品公司不服，申请行政复议，某县政府作出《行政复议决定书》，予以维持。农产品公司遂向法院提起行政诉讼，请求撤销涉案处罚决定和复议决定。

【案件焦点】

针对涉案单位的同一违法行为，是否可在刑事处罚责任人后再对单位予以行政处罚。

【法院裁判要旨】

贵州省思南县人民法院经审理认为：本案的主要争议焦点为某县市监局在将该案移送德江县公安局作为刑事案件立案侦查且德江县人民法院作出刑事判决后，又对农产品公司生产、销售该同一批菜籽油的行为作出行政处罚是否合法。根据《中华人民共和国行政处罚法》第七条第二款和《行政执法机关移送涉嫌犯罪案件的规定》第十一条的规定，对同一违法犯罪行为，原则上只能给予一次刑事法律上的人身罚或财产罚，即使行政机关已经作出人身罚或者财产罚的行政处罚，相关的行政处罚和刑事处罚也必须进行折抵。故有关人身权和财产权的刑事处罚优于行政处罚，刑事程序优于行政程序。如果违法行为已构成犯罪，必须依法向公安机关移送，如在移送前未作出行政处罚，则不再针对同一违法行为作出该类行政处罚，否则构成程序违法。

贵州省思南县人民法院依照《中华人民共和国行政诉讼法》第七十条第三项规定，判决：

一、撤销某县市监局作出的《行政处罚决定书》;

二、撤销某县政府作出的《行政复议决定书》。

某县市监局、某县政府不服一审判决，提起上诉。贵州省铜仁市中级人民法院经审理认为：其一，在刑事判决中，周某因犯生产、销售伪劣产品罪，被判处罚金。该刑事判决既未对案涉不合格菜籽油进行没收，也未对农产品公司未取得食品生产经营许可从事食品生产经营活动进行刑事处罚。2019年8月24日，某县市监局以农产品公司违反《中华人民共和国食品安全法》第一百二十二条第一款，没收违法生产经营的食品并处罚款。虽然都是同一批不合格菜籽油引起，但该处罚决定与刑事判决的处罚对象、涉及的违法行为均不相同，故某县市监局所作处罚决定不构成重复处罚。其二，农产品公司在当地未取得食品生产经营许可即从事食用油生产、销售活动，违反《中华人民共和国食品安全法》第三十五条第一款，《食品经营许可管理办法》第二条第一款、第四条的规定，应予处罚。

贵州省铜仁市中级人民法院依照《中华人民共和国行政诉讼法》第八十九条第一款第二项规定，判决如下：

一、撤销一审判决;

二、驳回农产品公司的诉讼请求。

再审法院同意二审法院裁判意见。

【法官后语】

本案涉及行刑交叉衔接过程中一事不再罚原则的理解与适用问题。一事不再罚原则也是近些年来行政法学界和实务界讨论较多的一个问题。实践中，对同一违法行为不再进行二次或二次以上相同种类的行政处罚这一点，并没有太多分歧。而同一违法行为触犯了不同的法律规定，这个时候涉及不同的法律责任的承担。不同性质的法律责任是不能互相代替的，如行政处罚不能代替刑罚，即不能“以罚代刑”，理论界和实务界的观点比较一致，争议颇多的是行政违法行为同时又构成犯罪的能否同时适用行政处罚和刑罚，即刑事责任是否完全排除行政处罚的适用。《中华人民共和国行政处罚法》第三十五条虽然规定了刑罚对行政处罚的吸收制度，行政拘留应当依法折抵相应刑期，罚款折抵罚金，意在限制行政处罚和刑罚的重复适用，但所针对的是同一违法行为先行受到行政处罚后续受到刑事处罚的情形。对于未给予行政处罚的违法行为先行受到刑事处罚之后行政机关是否可以再进行行政处罚，目前法律尚无明确规定。

本案即属于此种特殊情形。本案一审法院之所以认为在人民法院对同一违法事实进行刑事判决之后行政机关再针对同一违法行为作出相应行政处罚构成程序违法，正是基于刑事责任可以排除行政处罚的适用这一原理。然，刑罚与行政处罚的质与量的不同，以及种类和功能上的差异，决定了二者应并用，才能使行政处罚弥补刑罚上的不足，消除犯罪的全部危害后果和影响，有效打击犯罪和预防犯罪。[①] 本案中，农产品公司生产、销售伪劣产品的这一违法事实既违反了刑事法律规范，也违反了行政法律规范，即未取得食品生产经营许可从事食品生产经营活动的行为，违反国家对食品生产经营的行政许可制度。行政机关对农产品公司作出行政处罚并未违反一事不再罚原则。首先，从处罚对象而言，刑事判决处罚的是农产品公司的负责人周某，行政处罚处罚的是农产品公司；其次，从适用的法律规范而言，刑事判决针对的是周某生产、销售伪劣产品的犯罪行为，适用的是《中华人民共和国刑法》，行政处罚针对的是农产品公司未取得食品生产经营许可从事食品生产经营活动的违法行为，适用的是与食品生产经营行政许可相关的《中华人民共和国食品安全法》《食品生产管理办法》等法律法规。

值得一提的是，根据《中华人民共和国刑法》第一百五十条的规定，单位

---

① 参见应松年、马怀德：《中华人民共和国行政处罚法学习辅导》，人民出版社 1996 年版，第 144~145 页。

也可以构成生产、销售伪劣产品罪的犯罪主体。如果人民法院已针对此违法行为刑事判处农产品公司罚金，则行政机关在对农产品公司处以罚款处罚时，应当对刑事判处罚金的情况予以相应的考量，并对行政处罚的罚款进行相应的调整，且在执行时应当将罚金进行折抵。这样既弥补了刑罚对生产、销售伪劣产品行为人惩罚力度的不足，使违法行为人受到应有的惩罚，又兼顾了比例原则，防止行政机关滥用行政处罚权。

编写人：贵州省高级人民法院　孟婷

贵州大学法学院　李婷

13

行政处罚数额明显不当应当判决变更

——客运公司诉甲市自然资源和规划局、乙市自然资源和规划局林业行政处罚及行政复议案

【案件基本信息】

1. 裁判书字号

江苏省南京市中级人民法院（2021）苏 01 行终 894 号行政判决书

2. 案由：林业行政处罚及行政复议纠纷

3. 当事人

原告（上诉人）：客运公司

被告（上诉人）：甲市自然资源和规划局、乙市自然资源和规划局

【基本案情】

2018 年 6 月 25 日下午，原告客运公司所有的客车在某高速入口处被交巡中队民警拦下检查。后民警发现该客车内装有青蛙 5740 只、蟾蜍 1690 只。交

巡中队移交某市森林警察大队处理，并通知原某市农业委员会（以下简称原某市农委）。原某市农委在完成现场勘验、检查及证据保存措施后，于当日对查获的青蛙、蟾蜍活体进行了放生。

2018年6月26日，原某市农委对客运公司非法运输野生动物的行为予以立案。经鉴定，案涉物种分别为黑斑蛙、金线蛙和中华蟾蜍，均为国家保护的“三有动物”，其中黑斑蛙、金线蛙系江苏省重点保护陆生野生动物。2018年10月11日，原某市农委作出《林业行政处罚决定书》，决定对客运公司作出行政处罚：1. 没收非法运输的野生动物；2. 罚款743000元［100元每只×（5740+1690）只×1倍］。客运公司不服，向原某市林业与园林局申请行政复议，复议机关维持了原行政处罚。客运公司仍不服，向法院提起行政诉讼。

另查明，2017年11月1日公布的《野生动物及其制品价值评估方法》所附《陆生野生动物基准价值标准目录》[①] 中，确定“无尾目”种类的基准价值为100元/只。2019年2月，原某市农委的林业管理职责与其他相关部门的职责整合，组建甲市自然资源和规划局。2019年3月，乙市自然资源和规划局根据市政府文件规定负责辖区内陆生野生动物资源的监督管理，原某市林业与园林局的相关职能划入乙市自然资源和规划局。

【案件焦点】

案涉行政处罚决定罚款数额是否合理适当。

【法院裁判要旨】

江苏省东台市人民法院经审理认为：本案中，案涉野生动物是在客运站外由司乘人员擅自接收并同意承运的，原告对司乘人员管理不到位导致了违法行为的发生，原告应当承担责任。但是，原某市农委作出被诉行政处罚决定时，未充分考虑原告所具有的从轻、减轻处罚的情节，仅依据《野生动物及其制品价值评估办法》中“无尾目”类基准价值100元/只，处以罚款743000元，罚

① 载国家林业和草原局网站，http：//www.forestry.gov.cn/main/3951/20171204/1058011.html，最后访问时间：2023年4月26日。

款数额明显偏高，应当予以变更。第一，案涉黑斑蛙、金线蛙和中华蟾蜍共计7430只已全部被活体放生，该群野生动物的生态价值得以保全，社会危害性相对不大，酌情核减30%的罚款；第二，原告的非法运输行为没有造成上述野生动物死亡，对野生动物资源及生态环境造成的实际损害后果较小，后期的环境破坏修复费用较少，酌情核减20%的罚款；第三，原告不具有非法运输野生动物的直接故意，而是因对司乘人员管理不当、疏于管理导致非法运输野生动物行为的发生，原告主观过错较小，酌情核减15%的罚款；第四，行政处罚过程中，原告积极配合调查并主动提供相关查处线索，酌情核减5%的罚款。基于以上原因，考虑到案涉物种的生态价值以及因案涉违法行为导致环境破坏的修复费用，并结合行政处罚的执行效果、被告的行政执法成本等因素，酌情将案涉行政处罚决定中罚款数额调整为原罚款数额的30%，即222900元。

江苏省东台市人民法院依照《中华人民共和国行政诉讼法》第六十九条、第七十七条、第七十九条之规定，判决：

一、变更涉案《林业行政处罚决定书》中“罚款743000元［100元每只×（5740+1690）只×1倍］”为“罚款222900元”；

二、撤销涉案《行政复议决定书》；

三、驳回客运公司的其他诉讼请求。

二审法院同意一审法院裁判意见。

【法官后语】

行政处罚权的实效取决于行政处罚相对人的接受和社会的认可程度。行政机关在作出行政处罚时必须兼顾行政目的的最佳效果和对相对人的最小侵害，减轻行政处罚制度考虑相关因素使行政处罚与违法行为相一致，以追求个案正义。

1. 行政处罚减轻处罚的设置是过罚相当原则的具体体现

过罚相当原则是刑法理论在行政处罚中的应用。为了贯彻与实现过罚相当原则，使行政主体更为合理地运用行政处罚，法律上设置了从轻、减轻和不予行政处罚的适用情形，这使得行政处罚的量罚制度更为合理和均衡。在这三种量罚规则中，从轻处罚和减轻处罚较为接近，《中华人民共和国行政处罚法》也以“应当从轻或减轻行政处罚”的表述对两者进行了并行规定。减轻行政处罚是在法定的处罚种类以下和处罚幅度的最低限以下适用行政处罚。本案中，原某市农委作出被诉行政处罚决定时，未充分考虑原告不具有非法运输野生动物的直接故意、积极配合调查等减轻处罚的情节，罚款数额明显超出了遏制非法运输野生动物的实际需要，出现了畸重的现象，此时减轻罚款数额便是平衡“过”与“罚”的具体体现。

2. 行政处罚“明显不当”的司法认定

“明显不当”审查标准的加入，是行政合理性原则在司法实践中的具体适用。除了需要考虑公平正义的因素之外，还需要从相关因素、立法目的与精神、程序正当、比例原则、一般正常人的理性观念等因素来考量。司法实践中，行政处罚“明显不当”的主要表现方式有内容明显不当、罚责明显不当、程序明显不当。本案中，案涉行政处罚的数额虽然没有超出法律规定，但原某市农委没有全面考虑原告的违法情节、认错态度和造成危害后果等相关因素，并未在依法行政和保护相对人权益之间进行合理的衡量，没有考虑到行政行为的作出必须符合法律的目的、有合理的动机，并要对相关因素进行考量，且符合行政合理性原则。法院在审理此类案件时应以行政机关的行政处罚结果是否和行政相对人的违法情节、社会危害程度等相当为审查依据，故认定被诉行政处罚数额畸重并进行变更，并无不当。

3. 行政处罚数额“明显不当”变更判决的适用

从《中华人民共和国行政诉讼法》对“明显不当”的规定来看，撤销判决可以对所有行政行为作出，而变更判决只能在行政处罚及其他行政行为涉及对款额的认定时才能作出，由此可见变更判决适用条件更为严格。在实务中，变更判决的适用主要出现在罚责明显不当的案件中，因为对于行政相对人来说，责罚是否合理恰恰是他们首先能够感受到的。行政相对人提出的行政处罚“明显不当”的诉讼请求也往往是针对责罚程度提出的。当行政机关适用的量罚幅度与案件情节比例不当时，法院则会通过变更判决予以纠正。本案中，法院在综合考虑客运公司运输违法行为的社会危害性、对生态环境所造成的实际损害程度、被处罚者的主观过错程度以及遏制违法行为的实际需要，并结合行政处罚的执行效果、行政执法成本等因素，直接判决变更为原罚款数额的30%，更为适度、合理。

编写人：江苏省东台市人民法院　汤晓青

14

行政处罚应考虑行政处罚法总则性条款的适用

——毛某等诉南通市某区市场监督管理局行政处罚案

【案件基本信息】

1. 裁判书字号

江苏省南通市中级人民法院（2021）苏 06 行终 29 号行政判决书

2. 案由：行政处罚纠纷

3. 当事人

原告（上诉人）：毛某等 22 人

被告（被上诉人）：南通市某区市场监督管理局（以下简称某区市监局）

第三人（被上诉人）：某酒店

【基本案情】

毛某等 22 人系某广场北楼业主。某酒店住所为某广场南楼 36—47 层、北楼 18—26 层。2019 年 12 月，某酒店开张，后于 2020 年 1 月 20 日停止使用。2020 年 2 月 10 日，某区市监局接毛某等 22 人举报后至某酒店现场调查，并向某酒店发出责令改正通知书，认为某酒店在某广场北楼 7 层开设酒店前台的行为，违反了《中华人民共和国公司登记管理条例》第二十六条的规定，责令立即改正。2020年3月25日，某酒店变更住所为某广场南楼36—47层、北楼18—26层、北楼7层（西北部分）。经履行行政处罚程序，2020年3月30日，某区市监局作出《不予行政处罚决定书》，决定对某酒店不予行政处罚。毛某等22人不服，提起诉讼，请求法院判决某区市监局对某酒店的无证经营行为作出处罚。

【案件焦点】

某酒店超越营业执照许可的范围从事经营活动，某区市监局对其不予处罚是否适当。

【法院裁判要旨】

江苏省南通经济技术开发区人民法院经审理认为：某酒店在某广场北楼7层设置前台，但某酒店经营地址不包括北楼7层，故某区市监局认定某酒店超出经营地址经营，并向某酒店发出责令改正通知书。某酒店未再将某广场北楼7层作为前台使用，已经改正，故对其不予处罚符合法律规定。

江苏省南通经济技术开发区人民法院依照《中华人民共和国行政诉讼法》第六十九条之规定，判决：

驳回毛某等22人的诉讼请求。

毛某等22人不服，提起上诉。江苏省南通市中级人民法院经审理认为：《无证无照经营查处办法》第七条规定，经营者未依法取得许可且未依法取得营业执照从事经营活动的，依照本办法第五条的规定予以查处。所谓无证无照经营，是指经营者未取得营业执照及相关许可证件即从事经营的行为。超许可经营地址经营是指公司企业法人在登记注册地址以外的地址进行经营的行为。本案中，某酒店在某广场北楼7层开设前台服务，与其他楼层的住宿服务等构成酒店经营的整体，而非新设的独立的经营行为。某区市监局在某酒店已改正违法行为的情况下，对其不予处罚并无不当。

江苏省南通市中级人民法院依照《中华人民共和国行政诉讼法》第八十九条第一款第一项之规定，作出如下判决：

驳回上诉，维持原判。

【法官后语】

《中华人民共和国行政处罚法》规定的轻微且没有危害后果不罚、首违不罚、没有过错不罚等基本原则，以及各地的优化营商环境政策性文件、免罚清单，为行政机关包容审慎监管提供了法律依据和政策支持。企业生产经营行为关涉经济社会发展、百姓生活的方方面面，行政机关对违法经营行为的处罚不仅蕴含企业合法权益的个案裁量，还涉及投诉人乃至社会公共利益的考量。明确行政机关对轻微违法经营行为实施不予处罚所遵循的基本规则，厘清不予行政处罚相关法定要素的司法审查标准，对营造和谐、稳定、法治化的营商环境，保障行政机关对市场主体包容审慎监管的各项政策措施合法合规、可持续发展，具有重要意义。

1. 轻微违法经营行为不予行政处罚的法律及政策依据

市场经营行为是指市场经营主体以营利为目的，从事商品生产经营和服务活动的行为。从表面上看，对于轻微违法经营行为如何处罚，只需依法实施即可，无需再强调诸如营商环境保护等政策，但是，只有在遵循轻微违法经营行为不予处罚的基本法则的基础上，充分理解并贯彻政策导向、制度环境等外部因素，才能为行政机关实施处罚提供更为深刻、全面、透彻的法理支撑。轻微违法经营行为所涉法律及政策依据主要包括以下几个方面。一是规范行政处罚的法律法规，如《中华人民共和国行政处罚法》第三十三条、《自然资源行政处罚办法》[①] 第二十六条等。二是涉及营商环境的法律法规及政策性文件，如《江苏省优化营商环境条例》第六十二条。三是行政处罚的裁量基准，典型的即免罚清单，如《长江三角洲区域税务轻微违法行为“首违不罚”清单》[②]《江苏省市场监管领域轻微违法行为不予处罚和从轻减轻处罚规定》[③] 等。

---

① 载中国政府网，http：//www.gov.cn/zhengce/2020-03/27/content_5711390.htm，最后访问时间：2023年4月12日。

② 载上海市税务局网站，http：//shanghai.chinatax.gov.cn/zcfw/zcfgk/zhsszc/202007/t454433.html，最后访问时间：2023年4月12日。

③ 载江苏省市场监督管理局网站，http：//scjgj.jiangsu.gov.cn/art/2022/1/5/art_78964_10301439.html，最后访问时间：2023年4月12日。

2. 对轻微违法经营行为实施处罚应关注的几种关系

一是行政处罚法与特别法之间的关系。行政处罚法是一部关涉行政处罚总体的法律，它与特别法是整体性与局部性、一般性与个别性的关系。有的行政机关往往将目光放置于具体执法领域的法律，忽略行政处罚法的规定，从而导致机械适用法律，作出看似“合法”，实则违法的处理决定。行政机关在实施行政处罚时，要注意行政处罚法与特别法之间的关系，重视减轻处罚、不予处罚等量罚规则及过罚相当原则对处理结论的指引作用。

二是法定要件和自由裁量之间的关系。行政处罚存在大量自由裁量的内容，为避免行政自由裁量权滥用，除法律规定外，还存在以指导意见、免罚清单等诸多形式存在的裁量基准。一般情况下，行政机关应当严格遵循裁量基准就违法行为构成要件、量罚幅度以及处罚方式作出的规定。但是，行政管理事项纷繁复杂，与行政机关活动的深度和广度相比，规范性文件中所能规定的内容非常有限，因而行政机关在特殊情况下可以撇开裁量基准的约束。一方面，即使某行为形式上符合裁量基准不予处罚的要求，但仍可能被处罚；另一方面，对裁量基准以外的轻微违法行为，也可能因特殊的事实、性质、情节等不予处罚。

三是教育与处罚之间的关系。《中华人民共和国行政处罚法》第六条规定了教育与处罚相结合原则。首先，教育是行政机关的法定义务。《中华人民共和国行政处罚法》第三十三条明确规定了对违法行为不予行政处罚的，行政机关应当对当事人教育。其次，教育应当通过一定形式体现。行政机关履行教育职责应当以书面或者电子记录等形式体现，只有这样才能反映行政机关确实履行了教育义务。最后，教育不限于行政程序。行政机关对于违法经营行为的监督管理是贯穿始终的，不仅包括行政处罚过程，对违法的当事人，还应当强化事中事后监管，充分运用约谈、引导、建议、提醒、回访等行政指导手段。

3. 轻微违法经营行为不予行政处罚的构成要件

一是违法行为轻微。“轻微”在《现代汉语词典》中的词义为“不重的、程度浅的”①，该定义可从整体上、感性上体悟违法情节的程度。行政违法行为纷繁复杂、样态各异，对轻微的理性认识，通常需要结合相应的规范性文件作出认定。二是及时改正。行政处罚法并未要求行为人改正是基于“主动”或“自愿”，即使行为人不是主动采取纠正措施，而是行政机关约谈、发出责令改正通知书后改正，也属于改正，但改正的时间、态度可作为量罚的考虑因素。三是没有造成危害后果。广义的危害结果包括狭义的危害结果和违法客体两种类型。狭义的危害结果即具体的损害后果，违法客体则是指侵害行政法益的抽象结果。不予行政处罚属于量罚的过程，因此，这里的危害结果应从狭义上理解，即实际损害的结果，而不包括违法客体，即通常所称的“法益”受损。本案中，某酒店在北楼7层设立酒店大堂的面积较小、营业时间较短，且没有造成实际后果，符合不予行政处罚的条件。

编写人：江苏省南通市中级人民法院　张祺炜

15

行政处罚中过错推定原则的适用

——图书公司诉某市某区财政局、某市财政局行政处罚及行政复议案

【案件基本信息】

1. 裁判书字号

北京市第三中级人民法院（2021）京03行终98号行政判决书

2. 案由：行政处罚及行政复议纠纷

① 中国社会科学院语言研究所词典编辑室编：《现代汉语词典》，商务印书馆2016年版，第1063页。

3. 当事人

原告（上诉人）：图书公司

被告（被上诉人）：某市某区财政局（以下简称区财政局）、某市财政局（以下简称市财政局）

第三人：某市某区人民政府某街道办事处（以下简称某街道办）、技术咨询公司

【基本案情】

2018年12月25日，某街道办委托技术咨询公司就涉案项目进行公开招标。《招标文件》中规定，投标截止时间以后不得修改投标文件。2019年1月3日，图书公司、甲公司、乙公司等五家公司报名参与了涉案项目投标。同年1月16日，图书公司向技术咨询公司递交了投标文件，技术咨询公司工作人员袁某接受并签字。同日，图书公司中标。

2019年1月21日，区财政局收到关于涉案项目的举报。区财政局经初步调查发现图书公司投标时递交的投标书与甲公司、乙公司的投标书中存在三处内容异常一致，故于2019年4月29日进行立案调查。2019年12月23日，区财政局作出《处罚决定书》。

另查，2019年1月11日，图书公司向甲公司转账30000元押金，甲公司于同日将该笔押金转给技术咨询公司，用途为“某街道综合文化中心投标保证金”。2019年1月24日，技术咨询公司将该笔保证金退还甲公司，后甲公司又于同日将其退还图书公司。庭审过程中，图书公司称投标人情况表和开标一览表公章和签字是其作出的，但是日期没有填写，是开标以后更换的标书，技术咨询公司的魏某说“区财政局要求空着”。现图书公司对《处罚决定书》不服，提起本案诉讼。

【案件焦点】

1. 图书公司是否具有串通投标行为的主观过错；2. 图书公司应当承担何种证明责任。

【法院裁判要旨】

北京市通州区人民法院经审理认为：关于投标书的问题，根据相关法律规定以及《招标文件》相关要求来看，投标标书以纸质版正本为开标文件，开标后投标文件不得修改。因此，对于图书公司表示相关电子版投标文件存在开标后修改的问题，不影响区财政局依照纸质正本投标文件依法进行调查。故需要核实区财政局据以作为处罚的依据——纸质版正本标书是否存在修改。对此，区财政局的调查行为应予认可。理由如下：第一，技术咨询公司作为本次采购单位的代理公司，其收取的相关投标文件在没有证据证明被篡改且其与被调查的违法行为不存在利害关系的情况下，技术咨询公司向区财政局提交的纸质版正本投标文件应认定为合法的投标文件，应作为被调查的投标文件；第二，如果如图书公司所述，相关电子版投标文件在开标后被修改，那么可能导致纸质版投标文件亦被修改，根据图书公司提交的微信聊天记录，这种修改行为实际上系图书公司为逃避区财政局的调查进行的证据替换行为，反而证实了图书公司存在串标的情形，相关不利法律后果理应由图书公司自行承担。故对区财政局将纸质版投标标书正本作为查处证据本院不持异议。

关于串通投标行为的认定问题，根据《中华人民共和国政府采购法》第二十五条第一款、《政府采购货物和服务招标投标管理办法》[①] 第三十七条第四项规定，本案中，经区财政局调查，2019年1月11日、2019年1月24日，图书公司、甲公司、技术咨询公司之间存在30000元的转账与退款行为；同时，区财政局经过对纸质版正本标书进行比对，结合询问、听证等情况最终认定图书公司、甲公司与乙公司投标文件存在三处异常一致之处，其内容、字体、字号、换行等格式完全一致，构成投标文件异常一致的情形。因此，在没有相反证据的情况下，本院对区财政局的认定结果不持异议。区财政局在法定幅度范围内对图书公司进行处罚并无不当。

北京市通州区人民法院依据《中华人民共和国行政诉讼法》第六十九条之

---

① 载中国政府网，http：//www.gov.cn/zhengce/2017-07/11/content_5727444.htm，最后访问时间：2023年4月12日。

规定，判决：

驳回图书公司的诉讼请求。

二审法院同意一审法院裁判意见。

【法官后语】

过错推定原则原系民事侵权责任领域的归责原则。虽然行政处罚学术领域关于归责原则的争论从未停止，但实践中行政机关仍在不同程度上考量行为人的过错程度，其中过错推定原则的适用最为广泛，而2021年《中华人民共和国行政处罚法》正式将过错推定原则确立为行政处罚的一般归责原则。本案裁判虽然系在2021年《中华人民共和国行政处罚法》生效前作出，但是案件争议焦点“供应商与采购人、其他供应商或者采购代理机构恶意串通”，涉及对行为人是否存在主观过错、如何证明过错程度以及行政机关的举证标准等问题的认定。

1. 行政处罚中主观过错的推定思路

司法实践中，过错推定原则的适用主要集中于证券监管、食品药品、违法建设查处等领域，法院在审理行政处罚案件中，过错推定原则的适用思路可以归纳为：

（1）是否属于其他法律、行政法规规定不宜适用过错推定原则的情形。主要指法律、行政法规明确规定当事人承担行政处罚责任并不以主观上是否存在过错为前提，如工伤认定、未成年人保护等不应考虑主观过错的领域。此外，出于维护执法效率的考虑，即便是需要考虑行为人主观过错的违法行为，行为人也应自证其没有过错，以推翻行政机关认定的事实，否则应推定其有过错。

（2）由行为人主动收集自身没有过错的证据。也就是说，行为人主观上不存在过错的举证责任在行为人，而非行政机关，只有当事人主动收集其不存在过错的证据并提交给行政机关，才有可能不被行政处罚。行政机关没有主动收集当事人不存在过错的证据的义务。

2. 过错推定原则证明责任承担

首先，关于举证责任的分配，虽然行政诉讼中行政机关应当对行政行为的合法性承担举证责任，行为人应当对自身没有过错承担举证责任，但是行为人在行政程序中能够收集到其没有主观过错的证据而怠于收集，法院应当严格审查，尤其是行为人怠于收集的原因、证据真实性等问题。

其次，应适用优势证明标准。结合2021年《中华人民共和国行政处罚法》第三十三条第二款来看，其要求当事人提交证据达到“足以证明”程度。那么，关于行政处罚领域主观过错的认定，何谓“足以证明”？笔者认为，其一，应当明确此时的主观过错属于推定事实，需要双方举证来固定事实。其二，在行政处罚领域，尤其是适用过错推定的情形之下，行为人收集自身不存在过错的证据存在明显优势，具有较为充分的证据能力证明自身无过错。因此，行为人欲证明其不存在过错，其提交的证据应当形成一个完整的证据链，且没有相反证据予以推翻，以排除法官产生的合理怀疑，才能达到“足以证明”的程度。其三，行政处罚属于典型的负担行政行为，对于行政机关而言，其也应提供充分证据证明其推定事实的存在，以反驳行为人关于推定事实不成立的举证。

本案中，根据《中华人民共和国政府采购法》第七十七条第一款第三项规定，“恶意串通”明确了行为人存在主观故意，因此在区财政局证明图书公司故意实施违法行为的基础上，图书公司还应当对其不存在主观故意承担举证责任。对于图书公司主张在投标结束后被技术咨询公司擅意修改投标文件，但是未能提交相应证据证明其不存在主观过错，故区财政局认定其存在恶意串通行为并无不当。

编写人：北京市通州区人民法院　邱春阳　毕安迪

16

行政处罚中“拒不改正”的理解

——信息技术公司诉北京市某区人力资源和社会保障局行政处罚案

【案件基本信息】

1. 裁判书字号

北京市第一中级人民法院（2021）京01行终95号行政判决书

2. 案由：行政处罚纠纷

3. 当事人

原告（上诉人）：信息技术公司

被告（被上诉人）：北京市某区人力资源和社会保障局（以下简称某区人社局）

【基本案情】

2018年12月29日，某区人社局接到匿名举报，反映信息技术公司存在未按时支付员工工资的情况。2019年3月13日，某区人社局对信息技术公司进行询问。同年3月18日，某区人社局向信息技术公司作出《责令改正通知书》，要求信息技术公司于2019年3月25日前支付欠付工资，但该公司未按要求进行整改。同年5月9日，某区人社局向信息技术公司作出《行政处理决定书》，要求该公司自收到该文书后7日内支付该公司欠付55名员工的工资，并责令该公司支付应付工资金额50%的赔偿金。同年5月21日，某区人社局对信息技术公司进行调查询问。信息技术公司称该单位没有资金，无法按照某区人社局的要求进行整改。同年5月21日，某区人社局向信息技术公司作出《行政处罚事先告知书》。同年5月23日，信息技术公司向某区人社局作出陈述与申辩，主张该公司发生经营严重困难，并非有能力而拒不按要求发放工资，不适用《劳动保障监察条例》第三十条第一款第三项，希望某区人社局不对其公司进行处罚。同年5月28日，某区人社局对本案情况进行复核，复核意见为“经集体讨论一致建议对信息技术公司给予罚款2万元的行政处罚”。同年6月11日，某区人社局向信息技术公司作出《行政处罚决定书》（以下简称被诉处罚决定），并于当日向信息技术公司直接送达。被诉处罚决定的主要内容为：信息技术公司欠付55名员工工资的情况属实。信息技术公司逾期未按要求改正，其行为已构成《劳动保障监察条例》第三十条第一款第三项所规定的“经劳动保障行政部门责令改正拒不改正”的行为。依据上述规定，某区人社局决定对信息技术公司给予罚款20000元整的行政处罚。信息技术公司不服，诉至法院，请求撤销被诉处罚决定。

【案件焦点】

《劳动保障监察条例》第三十条第一款第三项所规定的“经劳动保障行政部门责令改正拒不改正”的行为是指主观上“不愿意”还是客观上“不能”。

【法院裁判要旨】

北京市海淀区人民法院经审理认为：信息技术公司在行政程序中向某区人社局提交的证据材料显示该公司确实存在欠付员工工资的违法事实。某区人社局依法向该公司下达了《责令改正通知书》，要求其在规定期限内改正未支付员工工资的违法行为。该公司未改正其违法行为，某区人社局向其作出被诉处罚决定，并无不当。信息技术公司虽主张其公司发生经营严重困难，并非有能力而拒不按要求向员工发放工资，不属于上述条例规定的“拒不改正”的行为，但某区人社局向该公司下达《责令改正通知书》后，该公司确未在规定期限内进行改正，因此客观上也构成了上述条例中规定的“拒不改正”的行为。某区人社局结合信息技术公司的违法情形、情节轻重等因素，在法定处罚幅度内处以罚款20000元的行政处罚，处罚幅度适当。某区人社局作出被诉处罚决定的行政程序合法。

北京市海淀区人民法院依照《中华人民共和国行政诉讼法》第六十九条之规定，判决：

驳回信息技术公司的全部诉讼请求。

信息技术公司不服，提起上诉。北京市第一中级人民法院经审理认为：《劳动保障监察条例》第三十条第一款第三项中规定，经劳动保障行政部门责令改正拒不改正的，或者拒不履行劳动保障行政部门的行政处理决定的，处2000元以上20000元以下的罚款。本案中，信息技术公司存在拖欠员工工资的违法事实。2019年3月18日，某区人社局作出《责令改正通知书》，要求该公司在2019年3月25日前支付拖欠的员工工资。但该公司并未在规定期限内改正其违法行为，某区人社局遂依据上述规定作出被诉处罚决定，对该公司处以20000元罚款具有事实依据。某区人社局在处罚过程中的程序合法，处罚幅度适当。信息技术公司主张其未能按时支付员工工资是由于公司发生经营严重困难，并非有能力而拒不发放工资，不属于上述条例规定的“拒不改正”的行为。但上述条例规定的“拒不改正”的行为并未限定违法者是主观上“不愿意”还是客观上“不能”，故该主张不能成立。

北京市第一中级人民法院依照《中华人民共和国行政诉讼法》第八十九条第一款第一项之规定，判决：

驳回上诉，维持原判。

【法官后语】

《劳动保障监察条例》第三十条第一款第三项规定，经劳动保障行政部门责令改正拒不改正的，或者拒不履行劳动保障行政部门的行政处理决定的，处2000元以上20000元以下的罚款。根据上述规定，只要用人单位拒不改正或拒不履行劳动保障行政部门的行政处理决定，劳动保障行政部门便可以进行处罚。因此，对于“拒不改正”的理解便成为被诉处罚决定合法性审查的核心问题。

首先，“拒不改正”以“责令改正”的合法性为基础。“拒不改正”针对的只能是合法正当的责令改正命令，否则并无遵守之义务。而责令改正命令的合法性包括改正内容的可能性以及改正程序的正当性，即责令改正的内容具有执行的可能且责令改正具有形式上的正当性、明确性。劳动保障行政部门针对用人单位未支付工资的行为作出的责令改正命令具有正当性，故用人单位具有改正的法定义务。

其次，“拒不改正”中改正可能性的理解。改正内容的可能性是“拒不改正”的前提，即用人单位无法改正一个其不可能进行改正的行为。但对于改正可能性很容易出现一个误解，即这种可能性是针对用人单位本身还是不特定人。笔者认为，这种可能性的判断应当是一般人是否具有改正的可能。在劳动监察领域，国家建立劳动保障监察制度的目的在于规范劳动保障监察工作，维护劳动者的合法权益。劳动保障行政部门作出责令限期支付工资及赔偿金的改正内容，具有一般人可以改正的可能性。故当事人提出的“客观不能”的观点，缺乏依据。

最后，2021 年《中华人民共和国行政处罚法》新增了“主观过错”条款，但这一条款并未改变我国行政处罚一直以来的“客观归责”立场，主观过错并非行政处罚的构成要件，而是行政相对人的法定不予处罚事由。因此，对于行政处罚构成的判断，仍以客观行为作为认定起点。本案中，用人单位存在“拒不改正”行为，即可认定其违反《劳动保障监察条例》规定，理应受到处罚。且用人单位提出的因“企业经营困难而无法支付”的主张，亦不足以证明其没有主观过错，不属于可以免予处罚的情形。

综上，用人单位经责令改正拒不改正的，或者拒不履行劳动保障行政部门的行政处理决定的，属于《劳动保障监察条例》规定的应当进行处罚的情形。实践中，用人单位应当充分保障劳动者的合法权益，及时支付劳动者报酬，亦应遵守劳动保障法律、法规和规章，接受并配合劳动保障监察，以避免类似本案情况的发生。

编写人：北京市第一中级人民法院　李茜　祝飞宇

17

移动式监控设备取证的性质认定

——石某诉北京市公安局公安交通管理局某区交通支队某大队、北京市公安局公安交通管理局某区交通支队行政处罚及行政复议案

【案件基本信息】

1. 裁判书字号

北京市朝阳区人民法院（2021）京 0105 行初 338 号行政判决书

2. 案由：行政处罚及行政复议纠纷

3. 当事人

原告：石某

被告：北京市公安局公安交通管理局某区交通支队某大队（以下简称交警大队）、北京市公安局公安交通管理局某区交通支队（以下简称某区交通支队）

【基本案情】

2021 年 4 月 16 日 9 时 51 分许，石某到交警大队接受 A 号小型轿车非现场违法处理。交警大队民警调取相关信息，确认 2021 年 4 月 12 日 15 时 20 分，在某路段，石某驾驶 A 号小型轿车实施违反禁令标志指示停车的违法行为，根据《中华人民共和国道路交通安全法》第一百四十一条、第九十条的规定，拟对石某处以 200 元罚款的处罚；根据《机动车驾驶证申领和使用规定》，记 3 分。交警大队民警当场告知石某享有提出陈述和申辩的权利。石某未提出陈述和申辩。当日，交警大队对石某作出《处罚决定书》并当场送达石某。

石某不服，向某区交通支队提出行政复议申请。2021 年 4 月 20 日，某区交通支队向交警大队作出《行政复议提交答复通知书》。2021 年 4 月 27 日，交

警大队向某区交通支队提交《行政复议答复意见书》。2021年5月8日，某区交通支队作出《复议决定书》，并分别向石某、交警大队送达。石某不服，即诉至法院。

另查，北京市交管局已在其官网公布新增“车载鹰眼”移动式监控设备记录违法停车的重点路段，涉案地点在上述重点路段范围之内。

【案件焦点】

1. 利用“车载鹰眼”移动式监控设备进行交通违法取证的性质；2. 在此执法方式下交通管理部门的法律适用是否正确。

【法院裁判要旨】

北京市朝阳区人民法院经审理认为：根据《中华人民共和国道路交通安全法》第五条第一款、《中华人民共和国道路交通安全法实施条例》第一百零九条第一款的规定，交警大队对道路交通安全违法行为具有作出罚款决定的法定职权。根据《中华人民共和国行政复议法》第十二条第一款的规定，某区交通支队具有对石某的行政复议申请进行审查并作出复议决定的法定职权。

《中华人民共和国道路交通安全法》第五十六条第一款规定，机动车应当在规定地点停放。禁止在人行道上停放机动车；但是，依照本法第三十三条规定施划的停车泊位除外。第九十条规定，机动车驾驶人违反道路交通安全法律、法规关于道路通行规定的，处警告或者二十元以上二百元以下罚款。《中华人民共和国道路交通安全法实施条例》第六十三条规定，在机动车道与非机动车道、人行横道之间设有隔离设施的路段以及人行横道、施工路段，不得停车；公共汽车站、急救站、加油站、消防栓或者消防队（站）门前以及距离上述地点30米以内的路段，除使用上述设施的以外，不得停车。《北京市实施〈中华人民共和国道路交通安全法〉办法》[①] 第四十九条规定，机动车停放应当遵守下列规定：（一）在停车场或者交通标志、标线规定的道路停车泊位内停放；

---

① 载北京市市场监督管理局网站，http：//scjgj. beijing. gov. cn/cxfw/flfgcxfw/cpzll/202006/t20200618_1928022. html，最后访问时间：2023年4月12日。

（二）在道路停车泊位内，按顺行方向停放，车身不得超出停车泊位。第五十条第一项规定，机动车在道路上临时停车时，应当按顺行方向，车身右侧紧靠道路边缘，不得超过30厘米，同时开启危险报警闪光灯。本案中，现有证据能够证明石某实施了违反禁止标线指示停车的违法行为，石某对此亦予以认可。交警大队根据上述规定和事实对石某作出《处罚决定书》，并在作出处罚过程中履行了告知、听取陈述和申辩、送达等程序，其作出的处罚决定合法，予以支持。关于石某提出当时其丈夫在车内、其系因不得已的原因停车的主张，并未提供证据予以证明，且其实施的临时停车行为亦不符合规定。关于石某提出的交警大队取证行为违法的主张，因交管部门已经对涉案地点进行了公示，交警大队采取的取证方式并无明显不当。因此，石某的上述主张不能成为被诉处罚违法的事由，难以采信。某区交通支队作出《复议决定书》前履行了受理、通知答复、作出决定并送达等程序，其作出的复议决定合法，予以支持。

北京市朝阳区人民法院依据《中华人民共和国行政诉讼法》第六十九条、第七十九条之规定，判决如下：

驳回原告石某的全部诉讼请求。

宣判后，原、被告均未提起上诉，判决已发生法律效力。

【法官后语】

本案的争议焦点为利用“车载鹰眼”移动式监控设备进行交通违法取证的性质，及在此执法方式下交通管理部门的法律适用是否正确。

1. 利用“车载鹰眼”移动式监控设备进行交通违法取证的性质

交通执法领域主要有现场执法和非现场执法两种执法方式。与传统的现场执法相比，非现场执法具有监管范围广、查获效率高、工作时间长的特点及优势，已成为主要的执法手段。交警非现场执法主要分为两个阶段：第一阶段是通过监控系统或信息技术手段收集、固定违法事实，第二阶段是违法行为人自行前往交通管理部门接受处罚。通常认为，非现场执法方式指的是使用摄像头、感应器等固定的监控技术设备进行取证。而随着经济的快速发展，城市汽车保有量不断增加，交通执法人员面临巨大执法压力，执法力量严重不足。而移动式监控设备能够弥补人力执法的不足，提升执法效率，是城市治理的必然选择，应当在审判实践中给予肯定。

《中华人民共和国道路交通安全法》第一百一十四条规定："公安机关交通管理部门根据交通技术监控记录资料，可以对违法的机动车所有人或者管理人依法予以处罚。"本条并未将交通技术监控记录资料限缩为固定的监控技术设备，因此"车载鹰眼"移动式监控设备亦属于交通技术监控记录资料的范畴，利用"车载鹰眼"移动式监控设备收集、固定违法事实实际上是非现场执法的第一阶段即取证阶段。且北京市交管局已经在其官网公布了"车载鹰眼"移动式监控设备记录违法停车的重点路段，涉案地点即在上述重点路段范围之内，因此交警大队采取的取证方式并无明显不当。

2. 在此执法方式下交通管理部门的法律适用是否正确

法律适用问题同样是本案的争议焦点。石某诉称应该适用《中华人民共和国道路交通安全法》第九十三条第一款规定："对违反道路交通安全法律、法规关于机动车停放、临时停车规定的，可以指出违法行为，并予以口头警告，令其立即驶离。"其认为，在没有认证车内是否有驾驶人员、未予以口头警告、劝离的情况下即作出处罚属于执法不规范。而被告则认为应当适用《中华人民共和国道路交通安全法》第九十条的规定，对机动车驾驶人违反道路交通安全法律、法规关于道路通行规定的，处警告或者20元以上200元以下罚款。

如上所述，利用"车载鹰眼"移动式监控设备记录违法停车是非现场执法方式的取证阶段。虽然"车载鹰眼"移动式监控设备置于交警执法车辆内，取证过程中通常交警也在车内，但此时，交警仅为执法车辆的驾驶人员，并非执法人员，违法停车事实由移动式监控设备自动拍摄记录。该情况可拟制为交警不在现场的非现场执法方式的取证阶段，此时交警并无口头警告并令驾驶员驶离的义务。移动式监控设备拍摄记录了石某实施违反禁止标线指示停车的违法事实，且石某并未提供证据证明当时车内有其他人员及其系因不得已的原因停车的主张，因此适用《中华人民共和国道路交通安全法》第九十条对其作出处罚，并无不当。

综上所述，利用“车载鹰眼”移动式监控设备进行交通违法取证属于非现场执法方式，应适用《中华人民共和国道路交通安全法》第九十条进行处罚。交通管理智慧化是交通安全治理体系和治理能力现代化的重要支撑。实现执法的科技化、智能化、精准化，减少道路交通事故，改善道路通行秩序，提升道路交通管理水平，是今后交通执法领域的必然趋势。本案对移动式监控设备取证的标准及性质作出认定，顺应了当前的交通执法现状及未来发展趋势，有助于统一法律适用。

编写人：北京市朝阳区人民法院　李甘霖

18

证据先行登记保存行为的可诉性判断及合法性审查

——摩托车修理部诉北京市某区某镇人民政府、北京市某区人民政府证据先行登记保存及行政复议案

【案件基本信息】

1. 裁判书字号

北京市海淀区人民法院（2021）京0108行初882号行政判决书

2. 案由：证据先行登记保存及行政复议纠纷

3. 当事人

原告：摩托车修理部

被告：北京市某区某镇人民政府（以下简称某镇政府）、北京市某区人民政府（以下简称某区政府）

【基本案情】

2020年7月21日15时，某镇政府在检查中发现，摩托车修理部在门前道

路堆放物料（摩托车等），某镇政府拍照取证，经立案后作出责改通知，责令摩托车修理部进行整改，并于收到该通知书三个工作日内将整改情况报送。同年7月24日6时，某镇政府进行复查，发现摩托车修理部逾期未改正违法行为，再次进行拍照取证。同日，某镇政府经批准作出涉案《证据先行登记保存通知书》，决定将摩托车修理部摩托车32辆、其他物品4箱作为证据保存，保存期限七日；上述摩托车和其他物品均被拉走。

摩托车修理部向某区政府申请行政复议。某区政府作出涉案《行政复议决定书》，确认某镇政府作出的证据先行登记保存通知违反法定程序，并责令某镇政府自接到本复议决定之日起法定期限内返还证据先行登记保存的物品。摩托车修理部不服，提起行政诉讼。

【案件焦点】

1. 某镇政府作出的证据先行登记保存通知是否具有可诉性；2. 某镇政府对摩托车修理部违反市容环境卫生的行为作出证据先行登记保存通知是否合法；3. 某镇政府在对摩托车修理部的摩托车及其他物品登记保存的过程中是否造成了财产损坏。

【法院裁判要旨】

北京市海淀区人民法院经审理认为：关于第一个争议焦点，某镇政府对摩托车修理部作出证据先行登记保存通知后，未作出相关处理决定。故摩托车修理部对某镇政府作出的证据先行登记保存通知，可提起行政复议或行政诉讼寻求救济。

关于第二个争议焦点，根据相关法律规定，先行登记保存证据应是行政执法人员收集证据时，在证据可能灭失或者以后难以取得的情况下采取的必要措施，必须具有先行登记保存的必要性。先行登记保存的必要性，应结合违法行为类型、行政处罚种类、证据保存目的、取证手段替代性等因素综合判定：先行登记保存的证据必须是与违法行为及行政处罚种类具有直接必然关联的证据；行政机关需要利用保存物品的实质性特征作为证据，且无其他取证手段可代替。

本案中，摩托车修理部店外堆放的摩托车系车主需要维修或已修理好的摩托车，不属于违法所得和非法财物，故在某摩托车修理部未改正的情况下，某镇政府后续作出的行政处罚应为罚款。某镇政府先行登记保存的证据系店外堆放的摩托车和其他物品，与罚款不具有直接性和关联性；某镇政府在对某摩托车修理部进行检查和复查的过程中，采取了现场记录及拍照的取证方式，足以证明摩托车修理部存在店外堆放摩托车、店外经营的违法行为，无需采取扣押方式对摩托车等进行先行登记保存。综上，某镇政府对摩托车修理部违反市容环境卫生条例的行为作出证据先行登记保存通知，缺乏事实及法律依据，应属不当。

关于第三个争议焦点，根据某镇政府提交的证据光盘显示，某镇政府在搬运摩托车过程中存在摩托车外壳掉落的情况，能够证明摩托车发生了相应的损坏。某区政府认为摩托车修理部不能证实其合法权益受具体行政行为侵害而造成损害，系认定事实错误。

北京市海淀区人民法院依据《中华人民共和国行政诉讼法》第七十条第一项、第二项，第七十九条的规定，作出如下判决：

一、撤销涉案《证据先行登记保存通知书》；

二、撤销涉案《行政复议决定书》。

宣判后，原、被告均未提起上诉，判决已发生法律效力。

【法官后语】

本案系证据先行登记保存的代表性案例。证据先行登记保存在行政处罚实施中适用较多，2021 年行政处罚法的修订亦进一步强调了其重要性。但结合司法实践来看，此类案件行政机关败诉率居高不下，应引起充分重视。证据先行登记保存行为的可诉性判断及合法性审查是本案的争议焦点，亦是此类案件的审理难点，本案例为统一此类案件的裁判尺度提供了一个分析样本。

1. 证据先行登记保存行为的可诉性判断

关于证据先行登记保存行为的可诉性问题，司法实践中观点不一：有观点认为，证据先行登记保存行为系行政处罚中的过程性行为，不是具有独立法律意义的行政行为，不具有可诉性；也有观点认为，证据先行登记保存行为不可诉，但以先行登记之名行扣押之实的行政行为属于行政强制措施，对当事人权利义务产生实际影响，具有可诉性；还有观点认为，证据先行登记保存具有可诉性，但基于性质认定的不同，有的主张证据先行登记保存属于行政强制措施故而可诉，有的则认为该行为单独给行政相对人设定了法律义务，影响了行政相对人对被登记保存物品的处置、使用等权益，故而具有可诉性。

根据行政处罚法规定以及先行登记保存证据行为的内在含义及法理基础，行政机关采取证据先行登记保存的目的在于，在证据可能灭失或事后难以取得的紧急情况下，通过法定记录的方式证明现场有若干类证据存在过，防止当事人事后否认。笔者认为，先行登记保存证据行为属于行政处罚过程中行政机关的证据收集和保全行为，本质上属于一种过程性行为，不具有终局性，其效力通常会被随后作出的行政处罚决定所吸收，不是具有独立法律意义的行政行为，一般不具有可诉性。当事人对该行为不服的，应以处罚决定作为被诉行政行为，将先行登记保存作为一项程序进行合法性审查。但是，如行政机关作出证据先行登记保存行为之后无后续的处理行为，则该行为明显对当事人的权利义务产生实际影响，具有可诉性。结合本案来看，某镇政府对摩托车修理部作出证据先行登记保存通知后，未作出相关处理决定，影响了其对作为证据保存的涉案财物的占有、使用等支配性权益，对其权利义务产生了实际影响，故摩托车修理部对某镇政府作出的证据先行登记保存通知，可提起行政复议或行政诉讼寻求救济。

2. 证据先行登记保存行为的合法性审查

一是适用条件的合法性审查。根据行政处罚法的规定，证据先行登记保存的适用前提是证据存在“可能灭失”或“以后难以取得”的情形，上述情形均属于对将来情形的一种判断，存在主观性和不确定性，在审查时存在一定难度。笔者认为，法院在对适用条件进行合法性审查时，应立足于证据先行登记保存的立法目的、行为性质及特点，结合具体案情，通过审查是否符合以下三性进行综合判断，确立较为具体化、统一化的审查标准：

第一，适用必要性。证据先行登记保存要求执法人员收集证据时，遇到特殊、紧急情况，即证据“灭失或者以后难以取得”的可能性要高于其稳定存在的可能性，必须具有先行登记保存的必要性。第二，手段不可替代性。在需要利用涉案物品的实质性特征作为证据，而又不能用其他取证手段替代时，执法机关才能对证据先行登记保存。对于可以采取询问、拍照、录像、勘验等方式收集认定行为人违法事实的证据，就不应采取证据先行登记保存。本案中，某镇政府在对摩托车修理部进行检查和复查的过程中，采取了现场记录及拍照的取证方式，足以证明摩托车修理部存在店外堆放摩托车、超出门窗店外经营的违法行为，在此情况下，其采取异地保存方式对摩托车等进行先行登记保存，不满足“不可替代性”。第三，违法关联性。先行登记保存的证据必须是与违法行为及行政处罚种类具有直接必然关联的证据。本案中，摩托车修理部店外堆放的摩托车系车主需要维修或已修理好的摩托车，不属于违法所得和非法财物，故在摩托车修理部未改正的情况下，某镇政府后续作出的行政处罚应为罚款。而某镇政府先行登记保存的证据系店外堆放的摩托车和其他物品，与罚款不具有关联性。

二是实施程序的正当性审查。正当程序原则是依法行政的基本原则，行政机关在行使行政职权时，须遵循法定的方式、步骤、顺序和时限等要求。结合本案违法情形及法律、法规等规范性文件对证据先行登记保存实施程序的有关规定，笔者认为，法院在对程序进行合法性审查时，应重点关注以下几个方面：

第一，证据保存手段应当与证据保存目的相适应。执法机关在选择保存方式时，需要考虑保存成本、行政效率、对当事人的影响以及被保存证据的自然属性等具体情况，采取适当的手段和方法，保存过程中应避免证据毁损，给行政相对人造成财产损失。本案中，某镇政府在将摩托车和其他物品异地保存，转移至保存地点的过程中，发生了财产损毁的情况，程序违法。第二，先行登记保存证据应当在七日内及时作出相应处理决定，其中七日的保存登记期限应当是羁束性期限，非立法规定不具有中止、中断性，超出期限而继续采取登记保存措施即为违法。需要特别指出的是，根据修订后的行政处罚法规定，“七日”为七个工作日。本案中，某镇政府在采取措施后，未在七日内对保存对象进行后续性处理，程序违法。第三，作出的证据先行登记保存处理决定书应符合相关规定。行政处罚法中虽然并没有对证据先行登记保存处理决定书的内容作出规定，但结合行政案件查处的一般程序和案件实际情况，这种处理决定可能是予以返还，送交检验、鉴定，也可能作出处罚没收违法物品，或者是解除先行登记保全措施。行政处罚法并没有规定先行登记保存行为可以延期的规定，故而行政机关作出的“暂由我局保存”“继续保存”处理决定因缺乏法律依据而违法。第四，采取证据先行登记保存应当先审批后实施。与紧急情况下，行政机关采取行政强制措施可以事后报告并补办报批手续不同，行政处罚法中规定经行政机关负责人批准后才能实施证据先行登记保存，先保存后审批的做法属于行政程序颠倒。

编写人：北京市海淀区人民法院　陈晓　赵雨惠

二、行政强制

19

扣留超限车辆程序不合法亦未及时消除违法状态的权利保护

——张某诉新疆维吾尔自治区交通运输综合行政执法局某市执法支队行政强制措施及行政赔偿案

【案件基本信息】

1. 裁判书字号

新疆维吾尔自治区乌鲁木齐市中级人民法院（2021）新01行再10号行政判决书

2. 案由：行政强制措施及行政赔偿纠纷

3. 当事人

原告（上诉人、再审申请人）：张某

被告（被上诉人、再审被申请人）：新疆维吾尔自治区交通运输综合行政执法局某市执法支队（以下简称交通执法支队）

【基本案情】

2018年6月16日，某市路政管理局（系交通执法支队前身）因超限对张某所有的车辆进行扣留并停放至指定停车场，车载货物未卸去，车辆至起诉时仍滞留停车场。车辆所有人张某认可超限，但拒不配合处理，以致后续执法程序无法进行。

张某认为，被告以超限为由对其车辆及货物扣留，造成停运及货损，起诉请求依法确认被告无故扣押其车辆的行为违法；返还车辆并确保正常营运；赔偿停运损失及货物损失。

【案件焦点】

1. 涉案行政行为是否合法；2. 张某诉讼请求有无事实及法律依据。

【法院裁判要旨】

新疆维吾尔自治区乌鲁木齐市水磨沟区人民法院经审理认为：某市路政管理局具有对超限运输车辆行驶监督管理的法定职责，张某认可超限事实，但在涉案车辆被扣留后拒不配合接受处理，以致后续执法程序无法进行，故张某所诉要求确认无故扣押车辆行为违法的主张缺乏事实和法律依据，其要求返还车辆及相关赔偿主张亦缺乏事实和法律依据，其诉讼请求应予驳回。

新疆维吾尔自治区乌鲁木齐市水磨沟区人民法院依照《中华人民共和国行政诉讼法》第六十九条之规定，作出如下判决：

驳回张某的诉讼请求。

张某不服一审判决，提起上诉。新疆维吾尔自治区乌鲁木齐市中级人民法院经审理认为：被上诉人具有对违法违规运输车辆进行查处的法定职责，其要求张某卸去超载货物、消除违法行为并接受进一步调查处理的履责行为于法有据，其在被诉行政执法过程中履行了调查取证、通知告知的法定义务，不存在违法情形。张某上诉要求确认扣押行为违法的上诉请求缺乏事实依据，上诉要求返还涉案车辆并赔偿停运及货物损失的上诉请求亦无事实和法律依据，二审法院均不予支持。

新疆维吾尔自治区乌鲁木齐市中级人民法院依照《中华人民共和国行政诉讼法》第八十九条第一款第一项之规定，作出如下判决：

驳回上诉，维持原判。

张某仍不服，申请再审。新疆维吾尔自治区乌鲁木齐市中级人民法院经审理认为：本案主要争议焦点是涉案行政行为是否合法和张某诉讼请求有无事实及法律依据。

一方面，交通执法支队作为乌鲁木齐市辖区的公路管理机构，具有对乌鲁木齐市辖区内国省干线公路（含高速公路）、专用公路实施行政管理监督等行政职权。涉案车辆车重超限48.92%，违反《公路安全保护条例》第七十二条第一款规定，可依法进行扣留，但交通执法支队扣留涉案车辆的行政行为应当严格依据法定权限、范围、条件和程序进行。本案中，交通执法支队提交的车辆（工具）扣留决定书中未对车辆扣留期限予以表述，虽然通过电话方式要求张某卸载超限货物、消除违法情形，但无证据证明已告知涉案车辆扣留期限。依据相关法律、法规，即使存在超限货物未卸载的情形，对涉案车辆采取强制措施的期限最多也只有30日。交通执法支队扣留期限已超过该法定最长期限且无延长审批手续和通知、公告，交通执法支队扣留涉案车辆的行政行为存在违法情形，由此造成当事人损失的合理部分，应当依法进行赔偿。

另一方面，因为涉案车辆确实存在超限情形，对张某关于撤销交通执法支队扣押涉案车辆行政行为的诉讼请求不应支持，原审对此处理并无不妥。由于涉案车辆经检测认定违法超限运输，作为当事人，张某应当自行消除违法状态，及时卸载货物。同时，其应当积极配合交通执法支队依法处理，消除车辆违法状态后放行，防止损失扩大。因其消极处理导致的营运损失扩大部分和货物损失，则由其自行承担。

新疆维吾尔自治区乌鲁木齐市中级人民法院依照《中华人民共和国国家赔偿法》第四条第二项、《中华人民共和国行政诉讼法》第八十九条第一款第二项之规定，作出如下判决：

一、撤销一审判决和二审判决；

二、确认交通执法支队扣留涉案车辆的行政行为违法；

三、交通执法支队在本判决生效之日起十日内赔偿张某停运损失110444.44元〔100000元÷360×497天（2018年7月16日至2019年11月25日）×80%〕；

四、驳回张某的其他诉讼请求。

【法官后语】

本案涉及两个核心问题，一是交通执法支队扣留车辆是否合法；二是张某主张返还超载车辆及要求行政赔偿有无事实及法律依据。

首先，对于扣留车辆行政行为合法性问题，既要审查交通执法支队扣留超载车辆是否存在法律依据，又要审查交通执法支队扣留涉案车辆的程序是否符合法律规定。公路超载的管理权限主要集中于交通管理机构（交警）和公路管理机构（路政）两个部门。《公路安全保护条例》第三条第三款对路政法定权限进行了概括表述，公路管理机构具体负责公路保护的监督管理工作。本案的交通执法支队具有相应的行政职权。涉案车辆车重超限，交通执法支队可依法对超限运输的涉案车辆进行扣留，故其行政行为符合法律规定。

其次，虽然扣留超限车辆的行政行为符合法律规定，但交通执法支队应当就其严格依据法定的权限、范围、条件和程序对涉案车辆进行扣留举证证明。这里需要注意的是，虽然《中华人民共和国行政强制法》第九条规定“行政强制措施的种类……（三）扣押财物……（五）其他行政强制措施”，即在上述法律列举行政强制措施的时候并未明确将扣留列明为一种行政强制措施，但《中华人民共和国行政强制法》第二条第一款和第二款规定，本法所称行政强制，包括行政强制措施和行政强制执行。行政强制措施，是指行政机关在行政管理过程中，为制止违法行为、防止证据损毁、避免危害发生、控制危险扩大等情形，依法对公民的人身自由实施暂时性限制，或者对公民、法人或者其他组织的财务实施暂时性控制的行为。故《中华人民共和国行政强制法》第九条第五项作为兜底条款应当包括扣留。在司法实务中，对于扣留若没有明确的程序操作规定的前提下，亦可参照法律对于扣押的程序规定。具体到本案中，交通执法支队扣留车辆中未明确告知扣留的期限，亦未依法申请延长扣留期限，也未就相关情况向张某告知和送达，程序上存在上述未严格遵守法律、行政法规规定的情形。

再次，涉案车辆超限运输部分的货物尚未进行卸载，而涉案车辆违法状态未消除，自然不符合放行条件。扣留涉案车辆的目的在于消除违法状态，而不在于扣留本身，更不宜将损失扩大。这就要求扣留涉案车辆的行政强制措施既要有效消除违法状态，减少对公共道路资源的损害，又要依法尽快处理，将相对人的损失降到最低限度。即便是张某拒不配合消除违法状态，交通执法支队也应当依据法律规定采取委托第三方等方式解决，而不应放任超限车辆长期扣留。

最后，关于停运期间的经济损失和货物损失，既然交通执法支队扣留涉案车辆确实存在程序违法情形，理应对合理损失进行赔偿。张某作为长期从事货运的人员，明知车辆停运的后果，理应积极配合执法部门，主动消除违法状态，避免损失扩大，故其对扩大部分的损失亦应承担相应责任和不利后果。正如一句法谚所说，法律不会保护躺在权利上睡觉的人。由此引申，笔者认为，法律也不应当鼓励那些眼睁睁看着损失扩大的人。所以，再审法院对本案中行政机关的程序瑕疵和办案拖沓以及相对人的消极被动均进行了否定评价，对放任损失扩大所导致的经济损失并不予以支持。

编写人：新疆维吾尔自治区乌鲁木齐市中级人民法院　唐楠

20

违建拆除行为的强制性不因事后的协议追认发生改变

——甲公司、甲市场中心诉北京市门头沟区某镇人民政府行政强制执行案

【案件基本信息】

1. 裁判书字号

北京市第一中级人民法院（2021）京01行终534号行政判决书

2. 案由：行政强制执行纠纷

3. 当事人

原告（上诉人）：甲公司、甲市场中心

被告（被上诉人）：北京市门头沟区某镇人民政府（以下简称某镇政府）

【基本案情】

2001年5月1日，某村经济合作社与甲公司签订土地承租合同。2011年2月26日，某村村委会（甲方）与甲市场中心（乙方）签订补充协议书，约定甲方同意乙方在原商业用房的基础上进行商业用房扩建。2016年11月11日，某村经济合作社与甲市场中心签订补充协议，要求并支持甲市场中心对甲农副产品市场予以全面提升改造。2017年1月17日，某镇政府出具产权证明，载明甲农副产品市场由甲市场中心进行升级改造，升级改造后的招商事宜由甲市场中心全权负责。

2018年12月，某镇政府收到北京市测绘设计研究院制作的违法建设图斑，违法建设项目位于甲市场。2019年3月，某镇政府组织对涉案房屋进行了部分拆除，后甲公司自行拆除了剩余房屋。2019年7月，涉案房屋进行了现场销账。

2019年12月，某镇政府、某村村委会、甲公司签订《某镇违法建设自拆协议书》。2019年12月19日，某镇政府将协议约定的资金和拆除费用支付给了甲公司。

另查明，甲公司与甲市场中心存在人员及财务混同情况。

甲公司与甲市场中心认为，某镇政府对涉案房屋的拆除行为违法，遂诉至法院。一审庭审中，甲公司与甲市场中心认可《某镇违法建设自拆协议书》的真实性，但主张某镇政府先强拆房屋到框架部分，才与甲公司与甲市场中心协商；甲公司与甲市场中心为减少损失才签订自拆协议，协议不能证明当时的拆除行为是合法的。某镇政府辩称，违建图斑认定甲公司与甲市场中心的建设属于违法建设，某镇政府帮拆了部分房屋，后甲公司自行拆除剩余房屋，并且签订了自拆协议书。

二审庭审中，甲公司与甲市场中心明确其所诉强制拆除行为指某镇政府于

2019年3月26日对涉案房屋实施的部分拆除行为，具体指将涉案房屋拆除至只剩主体框架的行为，不包括后续自行拆除剩余部分建筑及场地平整行为。甲公司与甲市场中心对于涉案房屋并未取得正式的规划审批文件不持异议。对于某镇政府系2019年3月26日拆除行为的实施主体，某镇政府并无异议，但其认为系帮拆行为，不存在强制拆除行为。

【案件焦点】

某镇政府对涉案房屋实施的拆除行为是否系强制拆除行为、是否合法。

【法院裁判要旨】

北京市门头沟区人民法院经审理认为：要求确认某镇政府强制拆除涉案房屋的行为违法，应当提供证据证明被诉行为系被告在未经甲公司与甲市场中心同意的情况下强制实施。对此，被告均进行了合理解释及说明，该理由并不足以说明拆除行为属于强制拆除行为。且甲公司与甲市场中心均认可自拆协议书的真实性，故其要求确认某镇政府强制拆除涉案房屋行为违法的诉讼请求，不予支持。

北京市门头沟区人民法院依照《中华人民共和国行政诉讼法》第六十九条之规定，判决：

驳回甲公司、甲市场中心的诉讼请求。

甲公司、甲市场中心不服一审判决，提起上诉。北京市第一中级人民法院经审理认为：首先，某镇政府于2019年3月26日对涉案房屋实施拆除行为时并未取得甲公司与甲市场中心的同意，其主张拆除行为实施前已经同甲公司与甲市场中心进行协商且取得了甲公司与甲市场中心的同意，缺乏证据支持。另外，某镇政府拆除涉案房屋后与甲公司签订自拆协议并不意味着甲公司对某镇政府于2019年3月26日实施拆除行为作出了追认，况且，行政机关基于其享有的行政职权作出的行政事实行为不因行政相对人的协议追认而发生性质上的变化，行政机关仍需要为其行政事实行为接受行政法意义上的合法性评价，这种合法性评价无需考虑合约性评价。鉴此，可以确认的是，某镇政府于2019年

3月26日对涉案房屋所实施的拆除行为系基于行政职权所实施的强制拆除行为。一审法院对此认定有误，予以纠正。

其次，根据《中华人民共和国行政强制法》第三十五条、第四十四条，《北京市城乡规划条例》第六十八条，参照《北京市禁止违法建设若干规定》第三条、第十五条等规定，主管部门对违法建设实施强制拆除行为前需要遵守严格的程序规定，此乃正当程序原则在违法建设拆除工作中的具体体现，是对公权力的一种约束，也是违法建设当事人合法权益的一种保障。本案中，某镇政府在强拆涉案房屋过程中未履行公告、通知等法定程序，其实施程序违法，故某镇政府的强拆行为，应确认违法。一审法院对此认定错误，予以纠正。

北京市第一中级人民法院依照《中华人民共和国行政诉讼法》第八十九条第一款第二项、第七十四条第二款第一项之规定，判决如下：

一、撤销一审判决；

二、确认某镇政府于2019年3月26日对甲市场的房屋实施的拆除行为违法。

【法官后语】

行政机关对违法建设的拆除是优化国土空间规划，提升城乡治理水平的重要行政措施之一。实践中，此类行为一般被视为行政事实行为接受司法审查。该类行为普遍表现出强制性特征，容易激化与行政相对人之间的矛盾，故部分行政机关选择与行政相对人签订自行拆除协议或帮助拆除协议的方式，以达到避免激化矛盾与实现行政目标的双重目的。应当认为，自拆协议或帮拆协议有助于消除或缓解行政机关与违法建设当事人之间的对抗关系，以公私协作的方式取代行政强制的方式，化冲突于协商，实现双赢，可以说是一种社会管理方式的创新。同时，行政协议制度的设立以及相关法规、司法解释的实施亦为此类协议的运行提供了一定的规范基础。但是，自拆协议或帮拆协议并非法外之地，其实际运行仍需遵循一定的规则，而从其效力层面考察，自拆协议或帮拆协议不能改变行政拆除行为的强制性，更不能取代行政强制拆除行为的合法性审查。

就本案而言，需要审查的前提问题在于本案拆除房屋行为是否具有强制性，即当事人所诉强制拆除行为是否存在。

首先，要考虑拆除行为实施之时，某镇政府是否获得对方的同意。本案被诉行为发生于自拆协议签订之前，在实施之时，并没有充分证据显示两家单位同意或默认某镇政府进行拆除。虽有协商，但关键在于并无证据证明协商的结果。因此，可以认定虽然拆除之前双方有协商，但未取得一致意见。在这样的情况下，某镇政府所实施的拆除行为并未取得两家单位的同意，因此具有强制性。

其次，要考虑被诉拆除行为的强制性是否因在后形成的自拆协议便得以消解。换言之，强制拆除行为的性质是否因事后行政机关与当事人之间达成的协议尤其是当事人的追认同意而发生改变，答案应当是否定的。本案确立了这样的规则，即拆除行为的强制性不因事后相对人的追认同意发生改变，判断拆除行为是否具有强制性应以行为发生之时的客观环境及主观认知状态为依据。需要指出的是，行政强制拆除行为在该问题上与民事法律行为不同，民事法律行为在特定情况下是允许事后追认进而产生相应的效力的，而行政强制拆除行为的性质不因事后当事人的追认而发生改变。究其原因，在于行政权的行使具有公益性与高权性的特征，其效力范围并非如民事法律行为一样仅及于当事人之间（大部分情形如此）。同时，行政权力虽在某些场景下允许协商处置，但作为具有公定力、约束力、执行力的高权行政不得随意被视为讨价还价的筹码。换言之，行政权力具有不可出售性，因此，不能因盲目追求行政效率而将行政权力商品化。尤其对于在先实施的高权行政行为，并不能以协议的方式规避司法审查。

编写人：北京市第一中级人民法院　魏浩锋　李晓林

21

限期拆除行为应当符合正当程序原则

——王某诉北京市房山区某镇人民政府行政强制执行案

【案件基本信息】

1. 裁判书字号

北京市第二中级人民法院（2020）京02行终1360号行政判决书

2. 案由：行政强制执行纠纷

3. 当事人

原告（上诉人）：王某

被告（被上诉人）：北京市房山区某镇人民政府（以下简称某镇政府）

【基本案情】

原告系经贸公司的法定代表人。2003年2月13日，经贸公司与被告签订租赁合同，合同约定被告将甲、乙、丙、丁四村共有的一块场地租给其进行“某文化公园”的综合开发建设，总面积444亩，租赁期限30年。2006年6月20日，经贸公司与被告签订《关于原“某文化公园”合同的补充协议》，补充约定了地上物补偿、土地租金调整、投资及建设速度等事宜。2003年至2007年，原告在涉案土地上投资建设，形成了面积约5900平方米的建筑物、构筑物。2009年5月27日，原告作为投资人设立个人独资企业某马术俱乐部。就前述协议所含乙村委会土地权益部分，某马术俱乐部与乙村委会于2010年1月5日签订土地租赁合同，约定乙村委会将其权属土地共计114亩的使用权出租给某马术俱乐部，租赁期限为2010年2月13日至2060年2月12日，原租赁合同期限内的租金向被告支付，原租赁合同期限外租金直接支付给乙村委会。

2011 年 10 月 17 日，经贸公司的营业执照被吊销。

2020 年 1 月 23 日，因原告位于某马术俱乐部的建筑物涉嫌构成违法建设，被告予以立案。同年 3 月 3 日，被告对现场进行了检查、勘察，制作了现场检查笔录、现场勘察笔录，并对原告进行了询问，原告认可位于某马术俱乐部的建筑系由其建设，被告制作了询问笔录。同年 3 月 6 日，被告作出限拆决定书。原告不服，遂诉至法院。在行政诉讼期间，被告于 2020 年 5 月 13 日作出《关于撤销〈限期拆除决定书〉的决定》，原告遂申请撤回起诉，法院于 2020 年 5 月 27 日裁定准予原告撤回起诉。

2020 年 5 月 19 日，被告委托测绘公司制作《某马术俱乐部平面示意图》，其中载明：涉案建筑坐落于北京市房山区：总占地面积约 272066.57 平方米；建筑物、构筑物总面积 5849.04 平方米。同日，被告向规自委房山分局发函，查询原告位于房山区某马术俱乐部的建筑物、构筑物等建筑面积约 5849.04 平方米是否取得《建设工程规划许可证》《临时建设工程规划许可证》《乡村建设规划许可证》《临时乡村建设规划许可证》等规划许可证件。同年 5 月 20 日，规自委房山分局作出案件协查复函，称针对原告在某马术俱乐部的建筑物、构筑物等，规自委房山分局未核发过《建设工程规划许可证》《临时建设工程规划许可证》《乡村建设规划许可证》《临时乡村建设规划许可证》。

2020 年 5 月 21 日，被告向原告送达权利义务告知书。原告于同年 5 月 24 日提交了《关于〈权利义务告知书〉的意见》。同年 5 月 25 日，被告对涉案建筑进行了现场检查。2020 年 5 月 27 日，被告作出被诉限拆决定书，并向原告送达。原告不服，遂提起本案行政诉讼，请求撤销被告于 2020 年 5 月 27 日作出的被诉限拆决定书。

经法院现场勘验，原告与被告均认可位于某马术俱乐部的建筑物、构筑物系本案的涉案建筑，关于涉案建筑的位置、面积等情况与被告提交的《某马术俱乐部平面示意图》所载明的内容相符。

【案件焦点】

1. 行政机关在责令限期拆除行为中，如何坚持正当程序原则；2. 行政调查程序是否可利用第三方测绘结果；3. 司法机关可否发挥职能调查的能动性，进行现场勘验。

【法院裁判要旨】

北京市房山区人民法院经审理认为：被告依法对违法建设具有查处职责。关于涉案建设的主体认定及基本情况。结合庭审中当事人的陈述、本院现场勘验、被告提交的行政程序中的询问笔录等证据，可以认定原告投资建设了涉案建设。针对涉案建设的位置、面积等基本情况，经现场勘验，原告和被告均认可被告在作出被诉限拆决定书中所载明的建筑物、构筑物，系本案诉争的涉案建设，同时，原告和被告均认可测绘公司测绘所出的《某马术俱乐部平面示意图》中所载明的建筑物、构筑物的总面积、位置与涉案建设的实际情况相符，故被告在作出被诉限拆决定时，对涉案建设基本事实的认定，亦无不当。针对涉案建设能否被认定为违法建设，根据相关法律规定，被告作出被诉限拆决定亦无不当。

针对被诉限拆决定的行政程序部分，行政机关作出行政行为应当符合正当程序原则，履行必要的事实查明、权利义务告知、听取陈述申辩等程序，尤其是行政机关作出对行政管理相对人、利害关系人不利的行政决定之前，应当告知行政管理相对人、利害关系人，并给予其陈述和申辩的机会。本案中，结合本案合法有效的证据及庭审中当事人的陈述可以认定，被告在发现涉案建筑涉嫌违法建设后，依法立案，并比照正当程序原则对涉案建筑进行现场检查、勘验，向原告进行调查并制作笔录。同时，被告还委托第三方测绘公司对涉案建设的基本情况进行测绘，并制作平面图。后被告以书面形式告知原告依法享有陈述和申辩的权利，且原告也向被告提交了书面陈述申辩意见。被告工作人员还赴涉案建设处，与原告进行协商沟通。因此，被告在作出被诉限拆决定书时，依法履行了立案、现场检查、现场勘验、调查询问、权利义务告知等行政程序，故被告作出被诉限拆决定书的程序符合法律规定。

北京市房山区人民法院依照《中华人民共和国行政诉讼法》第六十九条的规定，判决：

驳回王某的诉讼请求。

二审法院同意一审法院裁判意见。

【法官后语】

1. 正当程序原则

（1）行政机关自主调查

发现违法线索后，行政机关即予立案，启动调查程序。从内部步骤而言，行政机关须从自身办案人员中选择合适的调查人员，即调查人员不应与案涉事实有利害关系，否则将影响到案件事实的认定；同时，对于内部立案审批、调查呈批、集体讨论等，既需规范承办人的签字盖章，又需按照相关规定或者规程要求，逐级向负责人呈报签字。涉及集体讨论的，还需如实做好记录。

从外部步骤而言，在行政机关选定调查人员后，应当由两名以上工作人员启动事实调查程序。调查人员应首先亮明身份，表明其作为行政执法人员向相对人进行调查，并对相对人的身份信息、住所地、联系方式等基本情况予以核实，告知其享有申请回避的权利。调查人员对案涉建筑的主体、面积、位置等基本事实调查后，须依法制作笔录，并由调查人员、相对人进行签字、签章或捺印确认。在现场检查、勘验时，调查人员应与相对人对案涉建筑的实际情况确认无误，在必要时，行政机关还可邀请基层组织的工作人员到现场参与见证。

在行政机关作出行政行为前，应告知行政相对人陈述、申辩等权利，尤其是要对案涉建筑的违法性进行认定时，应保障相对人陈述申辩权利，考量是否有责令改正、补办相关手续的可能性。相对人的陈述申辩权、听证权等权利义务的告知，既是行政机关在作出行政行为前遵循正当程序原则的要求，又是行政机关在作出不利于相对人的行政行为时遵循比例原则的要求。

（2）第三方调查

行政机关在自主调查外，还可通过第三方途径来对案涉事实进行调查。案涉建筑的构成情况相对复杂，如面积较大、分布分散、建筑物及构筑物较多，调查人员以手绘平面图或者描述位置的方式无法直观反映总体情况。引入专业的第三方机构进行测绘，是行政机关通过职权调查程序的开展，引入合作行政的体现。发挥专业测绘机构对案涉建筑的专业性测绘认定，使得行政调查程序更加臻于客观事实真相，不但有助于准确地反映案涉建筑的基本情况，还有助于提高行政调查效率。

2. 司法审查中的职权调查主义

为保证案件事实能够调查全面、清楚，在某些情况下，法院亦可发挥职权调查主义的司法能动性，例如，与双方当事人共赴案涉建筑现场，对测绘平面示意图中所呈现的建筑物、构筑物的位置、面积等，与现场案涉建筑分布进行比对。因此，对行政行为的司法审查，开庭审理时各方当事人的陈述、辩论意见固然重要，但也需基于客观事实，而对案涉建筑所测绘的平面示意图，最直观、最有效的司法审查路径即是现场勘验。

被告在行政调查程序中，不但坚持正当程序原则，还注重保护行政相对人的陈述申辩权利。在对案涉建筑物调查阶段，行政机关还可充分利用第三方的测绘结果，来进一步开展行政调查程序。进入司法程序后，法院为全面查清案涉建筑物的基本情况，充分发挥职权调查主义的司法能动性，可进行现场勘验。综上，本案既可为行政机关在作出责令限期拆除行为时提供借鉴案例，亦可为法院审查类案时提供参考价值。

编写人：北京市房山区人民法院　李静

22

行政机关对违法建筑的强制拆除不适用代履行

——邓某诉某市城市管理局行政强制执行及行政赔偿案

【案件基本信息】

1. 裁判书字号

江苏省南通市中级人民法院（2021）苏06行终124号行政判决书

2. 案由：行政强制执行及行政赔偿纠纷

3. 当事人

原告（上诉人）：邓某

被告（上诉人）：某市城市管理局

【基本案情】

2011年，邓某未经规划审批搭建一座彩钢棚结构的亭棚，用于出售物品，面积约13平方米。2020年4月14日，某市城市管理局向邓某作出《限期拆除违法建设告知书》，告知邓某搭建案涉建筑物的行为涉嫌违法，拟对邓某作出责令限期自行拆除的决定。同年4月22日，某市城市管理局作出《限期拆除违法建设决定书》，责令邓某在4月24日17时前自行拆除案涉违法建设。4月25日，某市城市管理局作出《代为拆除违法建设催告书》，要求邓某限期拆除案涉违法建设，逾期仍不拆除且无正当理由的，将代为拆除或委托第三人代为拆除，所需费用由当事人承担。4月29日，某市城市管理局作出《代为拆除违法建设决定书》，决定自4月30日起委托有关单位代为履行拆除义务，要求邓某在代为拆除前自行将违法建设内的人员和物品搬离，代履行费用据实决算后由邓某承担。5月8日，某市城市管理局作出《履行代为拆除违法建设决定催告书》，要求邓某在5月12日前自行拆除违法建设，逾期未拆除的将实施代履行。7月30日，某市城市管理局组织相关人员对案涉亭棚予以拆除，实施拆除前将亭棚内物品搬出，公证人员对上述过程进行了证据保全。

2020年10月28日，邓某提起行政诉讼，请求确认某市城市管理局于2020年7月30日强制拆除案涉售货亭的行为违法，责令某市城市管理局将拆除的售货亭恢复原状。

【案件焦点】

1. 被诉行政强制执行行为适用法律是否正确，即能否适用代履行的方式对案涉亭棚进行强制拆除；2. 邓某要求恢复原状的诉讼请求能否得到支持。

【法院裁判要旨】

江苏省南通经济技术开发区人民法院经审理认为：强制拆迁、拆除违法建设等具有破坏性、对抗性的行为不得适用代履行，行政机关也不能根据《中华人民共和国行政强制法》第五十条的规定取得代履行的法定职权。案涉亭棚显属违法建设。违法建设恢复原状显然与城市总体规划布局不符，不具有恢复原状的事实和法律根据，故对邓某要求恢复原状的诉请不予支持

江苏省南通经济技术开发区人民法院依照《中华人民共和国行政诉讼法》第七十四条第二款第一项、《最高人民法院关于审理行政赔偿案件若干问题的规定》第三十三条之规定，判决：

一、确认某市城市管理局 2020 年 7 月 30 日强制拆除邓某亭棚的行为违法；

二、驳回邓某要求恢复原状的诉讼请求。

邓某、某市城市管理局均不服，提起上诉。江苏省南通市中级人民法院经审理认为：代履行通常不具有强制性，只有在当事人怠于履行应负义务的情形下，行政机关才可以选择代履行的方式，且应当以当事人不履行义务可能会导致迫在眉睫的危害为前提。同时，对建筑物、构筑物、设施的强制拆除，应当遵守《中华人民共和国行政强制法》第四十四条的特别规定，不得随意突破。如果行政机关不加区分地适用《中华人民共和国行政强制法》第五十条实施代履行，将导致第四十四条所确立的特别规则被架空。因此，代履行这一执行方式，不适用于对当事人违法建设的建筑物、构筑物、设施的强制拆除。本案中，某市城市管理局对案涉亭棚以代履行方式实施拆除，不符合法律规定。某市城市管理局经征询相关主管部门的意见，认定案涉亭棚未履行法定审批手续，具有事实和法律依据，邓某主张恢复原状，依法不予支持。

江苏省南通市中级人民法院依照《中华人民共和国行政诉讼法》第八十九条第一款第一项之规定，判决：

驳回上诉，维持原判。

【法官后语】

代履行是《中华人民共和国行政强制法》规定的一种行政强制执行方式，但实践中对代履行的价值取向、实施代履行的条件、代履行的适用范围等，存在不同观点。本案的争议问题在于行政机关能否以（自己）代履行的方式，对行政相对人被认定的违法建设实施强制拆除。对此，需结合代履行制度的上述法律问题加以研判。

1. 行政机关实施代履行的条件与范围

作为行政强制的间接强制执行方式，代履行具有直接强制执行方式所不具有的轻微、缓和、间接的特点，但由于行政强制本身又是直接影响行政相对人权利义务的行政执法方式，属于典型的损益行政行为，代履行仍具备一定强制性，需遵循法律的严格规范和约束，体现职权法定要求。

（1）行政机关实施代履行的条件

《中华人民共和国行政强制法》第五十条对代履行规定了严格限制条件，只有在当事人逾期不履行应当履行的义务，且经行政机关催告仍不履行，后果将严重损害公共利益（已经或者将危害交通安全、造成环境污染或者破坏自然资源）时，行政机关方可以代履行，或者委托没有利害关系的第三人代履行。除此以外，结合《中华人民共和国行政强制法》第五条“行政强制的设定和实施，应当适当。采用非强制手段可以达到行政管理目的的，不得设定和实施行政强制”的规定，实施代履行亦须遵循必要性原则，即运用其他手段难以确保该义务的履行。

理论上一般认为，《中华人民共和国行政强制法》第五十条赋予了行政机关对当事人逾期不履行特定行政管理领域“排除妨碍、恢复原状”等义务时实施代履行的权力，是一项直接而普遍的授权。通过代履行而非由行政机关直接强制，可以有效减少对抗性，减少行政执法和社会成本。但正是由于代履行是一项普遍授权，其更应严格遵守职权法定原则。依法不属于代履行的适用范围、不符合实施代履行法定条件情形的，就不应当启动代履行程序；行政机关具体实施代履行，还应严格遵守《中华人民共和国行政强制法》第五十一条规定的各项程序。

（2）代履行的适用范围

代履行的适用范围既包括代履行适用的当事人行政义务的类型，也包括代履行适用的具体行政管理领域。

①从代履行作用的当事人义务范围来看，代履行代替的主要是行政相对人的给付义务。行政强制执行的本质是对当事人行政义务的执行，这种行政义务由行政决定所确定，并有多种类别，如有作为义务与不作为义务、可替代义务与不可替代义务之分。《中华人民共和国行政强制法》第五十条将代履行代替的当事人义务界定为“要求当事人履行排除妨碍、恢复原状等义务”，表明代履行针对的主要是当事人的作为义务和可替代义务而实施。针对此外的不作为义务和不可替代义务，不仅法律不允许采用代履行这一执行方式，而且采取代履行也无法达致行政执法目的。

②从代履行作用的行政管理领域来看，代履行适用的范围较为单一和狭窄。根据《中华人民共和国行政强制法》第五十条，代履行依法只允许适用于交通安全、环境污染防治和自然资源保护三个行政管理领域。《中华人民共和国行政强制法》第五十二条作为特别规定条款，将即时代履行的适用范围规定为“需要立即清除道路、河道、航道或者公共场所的遗洒物、障碍物或者污染物，当事人不能清除的，行政机关可以决定立即实施代履行”，这一规范语义仍落在第五十条规定的“危害交通安全、造成环境污染或者破坏自然资源”之内，而没有作出突破。因此，基于体系解释和当然解释，可以认定除上述三个行政管理领域外，代履行没有其他的适用空间。

2. 代履行与违法建筑拆除的强制执行

《中华人民共和国行政强制法》第五十条语义模糊之处在于，对“破坏自然资源”的理解，是否包含违法建设占用土地等自然资源的情形。持肯定态度的观点认为，对自然资源的保护当然包含查处违法占用土地等自然资源建设的情形，当行政机关作出行政决定课予当事人限期拆除违法建筑的义务，当事人逾期不履行的，可以适用代履行。[①] 也有观点持否定态度，认为《中华人民共

① 吴庚：《行政法之理论与实用》，中国人民大学出版社2005年版，第328~329页。

和国行政强制法》第五十条规定的语义范围并不包含对房屋等建筑物的拆除。[①]

(1)“违建拆除”执行条款的竞合与选择

责令当事人拆除违法建筑，属于履行恢复原状的义务类型，也属于《中华人民共和国行政强制法》第五十条所规定的行政管理领域范围，属于对自然资源的保护。从这些方面来看，当事人逾期拒不拆除违法建筑的，行政机关实施代履行，似乎是可以的。但问题在于，《中华人民共和国行政强制法》第四十四条规定了行政机关拆除违法建筑物、构筑物和设施的特别程序，即“对违法的建筑物、构筑物、设施等需要强制拆除的，应当由行政机关予以公告，限期当事人自行拆除。当事人在法定期限内不申请行政复议或者提起行政诉讼，又不拆除的，行政机关可以依法强制拆除”。因此，对违法的建筑物、构筑物和设施实施强制拆除，应当首先依据《中华人民共和国行政强制法》第四十四条的规定执行。同时，由于《中华人民共和国行政强制法》第四十四条仅规定了相应行政强制的限定条件，而非一般概括性授权，行政机关还需依照其他单行法如《中华人民共和国城乡规划法》《中华人民共和国土地管理法》的具体规定，具体实施。

(2)行政机关自己实施“违建拆除”的法效果

《中华人民共和国行政强制法》第五十条规定行政机关可以自己实施代履行，该“自己实施”如果包含强制拆除违法的建筑物、构筑物等，则与行政机关直接对标的物实施强制拆除，难有本质区别。这时，强制执行行为将表现出较明显的破坏性和对抗性，而非代履行所应具备的间接性、帮助性、“做好事”的特点。现阶段，《中华人民共和国城乡规划法》《中华人民共和国土地管理法》只规定行政机关作出限期拆除违法建设决定的相应职责，但没有规定行政机关自己执行行政决定的职责。行政机关欲实现行政决定所确定的当事人义务，还需依照《中华人民共和国行政诉讼法》第九十七条的规定，申请人民法院强制执行。因此，行政机关对违法的建筑物、构筑物等实施代履行，虽然会产生

① 胡建淼、骆思慧：《论行政强制执行中的代履行》，载《国家行政学院学报》2013年第3期。

《中华人民共和国行政强制法》第五十条规定的“自然资源保护”的法效果，但不符合《中华人民共和国行政强制法》第四十四条规定的对违法建筑物、构筑物等实施强制拆除的限定条件，以及《中华人民共和国城乡规划法》《中华人民共和国土地管理法》《中华人民共和国行政诉讼法》等规定的行政主体的职权范围，也不能体现代履行的行为性质和特征。

本案中，某市城市管理局径行作出《代为拆除违法建设决定书》，意在通过自己实施代履行的方式对案涉售货亭实施强制拆除，不符合《中华人民共和国行政强制法》第四十四条、《中华人民共和国城乡规划法》第六十四条以及《中华人民共和国行政诉讼法》第九十七条规定的违建拆除程序规定，某市城市管理局嗣后组织强制拆除，也当然不具有合法性，依法应当确认违法。同时，考虑到当事人建设售货亭确未取得批准建设手续，某市城市管理局在强制拆除前，也已将物品搬出并经公证保全。因此，一、二审法院对邓某主张的损害赔偿请求依法不予支持。

编写人：江苏省南通市中级人民法院　殷勤　吴彩丽

23

行政机关及其工作人员执法办案负有适度容忍义务

——张甲、张乙诉南通市公安局某区分局行政强制措施及行政赔偿案

【案件基本信息】

1. 裁判书字号

江苏省南通经济技术开发区人民法院（2020）苏0691行初665号行政判决书

2. 案由：行政强制措施及行政赔偿纠纷

3. 当事人

原告：张甲、张乙

被告：南通市公安局某区分局（以下简称某区公安分局）

【基本案情】

张甲为购买车辆的质量问题与汽车服务门店进行交涉。在交涉过程中，张甲致使门店工作人员手机掉落。后汽车服务门店报警，某区公安分局所属派出所受理了该治安行政案件。2020 年 1 月 14 日上午，两名民警携带传唤证至张甲家中欲对其传唤。办案民警至张甲家中并未看见张甲，便告知其子张乙及其妻王某，对张甲依法进行传唤。王某表示将文书放置在处所即可，但办案民警未将文书留置送达，在欲离开之际表示可以将文书给王某、张乙查看。张乙遂从办案民警手中将传唤证抽走观看。该办案民警遂要求张乙返还文书，又表示张乙不可以查看。后王某拿回并返还给该民警。在此过程中，该办案民警与张乙、王某产生口角纠纷，并进入原告家中步至张乙跟前，质问张乙。张乙遂要求进入家中的该办案民警退出，并将传唤证迅速取至手中，随后在该办案民警要求下由王某予以归还。归还传唤证后，双方仍在争执。一名民警将张乙拉至门外并控制在身下。另一民警在此过程中手持摄像设备，并未劝阻，仅有围观邻居等劝止。但事态缓和后，民警仍拦腰抱住张乙未予放手，又将张乙压倒在楼梯。后在围观邻居等人及另一民警劝止下，各方才松手。当日，张乙至医院进行就诊，初步诊断头外伤、左手外伤，共花去诊断费用 361 元。

2020 年 1 月 14 日，某区公安分局以张乙、王某涉嫌妨碍公安机关执行公务分别立刑事案件进行侦查。2020 年 12 月 10 日，崇川区人民检察院作出不起诉决定书，决定对张乙不起诉。2021 年 3 月 1 日，南通市人民检察院作出复核决定书，维持了上述不起诉决定书。两原告遂提起本案诉讼，认为某区公安分局违法实施传唤并造成损失，请求确认书面传唤张甲的行为违法，对张乙实施人身侵害的行为违法，赔偿其各项损失 5 万元（精神损失 4 万元，经济损失 1 万元），并赔礼道歉。某区公安分局认为，其执法不存在违法行为，请求驳回两原告诉讼请求。

【案件焦点】

1. 被告对原告张甲实施传唤的行为是否合法有据；2. 被告在实施传唤过程中是否存在不法侵犯张乙人身权的情形，是否应当予以赔偿、如何赔偿。

【法院裁判要旨】

江苏省南通经济技术开发区人民法院经审理认为：在治安案件处理过程中，公安机关有权对行为人传唤调查案情，被告对张甲实施书面传唤，并无任何不当之处。但按照依法行政的内在要求，行政机关的执法方式、限度、手段等要与所处理的事务的难易、缓急相匹配，且要严格公正规范文明执法。本案中，办案民警并未妥善处置事态，导致情势失控并产生肢体冲突，致使张乙人身受到侵害，应当确认被告对张乙实施人身侵害的行为违法。《中华人民共和国国家赔偿法》第三条规定，行政机关及其工作人员在行使行政职权时侵犯人身权的，受害人有取得赔偿的权利。《最高人民法院关于审理国家赔偿案件确定精神损害赔偿责任适用法律若干问题的解释》第三条规定，赔偿义务机关有国家赔偿法第三条、第十七条规定情形之一，依法应当承担国家赔偿责任的，可以同时认定该侵权行为致人精神损害。被告在实施传唤过程中对张乙实施了不法的侵害其人身权的行为，应当对张乙承担行政赔偿责任。对于案涉不法侵害张乙人身权的行为，确实对张乙产生心理和精神上的影响，能够判定对张乙产生精神损害，对此被告应当至案涉行为发生地采取合适方式对张乙予以赔礼道歉。因本案中未有证据表明被告实施的不法侵害行为对张乙身体造成严重后果，张乙要求支付精神损害赔偿金 4 万元、经济损失 1 万元的请求，依法难以支持。

江苏省南通经济技术开发区人民法院依照《中华人民共和国行政诉讼法》第七十四条第二款第一项，《最高人民法院关于审理行政赔偿案件若干问题的规定》第二十九条、第三十三条，《最高人民法院关于审理国家赔偿案件确定精神损害赔偿责任适用法律若干问题的解释》第三条、第四条之规定，作出如下判决：

一、确认某区公安分局对张乙实施人身侵害的行为违法；

二、责令某区公安分局赔付张乙医药费 361 元，并向张乙赔礼道歉；

三、驳回张甲、张乙的其他诉讼请求。

宣判后，原、被告均未提起上诉，判决已发生法律效力。

【法官后语】

公安机关作为行使治安管理职权的行政机关，对于执法现场具有绝对控制权，行政相对人必须遵从。但公安机关执法办案也负有适度容忍义务，其执法方式、限度、手段等要与所处理的事务的难易、缓急等相匹配，否则应依法承担不利法律后果。

首先，合法行政原则要求行政行为依照法律规定的范围、手段、方式和程序作出，行政机关不得违反规定作出影响公民合法权益的行为。《中华人民共和国治安管理处罚法》第八十二条第一款规定，需要传唤违反治安管理行为人接受调查的，经公安机关办案部门负责人批准，使用传唤证传唤；第八十三条第二款规定，公安机关应当及时将传唤的原因和处所通知被传唤人家属。由此可见，在公安机关实施书面传唤时，理应将实施传唤的事由、时间、地点等告知被传唤人家属。被传唤人家属要求查看传唤证时，公安机关应当予以满足，被传唤人家属知悉传唤内容后要求公安机关办案人员退出住所，在传唤行为依法实施完毕后，办案人员应当退出。

其次，比例原则要求公共利益与个人利益产生冲突时，损害的个人利益要尽可能控制在最小范围内。在行政执法过程中，为保护相对人权益最大程度上不受侵犯，行政机关对相对人行为的适度容忍是必要也是必需的，这是比例原则对于容忍义务的合理支撑。《中华人民共和国治安管理处罚法》第五条第三款规定，办理治安案件应当坚持教育与处罚相结合的原则。《公安机关办理行政案件程序规定》第五条规定，办理行政案件应当坚持教育与处罚相结合的原则，教育公民、法人和其他组织自觉守法。从上述规定可以看出，公安机关在执法办案时所采取的措施和手段必须是最轻微的，面对多种可能选择的行政手段、措施和决定时，应按照必要性、适当性和比例性的要求，进行合理的选择，尽可能选择对公民个人权利损害最小的手段、措施和决定。同时，任何干涉措施所造成的损害应当轻于达到行政目的所获的利益。本案中，公安机关办案人员对被传唤当事人家属抽取文书等行为应予容忍，无需滋生任何纠纷及肢体冲突。

再次，行政机关适度容忍是保障和尊重行政相对人权利的体现，实施行政行为不得侵犯公民合法权利。行政机关不仅要遵守法律相关规定实施行政行为，还要设身处地为相对人着想，在法律适用存在弹性空间或规定不明的情况下，将维护相对人利益作为作出行政行为的判断准则。行政机关对容忍义务的承担，正是为行政相对人着想的表现，在不违背法律规定的前提下可适当放宽要求，协助行政相对人行使权利以及履行相应义务。《中华人民共和国治安管理处罚法》第五条第二款规定，实施治安管理处罚，应当公开、公正，尊重和保障人权，保护公民的人格尊严。《公安机关办理行政案件程序规定》第四条规定，办理行政案件应当遵循合法、公正、公开、及时的原则，尊重和保障人权，保护公民的人格尊严。在法律、部门规章有明确规定的情形下，公安机关执法办案更应切实尊重和保障行政相对人的合法权益。

最后，按照权责统一原则，有权必有责，用权受监督，侵权须赔偿。行政机关既然负担着权力，那么其执法行为在当事人提起诉讼的情形下必须接受司法监督之合法性审查，对当事人合法权益产生损害时应当承担赔偿责任。本案中，公安机关的不当行为致使当事人身心遭到侵害，应给予否定性司法评价，按照国家赔偿法及相关司法解释的规定，应当赔偿医药费并赔礼道歉。

编写人：江苏省南通经济技术开发区人民法院　万流兵　莫晴晴

24

行政机关依据搬迁补偿协议拆除房屋不应认定为违法强制行为

——张乙诉如皋市人民政府某街道办事处行政强制执行案

【案件基本信息】

1. 裁判书字号

江苏省南通市中级人民法院（2021）苏06行终541号行政判决书

2. 案由：行政强制执行纠纷

3. 当事人

原告（被上诉人）：张乙

被告（上诉人）：如皋市人民政府某街道办事处（以下简称某街道办）

【基本案情】

张甲、张乙系张某的子女，三人在如皋市建有3幢楼房及平房若干，面积共1362.45平方米。2019年11月30日，张甲与拆迁指挥部签订《房屋搬迁补偿安置协议》，并在《房屋搬迁调查评估结果确认书》《搬迁交房验收合格证》《搬迁补偿计算表》上签字。同年12月5日，张甲交房。张甲签订协议后，张乙将家中物品基本搬空。2020年2月，某街道办拆除张乙户楼房门窗，其余房屋主体未拆除。之后，张乙因对补偿不满，在家中内外墙上用红色大字书写"禁止拆除""违者全责"，又搬入床铺、煤气灶台、锅、桌椅、被褥等物件。2020年7月4日，张甲与拆迁指挥部签订《选房协议》，选取3套安置房；8月11日，张甲领取拆迁补偿款80万元。8月15日，某街道办对张乙户房屋再次实施拆除，张乙于当日15时12分左右报警。处警民警现场告知张乙与拆迁部门协商或通过合法途径解决。张乙提起行政诉讼，请求确认某街道办上述强制拆除行为违法。

另查明，2021年12月6日，江苏省南通市中级人民法院作出二审生效行政判决，以张甲有权代表张某户与某街道办签订搬迁补偿协议且经审查该协议约定的补偿内容合法有效为由，判决驳回张某、张乙的诉讼请求。

【案件焦点】

某街道办拆除张乙房屋的行为是否合法。

【法院裁判要旨】

江苏省南通经济技术开发区人民法院经审理认为：本院已经作出判决确认案涉房屋补偿安置协议无效，在协议无效的情况下，被告拆除协议项下的房屋于法无据。退一步说，即便协议合法有效，原告在家中放入床铺、煤气灶等生活用品，在家中内外墙上用红色大字书写“禁止拆除”“违者全责”，被告实施拆除时，原告也进行了报警，原告的行为明确表示其对拆房行为是抗拒的。行政机关没有直接强制拆除被征收房屋的权力，即使在被征收人已经依法得到补偿安置或者无正当理由拒绝接受补偿安置的情况下，征收机关若要实现强制搬迁和拆除，也必须按照法定程序申请人民法院强制执行。被告在未完成补偿安置、未申请人民法院强制执行的情况下，径行将原告房屋拆除，应当确认违法。

江苏省南通经济技术开发区人民法院依照《中华人民共和国行政诉讼法》第七十四条第二款第一项之规定，判决：

确认某街道办强制拆除张乙房屋的行为违法。

某街道办提起上诉。江苏省南通市中级人民法院经审理认为：本案一审判决确认拆除房屋行为违法的主要理由之一，系认为张甲与某街道办签订的搬迁补偿协议作为原因行为被该院判决确认无效。后经二审审理，认定张甲有权代表张某户签订搬迁补偿协议且协议合法有效，据此判决撤销一审判决，改判驳回张某、张乙的诉讼请求。因此，一审判决确认拆除行为违法的上述理由不能成立。

张甲于2019年11月30日签订《搬迁补偿安置协议》《搬迁交房验收合格证》等材料并于12月5日交房，张乙作为该户成员同时腾空房屋。张甲、张乙腾空房屋交房，自愿、主动履行协议约定的搬迁义务，而某街道办基于被搬迁人事实上的交付行为，结合搬迁地块整体实施拆除的实际需要，分期分批对房屋门窗及主体部分组织实施拆除，并不违反上述法律规定。张乙在某街道办已拆除房屋门窗之后，又将床铺、桌椅等简易生活用品搬入空房，依法不能改变房屋依交付所有权已经转移的事实，而张乙希望通过这一方式阻止拆除和增加补偿，亦违背禁止反言原则，依法不值得提倡。一审法院在适用法律时，未关注到张乙搬入少数简易生活用品之前案涉房屋已经腾房交付和某街道办已对房屋实施部分拆除的事实，径行认定某街道办实施拆除房屋行为违法，属适用法律错误。因此，对张乙一审起诉请求确认该拆除行为违法的诉讼请求，应予驳回。

江苏省南通市中级人民法院依照《中华人民共和国行政诉讼法》第八十九条第一款第二项之规定，判决：

一、撤销一审判决；

二、驳回张乙的诉讼请求。

【法官后语】

行政机关通过协议搬迁方式达到房屋征收目的，逐渐成为一种高效便捷的方式。与此同时，因行政机关以已经签订搬迁补偿协议为由拆除房屋引发的行政案件时有发生。对此类案件的司法审查，实践中有不同观点。

1. 区分不同情形作出认定

被搬迁人签订补偿协议后可能出现以下三种常见情形：

（1）签订补偿协议后自愿交付房屋。签订搬迁协议后，在被搬迁人自愿腾空、交付房屋的基础上，行政机关据此采取的拆除行为不属于强制拆除范畴，该拆除行为的合法性和正当性是基于被征收人认可补偿安置后的自愿处分行为。行政机关根据被征收人的处分行为，依据协议约定拆除房屋，具有合法的依据。

（2）签订了补偿协议但拒绝交房。出现此种情形的主要原因是当事人对补偿内容不满，或主张受胁迫、欺诈签订协议等。无论当事人是基于什么原因拒绝履行补偿协议，行政机关都不具备强制拆除房屋的职权，应当依照法定途径解决。

根据《最高人民法院关于审理行政协议案件若干问题的规定》第二十四条第一款规定，公民、法人或者其他组织未按照行政协议约定履行义务，经催告后不履行，行政机关可以作出要求其履行协议的书面决定。公民、法人或者其他组织收到书面决定后在法定期限内未申请行政复议或者提起行政诉讼，且仍不履行，协议内容具有可执行性的，行政机关可以向人民法院申请强制执行。对于签订协议后当事人拒不搬迁的，行政机关应按照催告履行——→作出书面决定——→等待复议、诉讼期限届满复议——→申请法院强制执行的程序实现拆除房屋的目的。否则，行政机关所实施的拆除房屋行为应认定为违法。

(3) 签订协议并交房后又反悔。如果双方达成协议，被搬迁人交付房屋后又反悔，不同意行政机关拆除房屋，此时，应该如何辨识被搬迁人是否已经自愿交付房屋、房屋所有权何时发生转移、行政机关拆除房屋行为的合法性等问题存有争议。如本案一、二审法院作出截然不同的判决，即对上述问题的认识存在分歧。

对于物权所有权变动规则，通说认为，动产所有权适用交付变动规则，不动产所有权适用登记变动规则。在协议搬迁中，房屋需予以拆除才能获得补偿安置的对价，适用所有权登记变动规则显然不具有可行性。笔者认为，此种情形下，可参照动产所有权交付变动规则，综合补偿协议的效力、补偿安置义务的履行情况、被搬迁人是否自愿交付房屋等判断房屋的实际控制权是否发生变动，从而判断行政机关拆除房屋的合法性：

第一，协议经审查被认定为受欺诈、受胁迫所签订，拆除房屋行为失去合法性基础，显然不能视为合法拆除行为。第二，先补偿后拆迁是基本原则，行政机关未按照协议约定履行补偿义务，一般不宜认定拆除房屋行为合法。实践中，存在安置房屋未建设好，为推进项目建设，行政机关采取先拆房子后选房或滞后支付补偿款等行为，此种情形应当由行政机关举证证明其不存在不履行补偿义务的行为。第三，协议不存在欺诈、胁迫、显失公平等可撤销或无效情形，被搬迁人自愿交付房屋后，可视为房屋的处置权已经让渡给搬迁主体，搬迁主体有权据此拆除房屋。被搬迁人自愿交房后再反悔表示不同意拆除，系履行协议后又反悔的行为，不能以此理由认定行政机关在相对人未履行协议义务的情形下采取的强制拆除行为违法。

如本案中，被告根据补偿安置协议的约定以及原告的搬离交付行为，先组织人员拆除了房屋门窗、使房屋丧失正常居住使用功能，再对案涉房屋的主体框架实施拆除的行为，具有合法正当性。原告在被告已拆除房屋门窗之后，又将床铺、桌椅等简易生活用品搬入空房，希望通过阻止拆除的方式来增加补偿，亦违背禁止反言原则，依法不应提倡。

2. 被搬迁人是否自愿交付房屋的若干判断标准

被搬迁人有无自愿履行协议约定的交房义务，是判断行政机关是否存在强制拆除情形的关键。笔者认为，可从以下几个方面综合判断行政机关拆除房屋时被搬迁人是否已经自愿交付房屋：(1) 在交房验收单上签字认可。(2) 自愿腾房。将房屋腾空，或者将所需物品搬离被拆迁房屋，是被搬迁人自愿交付房屋的主要表现之一。(3) 房子无人生活居住。(4) 主动接受补偿。(5) 自愿交出钥匙。

司法审查中，应当综合上述情形作出认定，不能仅凭其中一个条件即认定被搬迁人自愿交付房屋。如虽交付钥匙，但仍在房子实际生活居住，因此不能据此认定房屋已实际交付；反之，即使未实际交付钥匙，但被搬迁户已搬离物品，不再生活居住，且出具了交付房屋的书面依据，也不宜仅依据未交付钥匙而认定房屋未交付。

需要强调的是，对于当事人是否自愿交房，应当由行政机关承担举证责任，尤其是在双方当事人就是否交付钥匙或者是否腾空房屋等存在不同说法的情况下，更应当结合其他证据作出房屋是否已经实际交付的判断。因此，行政机关在拆除房屋前，应当保存好被搬迁人腾空房屋、交付钥匙、签订交房验收单等情形的照片或视频作为证据。

编写人：江苏省南通市中级人民法院　吴彩丽　郑华超

三、行政许可

25

规划许可对相邻权益影响的合法性审查标准

——吴某等诉某市规划和自然资源委员会
建设工程规划行政许可案

【案件基本信息】

1. 裁判书字号

北京市第三中级人民法院（2020）京03行终204号行政判决书

2. 案由：建设工程规划行政许可纠纷

3. 当事人

原告（上诉人）：吴某等

被告（被上诉人）：某市规划和自然资源委员会（以下简称市规自委）

【基本案情】

吴某等系某小区9号院1号楼和2号楼的业主。2017年12月18日，市规自委向置业公司颁发了包含某小区等地块的《建设用地规划许可证》。2018年1月16日，置业公司取得《建设工程设计方案审查意见》；2018年1月25日，置业公司取得《人防工程设计审核批准意见书》；2018年2月8日，置业公司取得《关于住宅混合公建用地、基础教育用地、综合性商业金融服务业用地项目园林绿化用地审查意见》。2018 年 3 月 7 日，置业公司作为申报单位向市规自委提交《建设项目规划许可及其他事项申报表》及用地许可、施工图纸、设计方案等申报材料。2018 年 3 月 27 日，市规自委向置业公司核发了《建设工程规划许可证》（以下简称《规划许可证》），准予置业公司在某小区等地块开展建设项目（以下简称涉案项目）。

吴某等认为，涉案项目距离某小区 1 号楼、2 号楼过近，两者间小于 18 米，市规自委核发的《规划许可证》不符合《北京市生活居住建筑间距暂行规定》[①] 等规定，故提起本案诉讼。

【案件焦点】

市规自委核发《规划许可证》对相邻权益影响的合法性问题。

【法院裁判要旨】

北京市通州区人民法院经审理认为：在法律适用和事实审查方面，市规自委根据《中华人民共和国城乡规划法》第四十条第二款和《北京市城乡规划条例》第三十九条之规定，对置业公司提交核发建筑工程规划许可证的材料进行审查，并据此核发《规划许可证》事实清楚，并无不当。在程序审查方面，根据《中华人民共和国行政许可法》第三十六条、第四十六条、第四十七条第一款之规定，行政机关对认定行政许可事项是否关系他人“重大利益”、是否需履行告知程序具有一定的裁量权。本案中，吴某等主张涉案项目不符合 18 米相邻建筑间距的规定，但是根据《北京市生活居住建筑间距暂行规定》，18 米的相邻建筑间距适用于两栋四层或四层以上的生活居住建筑长边相对的情况，而涉案项目建筑属于商业建筑，不应适用该规范。现有证据亦无法说明《规划许可证》对吴某等采光权、日照权、通行权、通风权等相邻权利造成影响，故市规自委认为涉案项目不属于关系他人“重大利益”情形、未履行上述告知及听证程序，并无不当。综上，市规自委核发《规划许可证》具有相应的事实及法

---

① 载北京市人民政府网，https：//www.beijing.gov.cn/gongkai/zfxxgk/zc/gz/202112/t20211224_2571871.html，最后访问时间：2023 年 4 月 13 日。

律根据，程序合法，吴某等主张撤销被诉规划许可证的诉讼请求，缺乏事实及法律根据，不予支持。

北京市通州区人民法院依据《中华人民共和国行政诉讼法》第六十九条之规定，判决如下：

驳回原告吴某等的诉讼请求。

二审法院同意一审法院裁判意见。

【法官后语】

本案系因相邻关系人认为市规自委为邻栋建筑核发的《建设工程规划许可证》影响其采光权、日照权、通行权、通风权等相邻权引发的撤销诉讼，其中，关键争议焦点是如何就规划许可对相邻权影响的合法性进行审查。在司法实践中，相邻关系人不服规划许可行为提起诉讼时，法院易混淆主观权利保护诉求和客观合法性监督。

1. 建设工程规划许可行为与实施监管查处行为

司法实践中，规划许可对相邻关系人的侵权存在两种易混淆的情况，一种是规划部门作出《建设工程规划许可证》本身存在的侵权行为，另一种是规划部门未依法查处建设单位未按照《建设工程规划许可证》内容进行建设存在的侵权行为。建设工程规划许可行为与实施监管查处行为产生的法律效果不同，因此，法院对二者相邻权的侵权基础法律关系和合法性审查标准也不一致，前者审查重点应该是许可建设的建筑规划是否对相邻权施加了负担，进行了非法缩减，后者的审查重点则是相对人是否存在违反规划建设的行为、是否对相邻关系人施加了权利负担及规划部门是否履行了相应的投诉举报查处义务。

2. 建设工程规划许可相邻关系人听证门槛保障

规划许可行为具有效果外溢性，不同于相对人的全程参与和直接参与，整个规划许可审批闭环中唯一可能对相邻关系人开放的就是听证程序，否则就只能通过诉讼末端审查进行事后监督和纠正。但是，在行政听证程序中，行政规划部门往往利用“重大利益”否定相邻关系人的听证权利。行政许可法和城乡规划法虽然没有明确规定相邻权是重大利益，但是规划许可存在对相邻关系人人居和发展产生负担的可能性，本着比例适当原则和程序正当原则，不宜将相邻权排除在重大利益之外。

3. 建设工程规划许可对相邻权的相关考量

规划部门在听证程序和法院在行政诉讼对相邻权的审查中，也会存在“合规合法=不侵权”的裁量规则。听证的应有之义在于规划部门对公共利益、多元利益包括相对人利益、相邻权予以全面、公正权衡，而诉讼则系审查规划许可出于有利于他人利益的考量缩减相邻权是否存在必要性及适度性。对此，就涉及空间资源利益的分配和许可行为遵循的比例原则。城乡规划是多元利益的碰撞和协调，不同地区的资源状态、社会发展决定了对城市规划的利益分配。如何在城市空间利益分配的政策性选择和利益衡量上，避免将相邻关系人的主观权利保护诉求处理成行政许可的客观合法性监督，答案就是损害最小比例原则。也就是说，如果行政主管部门作出规划许可时，对相邻建筑损害的最小限度只能限于满足最低技术标准，那么，规划许可的建筑达到了技术规范即视为不侵犯相邻权；但是，如果损害的最小限度能够高于最低技术标准，那么就不宜将达到最低技术标准视为不侵权。当然，也不能将这种限度无限扩大，此时需要综合考量城市规划的公共利益与相邻权，将相邻权的新开发项目对相邻关系人日照等利益的缩减到平衡发展的范围内。

编写人：北京市通州区人民法院　魏文风　张欢

四、行政征收

26

房屋征收程序中以紧急避险为由拆除危房的司法认定

——王某诉长沙市某区住房和城乡建设局行政征收案

【案件基本信息】

1. 裁判书字号

湖南省长沙市中级人民法院（2021）湘 01 行终 287 号行政判决书

2. 案由：行政征收纠纷

3. 当事人

原告（被上诉人）：王某

被告（上诉人）：长沙市某区住房和城乡建设局（以下简称某区住建局）

【基本案情】

长沙市某房屋为王某所有。为实施周边地块棚户区改造项目，长沙市某区人民政府于 2020 年 6 月 24 日发布《房屋征收决定》，案涉房屋位于征收范围内。2020 年 12 月 15 日，当地街道办事处向王某作出并送达《关于做好排除房屋安全隐患工作的通知》，其主要内容为：该房屋因年久失修，目前墙体、屋顶、房屋楼道多处开裂，墙面粉尘脱落严重，且近段时间气候不好，存在严重安全隐患，面临随时倒塌的危险。要求王某加强对房屋的日常监测，密切关注隐患情况，设置警示标志，确保周边行人安全，加强自我保护意识、尽快安全转移，确保人身及财产安全。2020 年 12 月 28 日，某区住建局委托工程质量检测公司对案涉房屋主体结构进行房屋安全性检测鉴定。2020 年 12 月 29 日，某区住建局向王某送达《房屋安全鉴定通知书》，责令王某收到通知书之日起 3 日内聘请具有专业资质的房屋安全检测机构对案涉房屋进行结构安全鉴定。2021 年 1 月 4 日，工程质量检测公司出具《房屋安全鉴定报告》，鉴定结论为：该房屋年代久远，多处位置出现病害，根据现场检测结果及《危险房屋鉴定标准》相关要求，综合评定该房屋危险性等级为 D 级，即该房屋承重结构已不能满足安全使用要求，房屋整体处于危险状态，构成整幢危房，建议拆除。

2021 年 1 月 7 日，某区住建局作出《危房拆除告知书》，并于 2021 年 1 月 14 日向王某送达，告知王某案涉房屋综合评定为 D 级危险房屋，存在严重安全隐患，要求王某在收到告知 5 日之内停止使用并自行拆除危房，逾期仍未履行义务的，该局将委托无利害关系的第三人代为实施拆除。2021 年 1 月 22 日，某区住建局以紧急避险为由作出案涉《危房拆除决定书》，并于 1 月 27 日向王某送达。该决定书的主要内容为：责令你户立即停止使用危险房屋，并在本决定送达即日起 5 日内腾空并拆除该房屋，辖区街道提供一套二室二厅房屋作为你户周转用房。王某不服《危房拆除决定书》，向法院提起行政诉讼。

2021 年 2 月 8 日，长沙市某区人民政府对王某作出《房屋征收补偿决定》。2021 年 4 月 2 日，案涉房屋被拆除。

【案件焦点】

1. 可否以紧急避险为由对被纳入征收范围内的房屋作出《危房拆除决定书》；2. 如果紧急避险事由成立，某区住建局作出《危房拆除决定书》应当遵循哪些条件和程序。

【法院裁判要旨】

湖南省长沙铁路运输法院经审理认为：本案的争议焦点系某区住建局作出涉案《危房拆除决定书》行为的合法性问题。第一，某区住建局作为房地产行政主管部门，具有对本辖区范围内的城市危险房屋管理工作的职责。第二，《长沙市房屋安全管理条例》规定了房屋安全鉴定单位的资质、申请鉴定的主体、程序及对房屋鉴定结论不服的救济途径。本案中，一方面，某区住建局委托危房鉴定时未充分保障王某自行委托的权利；另一方面，鉴定机构工程质量检测公司出具涉案《房屋安全鉴定报告》后，某区住建局亦未充分保证王某对于该鉴定报告提出异议和申请重新鉴定的权利，程序违法。同时，涉案房屋已被纳入周边地块棚户区改造项目征收范围，在本案王某未签订征收补偿协议的情况下，某区住建局以拆危为由作出《危房拆除决定书》并拆除其房屋，其目的并非严格意义上的城市危房管理，而是加快征拆进程，避开法定的征收实施程序，其执法目的存在不当。综上，某区住建局作出涉案《危房拆除决定书》程序违法，执法目的不当，依法应予以撤销。因涉案房屋现已被拆除，涉案《危房拆除决定书》已不具备可撤销的内容，应当确认为违法。

湖南省长沙铁路运输法院依照《中华人民共和国行政诉讼法》第七十四条第二款第一项的规定，判决如下：

确认某区住建局作出《危房拆除决定书》的行为违法。

二审法院同意一审法院裁判意见。

【法官后语】

本案裁判路径如下：(1) 房屋被纳入征收范围后，为推进拆迁进程和降低征收成本，启动危房认定和拆除程序，违反目的正当性原则和禁止不当联结原则。(2) 房屋被纳入征收范围后，如果确有紧急避险的现实紧迫性，符合突发性、危急性和必要性标准，可以启动危房认定和拆除程序。(3) 房屋价值在其被纳入征收范围时已经确定，且当事人已经对补偿问题产生合理预期，故即便在房屋征收过程中启动紧急避险程序，仍应当依法对当事人予以补偿。

以紧急避险为由对纳入征收范围的房屋作出危房拆除决定并据此拆除房屋，在实践中被称为“以拆危促拆迁”。本案中，一、二审法院主要从启动危房拆除程序目的不当、危房鉴定程序违法和《危房拆除决定书》证据不足等维度，对《危房拆除决定书》予以否定性评价。需要指出的是，在房屋征收过程中作出危房认定和拆除行为是否具有目的正当性，与危房认定和拆除行为的主体是否适格、程序是否合法、证据是否确凿具有逻辑上的递进关系。从审查规则来说，只有具有目的正当性，才有必要进一步进行职权、程序以及证据审查。目的是否正当，应当是该类案件审查的第一步。

房屋征收与危房拆除具有本质区别，两者本应各行其道。当房屋被纳入征收范围后，应当适用征收补偿法律关系，对房屋进行合法补偿后予以收回，此时再以紧急避险为由作出危房拆除决定应当受到严格限制。本案中，王某的房屋早已被纳入征收范围，某区住建局作出《危房拆除决定书》的目的在于规避法定的房屋征收和补偿程序，强势推动拆迁进程，其最终使房屋征收法律关系“脱轨”于危房拆除法律关系，亦使当事人的合法权利难以得到有效维护。对于被纳入征收范围的房屋，只有严格按照征收程序实施征收无法避免现实危险时，才可以适用危房认定和拆除程序。为此，可以考虑将突发性、危急性以及必要性作为现实危险的判断标准。

本案是一起“以拆危促拆迁”的典型案件，一、二审法院认为：房屋被纳入征收范围后，为推进拆迁进程和降低征收成本，启动危房认定和拆除程序，违反目的正当性原则和禁止不当联结原则。在房屋成为D级危险房屋且不拆除将造成重大损失、确有紧急避险的现实紧迫性的情况下，可以启动危房认定和拆除程序，以弥补房屋征收程序规避风险之不足。但是，在房屋征收过程中启动紧急避险程序，仍应当依法对当事人予以补偿。

编写人：湖南省长沙市中级人民法院　贺旭琼　刘青

27

未为当事人设定具体权利义务的动迁公告不属法院行政诉讼的受案范围

——牛某诉苏州市吴江区某镇人民政府行政征收案

【案件基本信息】

1. 裁判书字号

江苏省苏州市吴江区人民法院（2021）苏 0509 行初 6 号行政裁定书

2. 案由：行政征收纠纷

3. 当事人

原告：牛某

被告：苏州市吴江区某镇人民政府（以下简称某镇政府）

【基本案情】

2020 年 8 月 10 日，某镇政府作出《动迁公告》，称为保障动迁项目顺利推进，将动迁有关事宜进行公告，内容包括实施单位、动迁范围、项目实施时间、安置补偿方式、咨询电话等。

牛某认为，某镇政府作出《动迁公告》，将其房屋纳入征收范围，该动迁公告的作出主体违法、程序违法、内容违法，侵犯了其在征收过程中应享有的合法权益。因此，请求法院依法撤销被告于 2020 年 8 月 10 日作出的《动迁公告》。

某镇政府认为，其于 2020 年 5 月 14 日收到苏州市吴江区铁路建设指挥部的《工作联系单》，要求其依据吴江区政府关于某铁路项目前期工作分工，先期启动辖区内房屋折迁工作，其制定的动迁公告主体合法、程序合法、内容合法。

【案件焦点】

发布《动迁公告》的行为是否属于人民法院行政诉讼的受案范围。

【法院裁判要旨】

江苏省苏州市吴江区人民法院经审理认为：对公民、法人或者其他组织权利义务不产生实际影响的行为，不属于人民法院行政诉讼的受案范围。一般情况下，行政机关在农村集体土地上发布的动迁公告仅仅是一个辖区内广而告之的行为，对被动迁人的权利义务往往不具有独立的实际影响和法律后果。对被动迁人权利义务产生直接实际影响的主要是拆迁补偿安置方案、拆迁补偿标准、拆迁实施行为，所以不能就该动迁公告提起行政复议或者行政诉讼。但是，如果该动迁公告不仅规定了一系列的常规内容，而且规定了要求被动迁人停止生产经营、规定期限内搬离拆除现场，或者限期内不搬迁的强制搬迁等内容，就对被动迁人的权利义务产生了实际影响，具有可诉性。本案中，某镇政府作出动迁公告是对动迁范围、组织实施主体，以及项目实施时间、安置补偿方式、咨询电话等相关事项予以公示告知的行为，对被动迁人的权利义务不具有独立的实际影响和法律后果，因此不属于行政诉讼的受案范围。综上，某镇政府作出的动迁公告对原告权利义务不产生实际影响，不属于人民法院行政诉讼的受案范围。

江苏省苏州市吴江区人民法院依照《最高人民法院关于适用〈中华人民共和国行政诉讼法〉的解释》第一条第二款第十项、第六十九条第一款第八项之规定，裁定：

驳回原告牛某的起诉。

裁定后，各方均未提起上诉，该裁定已经发生法律效力。

【法官后语】

发布动迁公告是房屋动迁过程中由动迁管理部门对涉及动迁事项，将动迁相关事项向被动迁人及其利害关系人以广而告之的形式（一般是张贴或在报纸杂志刊登公告的方式）予以告知的行为。此种行为是否属于行政诉讼的受案范围是一个争议较大的法律问题。第一种意见认为，拆迁公告没有给特定的当事人直接设定权利义务，属于抽象行政行为，而我国行政复议法、行政诉讼法及相关司法解释明确规定，只有对具体行政行为才能申请行政复议或提起行政诉讼，因此拆迁公告不可诉。第二种意见认为，拆迁公告是享有行政职权的行政主体运用职权，针对特定被拆迁人具体事项作出的产生法律效果的行为，符合具体行政行为特征，具有可诉性、可复议性，法院应当予以受理。第三种意见认为，对动迁公告不能简单二分法处理，而应根据具体情况进行判断是否属于行政诉讼的受案范围。如果对被动迁人的权利义务不具有独立的实际影响和法律后果，不涉及拆迁补偿安置方案、拆迁补偿标准、拆迁实施行为，该动迁公告就不属于行政诉讼的受案范围。但是如果该动迁公告不仅规定了一系列的常规内容，而且规定了要求范围内的被动迁人停止生产经营、规定期限内搬离拆除现场，或者限期内不搬迁的强制搬迁等内容，就对被动迁人的权利义务产生了实际影响，具有可诉性。

我们同意第三种意见，理由如下：

1. 是否属于行政诉讼受案范围的关键在于拆迁公告的事项是否具有强制性，对当事人的权利是否产生实质性的影响

我国行政诉讼法用列举加排除的方法规定了行政诉讼的受案范围。《最高人民法院关于适用〈中华人民共和国行政诉讼法〉的解释》第一条第二款第五项、第十项规定，行政机关作出的不产生外部法律效力的行为、对公民、法人或者其他组织权利义务不产生实际影响的行为都不属于法院的受案范围。由此可见行政诉讼法规定的行政行为具有以下特点：是行政机关的职权或职责行为；涉及的是特定的公民、法人或其他组织；对特定公民、法人或其他组织一方的权利义务形成了实质性影响。也就是说，关键在于是否对当事人的权利义务产生了实际影响，有影响就是，没有影响就不是。本案中，案涉动迁公告仅仅规定了实施单位、动迁范围、项目实施时间、安置补偿方式、咨询电话等，未对当事人的权利义务进行规定，对各方的权利义务没有产生实质性影响。

2. 动迁公告的作用决定了其一般不属于行政诉讼的受案范围

房屋动迁公告的作用是让被动迁人了解房屋动迁的原因和相关注意事项，

从而使被动迁人在规定的搬迁期限内完成搬迁。由于房屋动迁所涉及的人数众多，因此需要在动迁范围内广为张贴，尽可能使每个被动迁人知悉动迁的有关事项，从而使被动迁人在动迁之前做好动迁的准备工作。动迁公告的内容应当包括动迁范围、动迁期限、动迁人等需要被动迁人了解的事项。动迁公告一般要求被动迁人主动配合，如果配合有一定的奖励，但对于不配合的一般不会规定具体的处理措施。这种动迁公告的作用主要是告知动迁事项，很多时候是为了动迁作说明解释工作，而不会施加限制。动迁公告如果没有对当事人设定不利的影响，不具有强制性，就非行政诉讼的受案范围。对打着动迁公告旗号违法进行行政强制行为的要坚决予以制止，这些行为要接受行政诉讼司法审查。

3. 否认动迁公告的可诉性并不影响被动迁人的合法权益

一般而言，多阶段行政行为中最后阶段的行政行为才具有可诉性。而之前各阶段的行政行为，属于中间行政行为，原则上不具有可诉性。动迁是一个多阶段行政行为，从最早的项目审批到许可证，再到行政协议乃至最后的拆除行为，孤立地看，这些行为都是可诉的行政行为，但如果某个行为只是多阶段行政行为当中的一个阶段，一般只能认定最后阶段直接对外生效的那个行政行为是可诉的行政行为。被动迁人对征收决定、补偿决定、行政协议乃至强制拆除行为都可以提起行政诉讼进行救济，而不需要每个阶段都来起诉，否认动迁公告的可诉性对被动迁人的合法权益不产生实际的影响。

4. 否认动迁公告的可诉性有利于节约司法资源和社会成本

每一件行政案件，无论最终结果如何，都必须经历对案件当事人的询问或者开庭、审判文书制作送达等法定程序。如果行政诉讼提起者本身不具有诉权，或者具有诉权但并非出于善意保护自己合法权益而提起行政诉讼，就会造成有限司法资源的客观浪费。比如，有的当事人为了获得更多的动迁利益，在起诉最终的行政补偿决定被驳回后又对前面的阶段性行为再提起行政诉讼，甚至大量提起要求履行法定职责或者信息公开案件，使得法院和行政机关疲于奔命，哪怕最终裁判被告胜诉也难以弥补行政机关因此承受的本不应当承受的花费和压力。

编写人：江苏省苏州市吴江区人民法院　秦绪栋

五、行政登记

28

不动产登记机关在特定条件下可主动撤销不动产登记

——置业公司诉某市自然资源和规划局房屋所有权行政登记案

【案件基本信息】

1. 裁判书字号

江苏省南通市中级人民法院（2021）苏06行终415号行政判决书

2. 案由：房屋所有权行政登记纠纷

3. 当事人

原告（上诉人）：置业公司

被告（被上诉人）：某市自然资源和规划局（以下简称某市自然资源局）

第三人：某市住房和城乡建设局（以下简称某市住建局）、某小区业主委员会（以下简称某小区业委会）

【基本案情】

某小区新村1—5幢系原某市城南危房改造办公室根据建设工程规划许可证开发建设的商业用房。2001年4月25日，原某市城南房管所（以下简称原房管所）与原某市城南危房改造办公室签订购房协议书，购买了上述房产，并持购房协议书、购房发票办理了房产登记，登记建筑面积为258.88平方米。2003

年7月，原房管所改制，上述258.88平方米房产一并列入改制资产转让给马某。2003年8月14日，马某成立了置业公司（法定代表人为马某），2003年10月，置业公司申请办理了该处房产的转移登记，登记建筑面积仍为258.88平方米。

2013年1月，某市监察局致函原某市住房保障和房产管理局（以下简称原住房保障局），指出案涉房屋存在登记面积超出规划许可面积的情况。2013年3月1日，某小区业委会也向原住房保障局提出申请，要求撤销上述房屋中的错误登记。3月8日，原住房保障局向置业公司送达《通知》，通知其提交申辩意见及相关证据。3月13日，置业公司提交了书面申辩意见及相关证据。经审查后，原住房保障局认为，案涉部分房屋未按规划许可建造，不具备产权登记条件，其产权转移登记应予撤销。原住房保障局于2013年5月8日作出83号撤销登记决定，撤销2003年11月原房管所与置业公司办理的不动产转移登记。

经过多次相关联诉讼，2019年8月2日，置业公司提起本案诉讼，要求撤销83号撤销登记决定。原住房保障局的房屋登记职责已由某市自然资源局承继。

【案件焦点】

原住房保障局作出83号撤销登记决定是否具有事实根据和法律依据，程序是否合法。

【法院裁判要旨】

江苏省南通经济技术开发区人民法院经审理认为：无论是根据房屋第一次办理权属登记时的法律规定，还是根据被诉行政行为作出时的法律规定，房屋登记都必须提供建设工程规划许可证等证明房屋符合规划的手续，否则不予登记，即便基于其他原因办理了权属登记，有权机关也可以依法纠正。本案中，发证面积为258.88平方米，超出了许可证核定面积，原住房保障局对照规划审批手续，参照实地查看测量数据，并结合涉案房屋的实际情况进行测算，将不在规划范围以及超过规划许可建造的部分房屋对应的权属证书予以撤销，在依法纠错的基础上也尊重了房屋形成及改制的特殊情况，无明显不当之处。

江苏省南通经济技术开发区人民法院依据《中华人民共和国行政诉讼法》第六十九条之规定，判决：

驳回置业公司的诉讼请求。

置业公司不服，提起上诉。江苏省南通市中级人民法院经审理认为：行政行为一经作出，行政机关及相对人就应当受到行政行为的约束。但是，即使法律未明确规定行政机关在哪些情形应当履行纠正义务，也不意味着行政机关能够以法律没有规定而否认自身的纠正义务。房屋权属证书的登记面积应当符合建设工程规划许可证等许可的面积，如果登记面积与规划面积不符，就属于行政行为所认定的基本事实不能成立，符合行政机关自我纠错的前提条件。本案中，结合原建设工程规划许可证、测绘图等来看，原房屋转移登记行为属于基本事实不成立的情形，原住房保障局撤销转移登记的理由符合客观事实，其对该转移登记自我纠错并无不当。原住房保障局作出 83 号撤销登记决定前，向置业公司送达《通知》，告知了其产权登记面积存在的问题，对相关档案的查阅情况以及启动撤销登记程序的事实等，并告知了置业公司陈述申辩的权利。撤销登记行为的程序符合法定程序。

江苏省南通市中级人民法院依照《中华人民共和国行政诉讼法》第八十九条第一款第一项之规定，作出如下判决：

驳回上诉，维持原判。

【法官后语】

“无恒产者无恒心”，全面、清楚、真实的不动产登记，既是维护交易安全、保护不动产权利人合法权益的基础，也是国家房地产管理的重要依据。实践中，因种种原因导致的不动产登记错误时有发生，有的登记行为需要通过撤销的方式实现纠错的目的。虽然《不动产登记暂行条例》并未规定撤销登记这一类型，但是《不动产登记暂行条例实施细则》关于更正登记的规定，已体现登记机关依职权主动撤销登记的基本要义。完善不动产登记错误的嗣后纠错机制，由登记机关在特定条件下主动纠错、撤销登记，不仅有助于还原不动产登记的客观性、真实性，更是依法行政在行政机关自我监督领域的体现。

1. 登记机关自行撤销登记行为的意义

从不动产登记的作用来看，不动产登记行为虽然表面上是对权利人享有物权的一种公示，但也是行政机关对房地产管理的手段，关涉不动产税收的征收、国家对房地产市场的宏观调控等问题。因此，登记错误不仅可能影响权利人个人利益，也一定程度上影响公共利益。实践中，权利人通过行政复议、诉讼的方式主张撤销不动产登记，往往是认为不动产登记侵犯了其合法权益，但也存在不动产登记不当增加了权利人利益，权利人默不作声的情况。本案中，置业公司的房屋登记面积为258.88平方米，超过规划面积，显然缺乏主动申请纠正登记错误的动力。从行政机关自我纠正的角度来看，依法行政期待的理想目标是避免和减少违法的行政行为。对于违法或存有瑕疵的行政行为，自我纠错、自我修复是依法行政的应有之义，但由于缺乏具体的制度安排，有的行政机关对于一些明显违法的行政行为无动于衷，过度依赖外部力量进行评价和纠正。如不动产登记领域，有的登记机关明知登记错误，仍以没有有权机关的法律文书为由拒绝纠正，导致不动产登记长期处于错误状态，增加了当事人维权周期和负担。因此，登记机关的自我纠错与外部监督相比，还具有高效、节约救济成本的优势。

2. 登记机关自行撤销登记行为的法律依据

《不动产登记暂行条例》第三条规定了不动产登记的类型包括首次登记、变更登记、转移登记、注销登记、更正登记等，并未明确规定“撤销登记”这一类型。《不动产登记暂行条例实施细则》第八十一条规定，不动产登记机构发现不动产登记簿记载的事项错误，应当通知当事人在30个工作日内办理更正登记。当事人逾期不办理的，不动产登记机构应当在公告15个工作日后，依法予以更正。不动产登记实践中，更正登记的事项包括不动产的自然状况、权利内容等。自然状况错误，包括面积登记错误、门牌号错误、楼层错误等；权利状况错误，包括权利人归属状况、抵押权担保的主债权范围、不动产上所附的查封登记、异议登记等错误。由此可见，不动产更正登记的范围已不限于通常理解的笔误、记载错误，而已经涉及不动产权属问题。因此，《不动产登记暂行条例实施细则》关于更正登记的规定，可以作为登记机关主动撤销登记的法律依据。既然登记机关可撤销错误的注销抵押登记行为，撤销错误的登记行为，乃当然之义。

3. 登记机关自行撤销登记的限制

依法行政原则要求对违法的行政行为进行纠正，而基于行政行为公定力、信赖保护原则、善意第三人等因素，则要求维持行政行为的存续力。因此，登记机关自行撤销登记行为应符合特定条件。

一是行政行为违法性程度的限制。如果登记行为的违法性是重大且明显的，即符合无效行政行为的标准，登记机关可以主动撤销登记行为。如果行政行为的违法性没有达到重大且明显的程度，则应考虑复议、起诉期限的影响因素，不宜随意撤销，尤其是违法程度轻微的，应限制撤销行政行为而采取补正的方式。

二是善意第三人和公共利益的限制。《最高人民法院关于审理房屋登记案件若干问题的规定》① 第十一条第三款规定，被诉房屋登记行为违法，但判决撤销将给公共利益造成重大损失或者房屋已为第三人善意取得的，判决确认被诉行为违法，不撤销登记行为。上述关于判决撤销登记行为的限制，对于登记机关主动撤销登记同样适用。反之，如果不撤销登记反而会给公共利益造成损害的，则登记机关应在信赖保护、善意第三人、公共利益之间进行衡量，作出最为合理的处理方式。本案中，置业公司的房屋虽然从原房管所买得，存在一定信赖利益，但由于房屋实际面积与规划面积不一致，实际上形成了违法建设，从而侵犯了某小区的公共利益，故登记机关可撤销错误的登记行为。

三是撤销程序的限制。根据程序正当原则，如果一个具有法律效力的行政行为将要涉及或影响公民、法人或者其他组织的权利义务，应当给予其表明意见的机会。由于不动产关涉权利人重大利益，如拟撤销登记的不动产面积较大、

① 载国家法律法规数据库网站，https：//flk. npc. gov. cn/detail2. html？NDAyODgxZTQ1ZmZiYmU0MTAxNWZmYzUzZWE3ZTBhMTU%3D，最后访问时间：2023 年 4 月 13 日。

价值较高，行政机关还有必要通过组织听证的方式，接受当事人提出的事实、理由和证据，并在不予采纳当事人意见时，充分说明理由。

编写人：江苏省南通市中级人民法院　张祺炜　金保阳

29

对过半数的村民以集体经济组织名义提起诉讼之原告主体审查

——某市某镇A村股份经济联合社诉某市自然资源局集体土地所有权行政登记案

【案件基本信息】

1. 裁判书字号

福建省泉州市中级人民法院（2021）闽05行终217号行政判决书

2. 案由：集体土地所有权行政登记纠纷

3. 当事人

原告（上诉人）：某市某镇A村股份经济联合社（以下简称A村经联社）

被告（被上诉人）：某市自然资源局（以下简称某市资源局）

第三人：某市某镇B村民委员会（以下简称B村委会）

【基本案情】

福建省某市某镇辖区内的A村东南部与B村西北部相接。1988年10月14日，当地国土部门（具体名称前后有变更，以下统一称为某市资源局）组织A村、B村村民对两村的边界进行实地勘查指界，两村的代表在《境界与土地权属界线调绘原由书》中签名、盖章确认：对双方交界处存在争议的“甲地块”“乙地块”保持现状，待后解决。

2004年，某市人民政府组织开展集体土地所有权登记工作。同年2月18日，某市资源局向A村、B村发出指界通知书，要求两村对两村的土地权属界线现场指界。2005年1月18日，某市资源局将对A村、B村集体土地所有权登记申请的审核情况予以公告。2006年6月26日，某市人民政府分别向B村委会、A村委会颁发第0825号《集体土地所有证》（以下简称825号土地证）、第0808号《集体土地所有证》（以下简称808号土地证）。2019年9月12日，A村经联社成立。

2020年6月4日，A村村民许某等3人作为A村第一、第三、第四、第五、第六、第七、第八、第十、第十一、第十二村民小组（以下简称A村十村民小组）的诉讼代表人第一次提起诉讼，诉称：1966年，A村分得65亩人造围海造田的垦地（以下简称涉案土地），该宗地位于B村东南处，与A村不接壤。虽然历史上与B村村民多次发生水源争执，造成该地无法正常种植，但仍有村民零星进行耕作。2013年，政府征用涉案土地。A村在数年未获得征地补偿后得知该地被划归B村管辖，遂要求撤销825号土地证。

同年8月12日，福建省泉州市洛江区人民法院以不具备原告资格等为由裁定驳回A村十村民小组的起诉。之后，许某等3人又以A村经联社的名义第二次提起诉讼（即本案），但只提供A村十村民小组的授权委托书。合议庭责令许某等3人补充提供联署授权其起诉的村民之身份材料，并在A村发布公告，告知要对提起本案之诉的村民进行核实。许某等3人补充提供的身份证明材料共计2087份。

【案件焦点】

1. 原告主体是否适格；2. 涉案行政行为的合法性。

【法院裁判要旨】

福建省泉州市洛江区人民法院经审理认为：A村共有人口2784人，经核实提起诉讼的村民有1810名，超过全体村民半数，符合《最高人民法院关于审理涉及农村集体土地行政案件若干问题的规定》第三条第一款的规定，可以A村经联社的名义提起诉讼。

基于A村经联社主张涉案土地系A村围海造田分得的，但未提供相应证据证明；涉案土地从地理上看不在B村与A村的交界处，而是位于B村一侧、与A村不相连，A村委会与B村委会均签字盖章确认的《境界与土地权属界线调绘原由书》只记载“甲地块、乙地块”为两村争议地，并无涉案土地存在争议或属于A村飞地的记载；A村委会、B村委会系同一时期申请办理集体土地所有证，而A村委会申请办理时，并没有对涉案土地的所有权提出主张等因素考量，A村经联社以涉案土地属其所有为由要求撤销825号土地证，缺乏依据。《福建省土地登记条例》第十八条规定：“登记部门对申请登记的土地需要进行权属调查的，应当按下列规定，提前五日书面通知被调查宗地和相邻宗地的权利人到现场共同指界……”某市资源局于2004年2月18日向A村、B村发出指界通知书，要求两村于同年2月20日到现场共同指界，不符合上述规定，但该通知违法不影响当事人依法享有的陈述、申辩的权利，不会对当事人的指界以及缺席指界情况下提供权属图件产生实质损害，故应认定属于程序轻微违法。

福建省泉州市洛江区人民法院依照《中华人民共和国行政诉讼法》第七十四条第一款第二项规定，判决：

确认某市资源局作出的825号土地证违法。

二审法院同意一审法院裁判意见。

【法官后语】

实务中，对于过半数的村民依据《最高人民法院关于审理涉及农村集体土地行政案件若干问题的规定》第三条第一款以集体经济组织名义提起诉讼之原告主体如何审查问题，具体可从以下两方面进行掌握。

1.“集体经济组织”的确认

农村集体经济组织是指以土地等生产资料劳动群众集体所有为基础建立的社区型合作经济组织，其表现形式主要为农村经济合作社。村民委员会是村民自我管理、自我教育、自我服务的基层群众性自治组织。村民委员会根据村民居住状况、集体土地所有权关系等分设若干村民小组。《中华人民共和国土地管理法》第十一条规定："农民集体所有的土地依法属于村农民集体所有的，由村集体经济组织或者村民委员会经营、管理；已经分别属于村内两个以上农村集体经济组织的农民集体所有的，由村内各该农村集体经济组织或者村民小组经营、管理……"《中华人民共和国民法典》第一百零一条第二款规定："未设立村集体经济组织的，村民委员会可以依法代行村集体经济组织的职能。"依此，就形式而言，过半数的村民在以集体经济组织名义起诉时，首先应确认这里的"集体经济组织"具体指向的是农村经济合作社还是村民委员会或村民小组。本案中，A村经联社于2019年9月12日成立，在其成立前，A村委会以自己名义申请办理的808号土地证对其具有约束力。在A村经联社成立后，许某等A村民主张涉案土地为全村财产，只能以A村经联社的名义提起诉讼，不能以村民小组行使诉权。

2. 过半数村民的审查

"过半数"是村民以集体经济组织名义起诉的实质要件。超过半数意味着以集体经济组织名义提起的诉讼为多数村民的意愿。因此，是否超过50%是审核此类案件原告主体资格的关键。另外，村民与村民小组是有区别的，村民小组的同意不代表着该小组内的村民皆同意，多数同意亦可成就村民小组的同意。故无法以村民小组的同意等同该村民小组内的所有成员均无异议。人民法院在对是否符合"过半数"条件进行审查时，除应核实集体经济组织成员总数外，尚应逐一查验提起诉讼的村民身份，看是否存在去世、外迁等丧失集体经济组织成员资格情况、人数有无重复计算以及提起诉讼是否能够真实体现村民的意思表示。

本案中，一审法院立案后，通过责令当事人补充提供有意联署起诉的具体村民身份材料、发布公告并以现场核实情况为依据，最终认定有1810名村民符合条件，对联署起诉村民的身份尽到了审慎的查明职责。在有效保障当事人诉权的同时，为诉讼程序的推进打下了坚实的基础。

编写人：福建省泉州市洛江区人民法院　林前枢

30

农村房屋建造者并不当然具有相应不动产登记诉讼的原告资格

——余某诉某市自然资源和规划局行政登记案

【案件基本信息】

1. 裁判书字号

浙江省宁波市中级人民法院（2021）浙02行终196号行政裁定书

2. 案由：行政登记纠纷

3. 当事人

原告（上诉人）：余某

被告（被上诉人）：某市自然资源和规划局（以下简称某市自规局）

第三人（被上诉人）：朱某

【基本案情】

朱某系某村村民，余某非该村村民。2000年9月，余某和朱某签订《房屋地基转让合同》一份，约定朱某将位于某村的两处地基以2万元的价格转让给余某。同年，朱某办理了私人建住宅和用地申请审批手续，被批准建造二层楼二间，占地面积83.6平方米，建筑面积167.2平方米。后房屋由余某实际出资建造并占有使用。2019年11月10日，朱某向某市自规局提出上述房屋的不动产登记申请。某市自规局经审查，于2019年12月8日核准上述宅基地使用权和房屋所有权登记，确认涉案不动产坐落于某村，用途为农村宅基地/住宅，权利人为朱某，并向朱某颁发了不动产权证。余某不服上述不动产登记行为，向法院提起行政诉讼，请求依法撤销不动产登记行为。

【案件焦点】

余某是否有原告主体资格。

【法院裁判要旨】

浙江省慈溪市人民法院经审理认为：余某以涉案房屋系其出资建造并占有使用，其与朱某就涉案房屋存在权属争议，被告不应登记为由，诉请撤销不动产登记。但根据法院查明的事实，涉案房屋项下宅基地使用权人为朱某。我国农村宅基地使用权是集体经济组织成员才享有的权利，与特定的身份关系相联系，房屋所有权一般要依附于宅基地使用权。因此，涉案房屋虽由余某出资建造，但余某并非某村村民，其不能当然地享有涉案房屋的所有权。余某并未取得涉案房屋的宅基地使用权，其提交的证据也不能证明其对涉案房屋享有所有权等合法权益，故余某与被诉行政行为没有利害关系，其起诉应依法裁定驳回。余某出资建造了涉案房屋，其可以通过民事诉讼途径主张其相关权益。

浙江省慈溪市人民法院依照《最高人民法院关于适用〈中华人民共和国行政诉讼法〉的解释》第六十九条之规定，裁定：

驳回原告余某的起诉。

余某不服，提起上诉。浙江省宁波市中级人民法院经审理认为：本案的争议焦点是余某与被诉登记行为有无利害关系。根据《中华人民共和国土地管理法》第六十二条第一款规定，农村村民一户只能拥有一处宅基地。也即，只有农村村民才享有在集体土地上取得宅基地使用权的主体资格。非农业户籍人员以及非本村村民，不享有在本村取得宅基地使用权的主体资格，也不可能成为宅基地上房屋的合法产权人。根据查明的事实，余某并非涉案房屋所在村村民，按照《中华人民共和国土地管理法》的相关规定其不能享有涉案宅基地及地上房屋的产权。且余某也未举证证明其与朱某签订的《房屋地基转让合同》经有权机关确认有效。故余某与涉案登记行为没有利害关系，余某的上诉理由不能成立。一审法院认定事实清楚，适用法律正确。

浙江省宁波市中级人民法院依照《中华人民共和国行政诉讼法》第八十九条第一款第一项的规定，裁定：

驳回上诉，维持原裁定。

【法官后语】

本案起诉人是否具备原告主体资格，是在案件进入实体审理前首先应解决的问题，也是本案的主要争议焦点所在。

1. 法院能否主动对原告资格问题进行审查

在行政诉讼中，起诉人必须具有原告资格，这是整个行政诉讼启动和发展的一个基础性和前提性的问题。《中华人民共和国行政诉讼法》第二十五条第一款规定："行政行为的相对人以及其他与行政行为有利害关系的公民、法人或者其他组织，有权提起诉讼。"该法第四十九条第一项规定，提起诉讼的必要条件之一是原告是符合该法第二十五条规定的公民、法人或者其他组织。《最高人民法院关于适用〈中华人民共和国行政诉讼法〉的解释》第六十九条第一款第一项规定，不符合行政诉讼法第四十九条规定，已经立案的，应当裁定驳回起诉。行政案件属于公法诉讼，涉及公共利益和社会管理秩序的稳定性，依法审查原告起诉是否符合主体资格、是否超过起诉期限等法定条件，是人民法院的法定裁判职责，并不受当事人是否抗辩的约束。

2. 农村房屋建造者是否当然对所建房屋享有所有权

只有农村村民才享有在集体土地上取得宅基地使用权的主体资格。非农业户籍人员以及非本村村民，不享有在农村取得宅基地使用权的主体资格。这也是本案中朱某出面办理宅基地审批手续的原因所在，余某依法不享有涉案土地使用权。

那么，余某能否基于其出资建造房屋的行为主张对房屋的所有权？余某主张，房屋由其建造，故房屋建成时其就自动拥有所有权。对此，虽然《中华人民共和国民法典》第二百三十一条规定，因合法建造、拆除房屋等事实行为设立或者消灭物权的，自事实行为成就时发生效力，但该法条适用的前提是房屋系合法建造。在他人权属的土地上建造房屋、自身未依法取得相关行政部门的审批手续而建造房屋，均不为"合法"。根据"非法利益不受法律保护"的原则，出资建造人不能当然地取得房屋所有权。《中华人民共和国民法典》第三百五十二条规定："建设用地使用权人建造的建筑物、构筑物及其附属设施的所有权属于建设用地使用权人，但是有相反证据证明的除外。”可见，合法建筑所有权的归属关键在于基地的权属而非出资人。基于“房地一致”原则，土地使用权及房屋所有权为完整权利，不可分离。宅基地上的房屋产权应以审批手续上的权利人员为准。

综上，余某作为没有宅基地使用权的农村房屋的建造者不具有本案行政诉讼原告资格。余某认为不动产权属有争议，其权益受损，应通过民事途径另行主张。

编写人：浙江省慈溪市人民法院　周红

31

债权人行政诉讼原告主体资格的认定

——某租赁服务部诉北京市某区市场监督管理局工商行政登记案

【案件基本信息】

1. 裁判书字号

北京市第二中级人民法院（2021）京 02 行终 136 号行政判决书

2. 案由：工商行政登记纠纷

3. 当事人

原告（被上诉人）：某租赁服务部

被告（被上诉人）：北京市某区市场监督管理局（以下简称某区市监局）

第三人（上诉人）：赵某

第三人：房地产公司

【基本案情】

2002 年 4 月 18 日，房地产公司向原北京市工商行政管理局某区分局（以下简称原某区工商局，现为某区市监局）申请变更公司登记，原某区工商局经审核后作出准予决定，将赵某登记为房地产公司的股东。2003 年 12 月 22 日，原某区工商局依房地产公司的申请，核准将该公司股东由“张某、赵某、邹某”变更为“张某、赵某”，并将赵某备案为公司监事。

2019 年 3 月 22 日，某区市监局成立，原某区工商局相关职责划归某区市监局。2019 年 4 月 18 日，赵某向某区市监局提交《申请书》，主张房地产公司提交的变更登记申请材料并非本人签字，其身份信息被冒用，请求撤销其在房地产公司的相关登记备案。因未收到某区市监局的答复，赵某诉至法院，法院经审理后作出生效判决，责令某区市监局于法定期限内对赵某的申请作出答复。在该案中，赵某在起诉状中写明自己因与房地产公司相关的民事案件已被列为被执行人。

2019 年 11 月 6 日，赵某向某区市监局再次提交《撤销冒名登记申请表》，要求撤销其在房地产公司股东、监事的登记备案。某区市监局受理后将房地产公司涉嫌冒名登记的情况通过北京市企业信用信息网进行了公示。在调查过程中，某区市监局对房地产公司进行了现场检查，发现已无法找到房地产公司经营场所及相关人员；通过登记档案中的联系方式亦无法与房地产公司取得联系。某区市监局向当地公安局等单位去函，征询上述相关部门意见，未收到上述部门出具的不同意撤销登记的书面意见。

2020 年 3 月 30 日，某区市监局作出《撤销登记（备案）决定书》（以下简称被诉决定书），决定撤销房地产公司 2002 年 5 月 17 日、2003 年 12 月 26 日取得的公司变更登记及监事备案，并通过公告方式予以送达。经法院询问，某区市监局称其在调查过程中未对第三人赵某涉案情况进行核查，未对房地产公司的其他人员进行询问，亦未就涉案材料上第三人赵某的笔迹真伪进行鉴定。某租赁服务部不服被诉决定书，诉至法院。

另查，2016 年 7 月 1 日，北京市朝阳区人民法院作出民事判决，判决赵某对另案生效判决中确定的房地产公司对某租赁服务部的债务向某租赁服务部承担连带清偿责任。该判决生效后，某租赁服务部向北京市朝阳区人民法院申请强制执行，赵某被列为被执行人，该案尚未执行完毕。

【案件焦点】

某租赁服务部作为债权人，是否具有要求撤销被告某区市监局作出的被诉决定书的原告主体资格。

【法院裁判要旨】

北京市大兴区人民法院经审理认为：第一，某租赁服务部具有提起本案之诉的主体资格。理由如下：某租赁服务部因股东怠于履行清算责任与赵某产生民事诉讼，且已有生效判决认定赵某作为房地产公司的股东，针对房地产公司对某租赁服务部所负债务应当承担连带清偿责任。赵某作为房地产公司的股东身份是否被撤销，对于某租赁服务部债权的实现将产生直接影响。并且，某区市监局在与赵某要求履行法定职责的行政诉讼中，已获知赵某作为房地产公司的股东被生效判决列为被执行人，故应当知道撤销冒名登记股权行为可能涉及利害关系人的合法权益。因此，某区市监局在作出撤销赵某股东登记的决定时，具有对某租赁服务部的合法权益进行考虑的必要性和可能性，符合行政机关应予考虑和保护的特殊情形，故某租赁服务部具有提起本案撤销之诉的主体资格。第二，某区市监局作出被诉决定书时未尽到合理审查的义务，且不符合正当程序的要求。本案中，某区市监局在明知赵某已被列为被执行人的情况下，未向某租赁服务部告知拟撤销赵某股东登记的决定，亦未听取其陈述申辩，仅通过在北京市企业信用信息网发布公示的方式征询相关利害关系人的意见，不符合相关法律法规的要求，未能尽到合理审查义务，亦违背了程序正当的原则。并且，某区市监局未对登记材料中的笔迹进行鉴定，在未查明签字是否确系虚假签名的情况下，仅依据赵某的申请即认定冒名登记成立，并据此作出被诉决定书，亦属认定事实不清，证据不足。综上，某区市监局作出的被诉决定书认定事实不清，证据不足，且不符合法定程序，应予撤销。

北京市大兴区人民法院依照《中华人民共和国行政诉讼法》第七十条第一项、第三项，《最高人民法院关于适用〈中华人民共和国行政诉讼法〉的解释》第七十九条第二款之规定，判决如下：

撤销被告某区市监局于 2020 年 3 月 30 日作出的被诉决定书。

二审法院同意一审法院裁判意见。

【法官后语】

某租赁服务部作为债权人是否具有原告主体资格，是本案的争议焦点，也是本案进入实体审理前必须先行明确的问题。

1. 债权人行政诉讼原告主体资格的认定依据

依据《中华人民共和国行政诉讼法》第二十五条之规定，利害关系是判断当事人有无提起行政诉讼原告主体资格的标准。同时，《最高人民法院关于适用〈中华人民共和国行政诉讼法〉的解释》第十三条规定，债权人以行政机关对债务人所作的行政行为损害债权实现为由提起行政诉讼的，人民法院应当告知其就民事争议提起民事诉讼，但行政机关作出行政行为时依法应予保护或者应予考虑的除外。该条是关于债权人原告主体资格的特别规定。

我国现行法律制度对债权人是否具备行政诉讼原告主体资格原则上持否定态度，债权原则上不属于行政机关规范保护的权益，普通债权人无法依据债权基础取得行政诉讼的原告资格。但是，前述司法解释以但书的形式规定了债权人行政诉讼原告资格的例外情形，在特定情形下，因法律法规的特别规定，或某一法律事实的发生，则可能要求行政机关在作出行政行为时对此予以考虑和保护。据此，对债权人原告资格的认定需要结合具体案情及相应法律法规的规定加以判断。

2. 本案原告主体资格的审查路径

2017年，最高人民法院在（2017）最高法行申169号行政裁定书[①]中援引了“保护规范理论”，对“利害关系”进行说理论证，增加了行政诉讼原告资格判断标准的可操作性，让原告资格判断更加客观化和精细化。本案亦可采纳“保护规范理论”所确立的三要件结构对原告主体资格进行分析。

---

① 载中国裁判文书网，https：//wenshu. court. gov. cn/website/wenshu/181107ANFZ0BXSK4/index. html？docId=RMsHL+R1VwsGmFoXtv54QRzKAv2qbfCiW/l03PW5yqICigZArLLq4pO3qNaLMqsJEjxqvsRAZ9JE3z3XhifmxiN05NRB6QgWvb77MR4zDn6SD15yRYWfB4NntatFvGT2，最后访问时间：2023年4月13日。

（1）公法规范要件。保护规范理论将法律规范保护的权益与请求权基础相结合，以行政机关作出行政行为时所适用的行政实体法律规范体系，是否要求行政机关考虑和保护原告诉请保护的权利或法律上的利益，作为判断是否存在公法上利害关系的重要标准。市场监管部门在作出冒名登记股东的撤销决定时，要审慎调查、听取利害关系人的意见。本案中，因生效民事判决已判决确认赵某为房地产公司的股东，针对房地产公司对某租赁服务部的债务承担连带清偿责任，且此案已进入执行阶段，某租赁服务部显然应当属于上述规范性文件中“利害关系人”的范畴，与某区市监局作出的被诉决定具有公法上的“利害关系”。

（2）法定权益要件。行政机关应当“考虑和保护”的权益必须是“依法”应当进行的，若法律法规、规章或规范性文件中规定行政机关在作出行政行为时应当保护或考虑债权人的合法权益，则债权人具有相应的原告主体资格。《国家市场监管总局关于撤销冒用他人身份信息取得公司登记的指导意见》① 第二条第二款规定，登记机关要通过查阅冒名登记行为涉及的档案材料，对公司住所或经营场所进行现场检查，询问公司相关人员、登记代理人或利害关系人等方式，对冒名登记基本事实进行调查，并根据需要征询公安、税务、金融、人力资源社会保障等相关部门意见。某区市监局在与赵某的另案诉讼中，已获知赵某作为房地产公司的股东被生效判决列为被执行人，故某区市监局在作出撤销赵某股东登记的决定时，具有对某租赁服务部的债权实现产生不利影响进行考虑的可能性，符合行政机关应予考虑和保护的特殊情形。

（3）个别保护要件。这一要件要求在确定原告主体资格的问题上，以救济原告权利为目的，不宜包括反射性利益受到影响的情形。本案中，某租赁服务部对赵某享有债权的事实基础在于赵某系房地产公司的股东，赵某的股东身份将直接影响其债权的实现，故某租赁服务部诉请撤销被诉决定书，系基于主张保护其主观公权利，而非反射性利益，应当认可其原告主体资格。

---

① 载市场监管总局网站，https：//gkml. samr. gov. cn/nsjg/xyjgs/201906/t20190628_302992. html，最后访问时间：2023年4月13日。

3. 本案的裁判价值

当前，司法实践中对债权人原告主体资格的审查判断仍面临较大的不确定性。本案通过审理表明，通常情况下，一般债权人不能以行政机关损害其债权为由提起行政诉讼；但特殊情形下，基于行政法律、法规或规范性文件的规定，行政机关对于行政行为可能会对债权实现造成的直接损害应予考虑时，债权人可以提起行政诉讼。司法实践中，判定债权人是否具备行政诉讼主体资格时，不仅要依据“利害关系”标准加以判断，亦要结合具体案情，以法律规范为依据，辅以“保护规范”理论作为论证分析的工具，避免对利害关系标准进行随意解释，最大程度确保适法的统一性。

编写人：北京市大兴区人民法院　范少方　贺维

六、行政确认

32

补开的医疗诊断证明可以作为认定工伤伤害部位的依据

——某卷烟厂诉北京市某区人力资源和社会保障局工伤行政确认案

【案件基本信息】

1. 裁判书字号

北京市通州区人民法院（2021）京 0112 行初 93 号行政判决书

2. 案由：工伤行政确认纠纷

3. 当事人

原告：某卷烟厂

被告：北京市某区人力资源和社会保障局（以下简称某区人社局）

第三人：陈某

【基本案情】

2018 年 3 月 27 日 11 时左右，陈某到张某办公室申请休年假，未获批准，在陈某离开时，张某将其推倒在地，致陈某受伤。2018 年 3 月 28 日，陈某至某理疗机构进行推拿按摩。2018 年 4 月 10 日，某医院出具了门诊病历和检查报告单。自 2018 年 4 月 23 日至 2018 年 12 月 24 日，陈某在多家医疗机构就腰椎间盘突出、腰腿疼等问题多次进行诊疗。后陈某向某卷烟厂提交了工伤申请，某卷烟厂决定不为陈某提出工伤认定申请。2018 年 12 月 7 日，陈某向某区人社局申请工伤认定。2018 年 12 月 12 日，某区人社局作出《补正材料通知书》。2019 年 1 月 23 日，陈某至某医院就诊，某医院出具了门诊病历和诊断证明书（补）。2019 年 3 月 12 日，某区人社局作出《不予认定工伤决定书》。陈某不服，提起行政诉讼。法院经审查，撤销了某区人社局作出的《不予认定工伤决定书》。

2020 年 12 月 25 日，某区人社局作出《认定工伤决定书》，认为陈某受到的事故伤害符合《工伤保险条例》第十四条第一项之规定，认定为工伤。某卷烟厂不服，提起本案行政诉讼。

【案件焦点】

《认定工伤决定书》将陈某《医疗诊断证明书》中载明“腰部外伤、韧带损伤、腰外伤致腰椎间盘突出”列入工伤认定范围并予以认定工伤，是否具备事实及法律依据。

【法院裁判要旨】

北京市通州区人民法院经审理认为：第一，该认定符合现行法律规定。根据《工伤保险条例》等法律法规的规定，医疗诊断证明是证明病人就诊过程及诊休意见的文字凭据，是认定工伤伤害部位的重要依据。本案中，虽然陈某提交的诊断证明系补开性质，其出具时间与工伤事故发生时间具有一定的时间间隔，但该诊断证明是由 2018 年 4 月 10 日陈某至某医院就诊的同一医生出具，其载明的诊断结果与涉案工伤事故具有关联性。且从现有证据看，事故发生后，陈某一直在多家医疗机构治疗腰椎间盘突出、腰腿疼等，具有连续性，符合腰椎间盘突出症的发展、显现规律。结合某医院是北京市三级综合性医院、属于工伤医疗机构的事实，某区人社局根据某医院出具的补开诊断证明作出受伤部位认定，符合法律规定。第二，该认定符合陈某的实际病情。首先，关于受伤部位“腰部外伤、韧带损伤”的认定，从陈某的就诊记录看来，2018 年 4 月 10 日首次出现“腰部外伤、韧带损伤”字样，在涉案事故发生之前，陈某并未出现过上述两个病症，亦未进行过诊疗，故“腰部外伤、韧带损伤”与本次事故之间具有关联性。其次，关于受伤部位"腰外伤致腰椎间盘突出"的认定，根据陈某的诊疗记录及陈某在某医院的就诊材料，陈某2018年3月27日之前曾有腰疼情况，进行过治疗，并于2018年1月7日做了腰椎检查。但腰椎间盘突出的发病机制较为复杂，包括退行性病变、外伤等都可能成为诱发因素。虽然陈某之前有腰疼情况，但涉案事故发生后，陈某除了腰部疼痛不适以外，开始出现双下肢放射疼、坐骨神经痛等新症状，且陈某两次腰椎检查报告单显示的患病部位、病症程度并不完全相同，故陈某以往是否患有腰痛、腰椎间盘突出不足以否定陈某此次所受伤害与事后诊断结果之间的因果关系。

北京市通州区人民法院依据《中华人民共和国行政诉讼法》第六十九条之规定，判决如下：

驳回原告某卷烟厂的诉讼请求。

宣判后，原、被告均未提起上诉，判决已发生法律效力。

【法官后语】

工伤主要包含两类：事故工伤和疾病工伤。对于事故工伤，职工所受伤害的部位、伤害程度、伤害与事故之间是否存在相当性因果关系，直接决定了该职工能否获得工伤认定。[①] 在本案中，陈某受到的伤害即属于事故伤害。结合该案争议焦点，可以从下面两方面论述：如何认定陈某的伤害部位、伤害部位与涉案事故有无相当性因果关系。在认定伤害部位时需考量是否存在诊断证明、其他医学文件或者调查取得的证据等。对于相当性因果关系的审查应结合举证分配和阻断事由综合分析。

1. 伤害部位的认定标准

在事故型工伤认定中，伤害部位的确定需结合诊断证明、其他医学文件或者调查取得的证据等。对医疗诊断证明进行审查时，应充分考虑两方面因素，即开具机构及开具时间。

---

① 郝玉玲：《医疗机构诊断证明的采信》，载《中国医疗保险》2021年第11期。

（1）开具机构

首先，三级以上资质的工伤医疗机构出具的诊断证明可以作为认定伤害部位的依据。其次，未达到三级资质的工伤医疗机构出具的诊断证明不能直接作为认定伤害部位的依据，但可以辅证证明伤害部位的存在。最后，非工伤医疗机构出具的诊断证明不能作为认定伤害部位的依据。非工伤医疗机构在认定工伤并不必然具有专业性，且非工伤医疗机构的认定被社会公众接受的程度较低，易引发医疗纠纷。

（2）开具时间

首先，若事故发生后职工立即至三级以上资质的工伤医疗机构进行诊疗，在诊疗期间内开具的诊断证明书可作为认定伤害部位的主要依据。其次，若事故发生后职工未立即诊疗，而是在事故发生后过了一段时间职工才至三级以上资质的工伤医疗机构进行诊疗，则需考量以下情况：其一，应审查职工受到的伤害是否存在隐藏期限、是否属于受到事故伤害后不会立刻显现的情形。其二，诊断证明书是否能反映该伤害部位与事故之间存在因果联系。若符合上述两种情况，则该诊断可以作为认定伤害部位的主要依据。再次，若事故发生后职工先行至一般诊疗机构诊疗，未见好转后才至三级以上资质的工伤医疗机构诊疗，则需考量以下因素：其一，一般诊疗机构是否具有诊疗伤害部位的基本条件和能力；其二，患者的诊疗是否具有连续性，是否符合疾病发展规律；其三，诊断证明能否反映伤害部位与事故之间的因果联系。若符合上述三个条件，则该诊断证明可以作为认定伤害部位的主要依据。最后，若诊断证明是在诊疗活动结束后，至三级以上资质的工伤医疗机构补开的证明，应注意审查内容：其一，职工在受到事故伤害后，是否至该三级以上资质的工伤医疗机构进行过诊疗；其二，该诊断证明中记载的内容与其以往病历中的内容是否具有关联性；其三，补开的诊断证明是否为前期诊疗时的主诊医师开具。若符合上述情形，则该诊断证明可以作为认定伤害部位的主要依据。

在本案中，陈某提交了补开的诊断证明书，该诊断证明系具有三级以上资质的工伤医疗机构开具，且为陈某的主治医师根据其之前的诊疗活动开具，明确记载了伤害部位，亦可证实伤害部位与涉案事故之间的初步因果关系，故可以作为认定伤害部位的主要依据。

2. 因果关系的认定因素

在司法实践中，若事故达到具有引发职工损害的可能[①]则可认定为工伤，即事故和损害之间需具有相当因果关系。对此，应从举证分配和阻断事由两方面综合分析。

(1) 因果关系的举证分配

职工应当就其所受伤害与事故之间存在相当性因果关系承担基础性举证责任。[②] 首先，在证明目的上，职工应当就涉案事故与伤害部位之间存在因果关系进行举证。其次，在证明力度上，职工只要能证明涉案事故与伤害部位之间存在相当因果关系即可。

用人单位应当就职工所受伤害与事故之间不存在因果关系承担举证责任。首先，在证明目的上，用人单位就涉案事故与伤害部位之间不存在因果关系进行举证。其次，在证明力度上，用人单位的证据应当达到证明涉案事故与伤害部位之间绝对、必然地不存在因果关系的程度，故用人单位证据的证明力度要强于职工证据的证明力度。

(2) 因果关系的阻断事由

若伤害部位与涉案事故之间存在相当因果关系，在最终认定工伤时仍需审查：是否存在可以切断伤害部位与涉案事故之间因果关系的阻断事由。本案中，该阻却事由为陈旧伤害的存在。对此，若职工在同一部位上存在陈旧性伤害，则在工伤认定过程中需要对陈旧性伤害和事故伤害进行区分。

首先，在外部表现上，工伤事故伤害的症状要区别于陈旧性伤害的症状，主要从以下方面衡量：其一，患病部位，需要判断事故伤害与陈旧性伤害的患病部位是否完全相同，若存在新增部位，则事故伤害造成的影响具有独立性，能够

---

① 杨立新：《工伤认定的责任认定和法律适用（上）》，载《法律适用》2003年第10期。

② 蒋蓓、蔡鹏：《符合工伤认定情形的举证责任分配》，载《人民司法（案例）》2016年第8期。

阻断其与之前所受伤害之间的因果关系。其二，病症程度，与以往陈旧性伤害相比，若受到事故伤害后同一部位的病症程度明显严重，不符合疾病的一般发展规律及特征，则事故伤害可以区别于陈旧性伤害。该问题的判定需要依据专业的医学知识，法院可以通过向主诊医生进行询问等方式来进行判定。其次，在诊断结果上，对工伤事故造成的伤害部位的诊断能区别于陈旧性伤害，在医生出具的诊断证明书或者其他医疗文件上能判断出工伤事故伤害对伤害部位及诊断结果产生的不利后果。综合满足上述两种情形时，才能排除陈旧性伤害对因果关系的阻断。

在本案中，陈某提交的诊断证明书和门诊病历均可证明事故与伤害部位之间存在相当因果关系。虽然陈某在事故发生前已存在腰痛等症状，但涉案事故发生后，陈某出现了新的患病部位和病症，故该陈旧性伤害不能阻却涉案事故与伤害部位之间的因果关系。某区人社局基于此认定陈某为工伤，并无不当。

编写人：北京市通州区人民法院 张璐 甄硕

33

出国务工的中国公民，在未取得外国国籍且户口仍保留在农村集体经济组织所在地的，其作为农村集体经济组织成员的资格及有关权益，应依法予以保障

——广州市某区某镇某村第三经济合作社诉广州市某区某镇人民政府、广州市某区人民政府农村集体经济组织成员资格及待遇行政确认及行政复议案

【案件基本信息】

1. 裁判书字号

广东省广州铁路运输中级法院（2021）粤 71 行终 1657 号行政判决书

2. 案由：农村集体经济组织成员资格及待遇行政确认及行政复议纠纷

3. 当事人

原告（上诉人）：广州市某区某镇某村第三经济合作社（以下简称某村第三经济社）

被告（被上诉人）：广州市某区某镇人民政府（以下简称某镇政府）、广州市某区人民政府（以下简称某区政府）

第三人：沈某、曹某

【基本案情】

2017年5月1日，原告某村第三经济社召开户主代表会议，表决通过“凡出国1年以上的人员，取消分红资格；出国回来人员，要在生产社住满3年后第4年方有分红资格”的决定。

第三人沈某、曹某为夫妻，已出国务工，国籍为中华人民共和国，户口一直登记在原告所在地。

2019年10月8日，第三人沈某向被告某镇政府提交关于确认两人具有原告集体经济组织成员资格和要求补发2019年1月起的征地补偿款、股份分红等福利待遇的行政处理申请。被告某镇政府经调查后作出被诉行政处理决定书，以第三人户口一直在原告所在地且无证据证明其未履行有关义务为由，决定确认第三人具有原告集体经济组织成员资格及享受同等福利待遇；以股东分红应以股东身份的确认为前提，对于第三人要求的分红款项无证据证实第三人之前提出过相应申请，且分红已发放完毕，原告不同意补足为由决定驳回第三人补发分红的申请；根据《中华人民共和国土地管理法》第四十七条、《中华人民共和国土地管理法实施条例》第二十六条的规定，对第三人补发2019年发放的征地补偿款的申请予以支持。原告不服，向某区政府申请行政复议。某区政府经审查作出被诉行政复议决定书，决定维持某镇政府作出的行政处理决定书，遂成讼。

【案件焦点】

1. 出国务工且定居国外的中国公民，其主张集体经济组织成员资格及有关权益能否获得支持；2. 原告某村第三经济社2017年5月1日户主代表会议决议是否符合法律规定；3. 第三人曹某提出行政处理申请，是否属于其真实意思表示。

【法院裁判要旨】

广东省广州铁路运输法院经审理认为：根据《中华人民共和国民法典》第一百七十二条的规定，鉴于沈某系曹某的妻子，其代表两人向两被告提出关于两人的分红待遇的行政处理及复议申请，两被告有充足理由相信沈某有代理权，且在行政复议过程和本次诉讼过程中，曹某对此也未提出异议，故曹某提出行政处理申请系其真实意思表示。

两第三人自出生后户口一直在原告所在地，原告未提供证据证明两第三人未履行法律法规和组织章程规定义务，且在被告某镇政府调查过程中，原告亦认可两第三人的集体经济组织成员资格，因此某镇政府确认两第三人具有原告集体经济组织成员资格，并无不当。

村民代表会议的决定不得与法律法规和国家政策相抵触，不得有侵犯村民的人身权利、民主权利和合法财产权利的内容。原告2017年户主代表会议决议违反了农村集体经济组织成员享有同等福利待遇的规定，故原告2017年户主代表会议决议不能作为拒绝向第三人发放福利待遇的理由。

根据《中华人民共和国土地管理法》《中华人民共和国土地管理法实施条例》的相关规定，集体土地征收补偿款，系对农村集体经济组织成员生产资料、不可再生资源的土地的补偿款，与集体经济组织福利、股份分红款的性质并不等同，属于一次性发放完毕的补偿款。原告的每一位成员均有权获得相应集体土地补偿，款项是否发放完毕不影响该款项应向已确认成员资格的原告补发，故某镇政府决定责令原告向第三人补发2019年征地补偿款，并无不当。

股份分红应以股东身份的确认为前提，对于2019年的股份分红无证据证实第三人之前提出过相应申请，且分红已发放完毕，原告不同意补发，故某镇政府决定驳回第三人要求补发2019年股份分红的请求，并无不当。鉴于某镇政府作出的被诉行政处理决定认定事实清楚，适用法律正确，程序合法，故某区政府作出被诉行政复议决定合法。

广东省广州铁路运输法院依照《中华人民共和国行政诉讼法》第六十九条和第七十九条之规定，判决：

驳回原告的诉讼请求。

二审法院同意一审法院裁判意见。

【法官后语】

1. 农村集体经济组织成员资格具有与农村土地相依附属性

根据《最高人民法院关于为抓好“三农”领域重点工作确保如期实现全面小康提供司法服务和保障的意见》① 第十五条的规定，农村集体经济组织成员资格的认定要综合考虑当事人生产生活状况、户口登记状况以及农村土地对农民的基本生活保障功能等因素认定相关权利主体。可见，对农村集体经济组织成员资格的认定应从以下两方面进行审查：户口登记情况和当事人的生产生活与农村集体土地的依附程度。首先，户口一直保留在农村集体经济组织所在地，表明该人员自实行农村土地承包责任制以来，对农村集体的发展做出过贡献，或者该人员属于农村集体经济组织成员的子女，具有维系农村可持续发展的需要。其次，农民的生产生活当然依附于集体土地，但在完善农村土地“三权分置”制度②的进程下，由于集体土地大多由村集体集约化经营，过分强调农民未履行土地承包等农户义务，不具有时代性，且是否履行成员义务，应由村集体举证证明存在何种义务及未履行义务的情形。

---

① 载最高人民法院公报网站，http：//gongbao. court. gov. cn/Details/da14b82c14d6f63f2f1605cb52cd5a. html，最后访问时间：2023年4月13日。

② 郑忠良：《稳步推进和完善农村土地“三权分置”制度》，载中国政府网，http：//www. gov. cn/zhengce/2018-11/13/content_5339770. htm，最后访问时间：2023年4月23日。

2. 出国务工的中国公民，在未取得外国国籍的情况下，其农村集体经济组织成员的相关权益应依法保障

首先，对于出国务工的华侨，应根据《广东省华侨权益保护条例》第十八条第一款的规定，华侨出国定居可以保留持有的农村集体经济组织股份，享有相应权利并依法履行相应义务。其次，具有农村集体经济组织成员资格的人员，依法应当享有集体经济组织分配收益。村民会议或村民代表会议所通过的收益分配方案，应当符合法律法规的规定。以本案为例，原告对第三人的成员资格予以认可，但是对已具有法定成员资格的人员通过表决拒绝向第三人发放权益，不符合法律规定，不应予以支持。

3. 对行政处理过程中的授权委托，无明显且充分的证据证明非本人意思表示，且在行政复议、行政诉讼的过程中未提出异议，应视为本人真实意思表示

以本案为例，原告在行政处理、行政复议过程均未对第三人的委托法律关系是否成立提出异议，在诉讼过程中以此作为抗辩理由，缺乏事实和法律依据。

编写人：广东省广州铁路运输法院　谭碧仪　刘晨熙

34

社保部门在工伤认定过程中应尽到全面调查核实义务

——李某诉北京市某区人力资源和社会保障局工伤保险资格行政确认案

【案件基本信息】

1. 裁判书字号

北京市第一中级人民法院（2021）京01行终351号行政判决书

2. 案由：工伤保险资格行政确认纠纷

3. 当事人

原告（被上诉人）：李某

被告（被上诉人）：北京市某区人力资源和社会保障局（以下简称某区人社局）

第三人（上诉人）：保安公司

【基本案情】

李某系保安公司职工，双方自2016年11月29日起建立劳动关系。李某的主要职责之一是给同事送中餐、晚餐，空闲时间在A大厦担任保安。李某送餐路线为由A大厦出发到B大厦取餐，后依次到A大厦、C大厦、D科技园送餐。

2018年12月11日19时40分，李某驾驶电动三轮车，行驶至某路口时发生交通事故受伤。2020年2月14日，李某向某区人社局提交工伤认定申请等材料，其中"放弃说明"中李某自愿放弃诊断证明书中部分疾病的工伤认定申请。交警支队作出的《道路交通事故认定书》认定本次事故中李某负主要责任。

经补正、中止、询问等法定程序，同年5月21日，某区人社局作出不予认定工伤决定书。经调查核实：保安公司职工李某，主要工作是A大厦保安及给同事送中餐和晚餐。而李某发生交通事故的地点并非李某从取餐地点B大厦到送餐地点A大厦的必经之路。李某受到的伤害不符合《工伤保险条例》第十四条规定的情形，不予认定工伤。李某不服，遂成讼。

【案件焦点】

1. 李某发生交通事故伤害时是否属于在工作时间前后；2. 李某发生交通事故的场所是否为工作场所；3. 李某事发时是否属于从事与工作有关的收尾性工作。

【法院裁判要旨】

北京市海淀区人民法院经审理认为：根据某区人社局对保安公司另一名员工的调查，该员工称，2018年12月11日19时30分左右，在接班前吃到了当天的晚饭，而李某发生交通事故的时间为当日 19 时 40 分，距离上述时间只有十分钟左右的间隔，符合在“工作时间前后”这一时间要求。

“工作场所”一般是指工作所涉及的区域及其自然延伸的合理区域。交通事故认定书载明，当时李某驾驶电动三轮摩托车由西向东行使，根据送餐线路图，事故发生地应当属于李某来往于多个与其工作职责相关的工作场所之间的合理区域。

现有证据无法证明事发当日李某的行驶路线终点为工作地点 A 大厦或是其宿舍，鉴此无法证明李某是因履行收尾性工作即将电动三轮车送还至 A 大厦发生交通事故，还是在回宿舍的过程中发生交通事故。因此，某区人社局作出被诉不予认定工伤决定，系认定事实不清，证据不足，应当予以撤销。

北京市海淀区人民法院依照《中华人民共和国行政诉讼法》第七十条第一项的规定，判决：

一、撤销被诉不予认定工伤决定；

二、责令某区人社局于一审判决生效后的法定期限内对李某于 2020 年 2 月 14 日提出的工伤认定申请重新作出处理。

保安公司不服，提起上诉。北京市第一中级人民法院经审理认为：某区人社局应当对李某事发当日所骑电动三轮车是否属于其劳动工具、其是否需要对电动三轮车充电或进行其他养护工作、充电或养护工作是否属于从事与工作有关的延续性或辅助性工作等情况进行进一步的核查。一审判决认定事实清楚，适用法律正确，程序合法。

北京市第一中级人民法院依照《中华人民共和国行政诉讼法》第八十九条第一款第一项之规定，判决：

驳回上诉，维持一审判决。

【法官后语】

《工伤保险条例》对工伤认定中的几个关键因素如工作时间、工作场所、工作原因等只是作了概念化表述，何为预备性或收尾性工作亦没有具体规定，导致司法实践中认定存在较大争议。社保部门在工伤认定过程中，对职工所受伤害是否属于工作时间前后、工作场所内，从事的工作是否属于收尾性工作，应予全面调查核实并作出认定。

1. 关于工作时间、工作场所的认定

对工作时间、工作场所的认定，应根据《工伤保险条例》的规定，并结合《工伤保险条例》的立法宗旨，针对个案具体情况，从职工从事具体行为的性质、行为外在表现、职工主观目的及行为是否超出了普通民众所理解的限度范围等方面来作出一定的价值判断。

工作时间应按照法律、法规的规定或者单位要求职工工作的时间进行把握，一般为正常上班时间。职工因工作需要而加班加点的时间、因工作需要的必要工间休息时间，也应视为工作时间。工作场所系与职工工作职责相关的场所。在有多个工作场所的情形下，包括职工来往于多个工作场所之间的合理区域。

2. 关于收尾性工作的认定

收尾性工作，一般指正常工作结束之后的合理时间内，职工从事的与工作有关的结束性事务，包括但不限于搬运、清扫、清洗、准备、整理、维修、堆放或收拾其工具和工作服等辅助性或延续性工作。

实践中，与工作有关的预备性或者收尾性工作是指虽然并非职工工作本身，但根据法律法规、单位规章制度或者约定俗成的做法，职工为完成工作所作的准备或后续事务。因预备性或者收尾性工作的工作场所，也往往不局限于正常的工作场所，这就导致在进行工伤认定时，容易造成对预备性或收尾性工作认定事实和判断标准不一。因此，要结合是否处于工作时间前后、工作场所内来综合判断。

3. 社保部门在行政程序中应尽到调查核实职责

《工伤保险条例》贯穿了对于劳动者权益保护的基本原则和价值理念。这就要求社保部门在工伤认定程序中，针对工伤认定申请，尽到全面细致调查和核实的职责，审慎作出工伤认定决定，切实保护受伤害的劳动者的合法权益。

就本案而言，李某与保安公司对行车路线及终点各执一词，某区人社局亦未对李某事发当日所骑电动三轮车是否属于其劳动工具、其是否需要对电动三轮车充电或进行其他养护工作、充电或养护工作是否属于从事与工作有关的延续性或辅助性工作等情况进行进一步的核查，未就其所受伤害是否符合《工伤保险条例》第十四条第二项规定“从事与工作有关的预备性工作”的相关事实进行调查，没有尽到全面审查的义务，而这些问题正是决定李某能否认定为工伤的关键问题。最终因认定事实不清、证据不足导致不予认定工伤决定被撤销。因此，在工伤认定程序中要始终坚持全面审查的原则，从保护劳动者合法权益的角度出发，在作出不予认定工伤决定时，要确定已经排除所有法定应当认定工伤或者视同工伤之情形。

编写人：北京市第一中级人民法院　徐钟佳　李晓林

七、行政允诺

35

行政允诺是否符合法律法规规定的认定

——某县某镇某村民小组诉某县人民政府行政允诺案

【案件基本信息】

1. 裁判书字号

广西壮族自治区高级人民法院（2021）桂行终363号行政判决书

2. 案由：行政允诺纠纷

3. 当事人

原告（上诉人）：某县某镇某村民小组（以下简称某村民小组）

被告（被上诉人）：某县人民政府（以下简称某县政府）

【基本案情】

因某县城镇建设用地需要，某县政府对某村民小组的654.8811亩集体土地进行征收，用作项目建设用地。2014年8月13日，某县政府作出《某村征地承诺书》，承诺内容如下："一、关于征地后失地农民低保的问题：为了保障某村民小组失地农民合法权益，根据国家有关政策，县政府决定给予某村民小组失地农户办理低保，在国家政策许可范围内长期给失地农民享受低保待遇，按照规定的程序和标准逐级审批，足额发放低保金，不以任何借口克扣或挪作他用；失地农户在得到低保前，任何单位和个人在政府所征收的土地范围内暂缓动工；以后每年某村民小组在册人口有变动，由监护人或迁入人提出申请，县政府按政策给予调整审批，同等享受失地农民低保待遇。二、关于预留安置宅基地的问题：（一）某县人民政府决定将某地块作为某村民小组预留安置宅基地（具体位置详见某村宅基地安排平面图），所预留宅基地建设用地由政府统一征收，以成本价划拨给某村集体土地共 52.3 亩，其中划出 180 间，每间面积为 75 平方米（5 米×15 米）；剩余部分土地作为某村民小组预留‘三产用地’，办理预留‘三产用地’的相关证件由某村民小组按规定交纳有关费用。（二）预留的宅基地建设实行统一规划，即统一设计、统一立面、统一层高。预留宅基地内的‘三通一平’基础设施（包括通水泥路、通水、通电）由县政府负责修建，并于 2016 年 12 月 30 日前完成建设。（三）预留宅基地分配方案经公示无异议后，由县人民政府下文确认，县国土局、住建局为各农户办理有关证书，所需费用由各农户按相关法规交纳。今后政府因建设需要征收集体土地，不再安排这些农户的宅基地。三、关于某湖泊的问题……四、关于为某村民小组办实事的相关问题：（一）修建两条机耕路……（二）篮球场四周硬化及挡土墙建设……以上各项承诺必须在某村同意征地并办理完征地全部手续后才逐条给予兑现。”

2014 年 8 月 21 日，某县国土资源局作为征地单位与作为被征地单位的某村民小组签订《征收土地协议书》，明确征收某村民小组 655.6011 亩集体土地的土地补偿费、青苗补偿费和安置补助费共计 28108897.16 元由某县国土资源局一次性向某村民小组付清，该地所有权归国有，使用权属某县国土资源局，某村民小组不得在该征地范围内继续耕种或阻挠某县国土资源局施工。

某村民小组于 2020 年 7 月 9 日提起本案诉讼，请求确认某县政府未按照《某村征地承诺书》履行义务的行为违法，判令某县政府继续履行《某村征地承诺书》中承诺的全部事项，判令某县政府赔偿其经济损失 50 万元。

【案件焦点】

1. 履行某县政府作出的《某村征地承诺书》的条件是否成就；2. 某县政

府作出的《某村征地承诺书》内容是否违法；3. 某县政府是否应当全面履行《某村征地承诺书》的全部内容。

【法院裁判要旨】

广西壮族自治区崇左市中级人民法院经审理认为：《某村征地承诺书》的兑现条件为“在某村同意征地并办理完征地全部手续后”，本案中，某县政府已完成某村民小组655.6011亩集体土地的全部征收工作，案涉《征收土地协议书》亦已全部履行完毕，即某县政府作出的《某村征地承诺书》的履行条件已成就。首先，根据《广西壮族自治区最低生活保障办法》第十二条“最低生活保障对象为共同生活的家庭成员人均收入低于当地最低生活保障标准，且符合当地最低生活保障家庭财产状况规定的本自治区户籍家庭”的规定可知，纳入农村最低生活保障对象的应为年人均纯收入低于户籍所在地农村居民最低生活保障的家庭。本案中，某县政府作出的《某村征地承诺书》中“关于征地后失地农民低保的问题”的承诺明显与上述地方政策规定不相符。其次，根据《中华人民共和国土地管理法》第六十二条第一款“农村村民一户只能拥有一处宅基地，其宅基地的面积不得超过省、自治区、直辖市规定的标准”的规定，某县政府在某村民小组成员每户均拥有宅基地并建有住房的情况下作出“关于预留安置宅基地的问题”中关于预留宅基地和办理宅基地有关证书等的承诺也违反相关法律规定，属于承诺内容违法，但“关于预留安置宅基地的问题”中关于预留“三产用地”等承诺符合法律法规及政策的规定。

广西壮族自治区崇左市中级人民法院依照《中华人民共和国行政诉讼法》第六十九条、第七十四条第二款第三项的规定，判决如下：

一、确认被告某县政府于2014年8月13日作出的《某村征地承诺书》中“关于征地后失地农民低保的问题”和“关于预留安置宅基地的问题”中除预留“三产用地”承诺外的承诺内容违法；

二、责令被告某县政府继续履行其于2014年8月13日作出的《某村征地承诺书》中“关于预留安置宅基地的问题”的预留“三产用地”“关于某湖泊的问题”和“关于为某村民小组办实事的相关问题”的承诺内容；

三、驳回原告某村民小组的其他诉讼请求。

二审法院同意一审法院裁判观点。

【法官后语】

当前，许多地方政府为更好地发展本地经济，与社会公众签订一系列含有奖励条款的承诺书，关于该种行为的定性，有三种性质之争：行政奖励、行政合同以及行政机关的单方允诺（行政允诺）。笔者认为，行政允诺最能体现该类行为的真实属性。

行政允诺是指行政主体为了实现行政管理目的，依其行政职权和相应的法律法规、政策所作出的待条件成就时履行相关义务的信守性承诺。行政允诺是单方行政行为，允诺对象不局限于不特定主体，只要符合行政允诺的实质性要件，特定主体亦可以成立行政允诺行为。行政机关作出允诺，是否具备履行承诺的能力、是否符合国家法律，涉及客观判断，而非双方的合意。行政允诺的撤销需要行政机关经过严格的程序，并非以受诺人的意志为转移。

行政允诺司法审查即受诺人认为行政机关未履行承诺，使自己的合法权益受到侵害，从而诉诸法院，法院根据一定的审查标准、规则对被诉行政允诺作出是否合法、允诺的条件是否成就、行政主体是否全面履行了允诺义务等进行严格审查，并作出最终的裁决。行政机关在作出行政允诺时由于缺乏一些相关法律知识的储备、对上位法理解存在偏差等，可能对行政相对人作出不合法的允诺。

行政允诺法律依据的审查是行政允诺案件审理中重要的问题，行政允诺是行政主体在行政执法过程中为管理方便而采取的一种行政措施，具有自由裁量的属性。人民法院在审查行政允诺案件过程中，首先，必须对行政主体作出允诺行为的职权依据进行审查，对于超出职权范围作出的允诺，应当否定其效力，相对人也不能获得相应的权利；其次，要审查行政允诺的内容是否与既有的法律法规相冲突，行政机关作出允诺不能违反现有法律法规的强制性规定；最后，要审查行政允诺作出的目的，看是否存在滥用职权、损害国家利益和社会公共利益的情况，如存在上述情形，则不能认定行政允诺行为的正当性和合法性。

诚然，诚实守信原则是履行行政允诺义务的客观基础，行政允诺一旦做出，行政主体便负有法定履行义务，行政主体只有不折不扣地践行自己的承诺，才能使相对人对行政主体产生信任，相对人才会积极配合行政主体的管理。但是，行政允诺必须建立在依法行政的前提下，即行政主体作出的行政允诺应在其裁量权范围内且不得违反法律的强制性规定、不得损害国家利益和社会公共利益。

编写人：广西壮族自治区崇左市中级人民法院　韦嫣

八、政府信息公开

36

公开公民申请政府信息公开的情况不侵犯其隐私权等权利

——韩某诉北京市某区某镇人民政府、北京市某区人民政府政府信息公开及行政复议案

【案件基本信息】

1. 裁判书字号

北京市第一中级人民法院（2021）京01行终44号行政判决书

2. 案由：政府信息公开及行政复议纠纷

3. 当事人

原告（上诉人）：韩某

被告（被上诉人）：北京市某区某镇人民政府（以下简称某镇政府）、北京市某区人民政府（以下简称某区政府）

【基本案情】

2019年10月，韩某向某镇政府申请政府信息公开，要求获取2008—2012年某镇政府关于新农村建设的政策拨款或补贴内容。2019年11月，韩某再次向某镇政府申请政府信息公开，要求获取2008—2012年、2019年某村委会成员审计内容及审计目标、项目、明细。某镇政府于2020年1月20日在北京市

某区人民政府门户网站公开了《某镇人民政府2019年政府信息公开工作年度报告》（以下简称《年度报告》），其中有如下表述："我镇2019年全年共计收到依申请公开2件，申请时间分别为2019年10月18日、11月22日，信息申请人均为韩某，所申请事项为2008—2012年某镇政府关于新农村建设的政策拨款或补贴内容、某村村委会成员审计内容及目标、项目、明细等；我镇积极联系区信息公开办，按照相关文件要求，在规定的时间内给当事人邮寄送出了登记回执、答复告知书及书面答复材料。"

韩某认为，《年度报告》中特别强调政府信息公开申请人的姓名侵害了其合法权益，于2020年2月14日向某区政府申请行政复议，复议请求为要求某镇政府变更《年度报告》中侵犯其合法权益的内容并更新至各发布渠道，责令某镇政府发布道歉公告。某区政府于2020年4月2日作出《行政复议决定书》（以下简称被诉复议决定），认定某镇政府于2020年1月20日公开的《年度报告》认定事实清楚、适用法律正确、程序合法，作出了维持的复议决定，并于4月4日分别送达给韩某和某镇政府。韩某仍不服，遂提起本案诉讼。

【案件焦点】

政府信息公开年度报告是否侵犯韩某的隐私权、姓名权或者其他权利。

【法院裁判要旨】

北京市延庆区人民法院经审理认为：某镇政府具有组织编制政府信息公开工作年度报告的法定职责，某区政府具有对韩某的复议申请予以受理、审查并作出复议决定的法定职责。另外，韩某确系于2020年4月17日将起诉状首次向法院邮寄，未超过法定起诉期限。

根据《中华人民共和国政府信息公开条例》第五十条规定，某镇政府正常履行相关政府信息公开职责，在某区政府门户网站上公示《年度报告》，该《年度报告》仅是某镇政府对上一年政府信息工作的汇总总结，其内容亦是对实际情况的客观描述，不存在侵犯原告韩某个人隐私以及其他合法权益的情况。某区政府受理韩某的行政复议申请后，在法定期限内履行了受理、通知被申请人答复、作出被诉复议决定及送达等程序，符合法律规定。

北京市延庆区人民法院依照《中华人民共和国行政诉讼法》第六十九条、第七十九条之规定，判决：

驳回韩某的诉讼请求。

韩某不服，提起上诉。北京市第一中级人民法院经审理同意一审法院的认定，并进一步认为：《年度报告》是某镇政府依据《中华人民共和国政府信息公开条例》制作的政府信息。韩某主张某镇政府公开该信息侵犯了其合法权益。在上诉期间，韩某未明确《年度报告》具体侵害其何种权利。而《中华人民共和国政府信息公开条例》中与上诉人的主张具有关联性的规定为第十五条和第四十一条。

首先，韩某要求某镇政府变更《年度报告》中的内容，但其并未按照《中华人民共和国政府信息公开条例》第四十一条的规定向某镇政府提出变更申请。且韩某并未表示某镇政府所制作的《年度报告》的内容不准确，在案证据亦可以证明涉案《年度报告》记载的内容与客观事实一致。故不适用《中华人民共和国政府信息公开条例》第四十一条的规定。其次，根据《中华人民共和国民法典》第一千零三十二条规定，韩某提出政府信息公开申请，属于公民行使知情权的范畴。而该知情权的行使，有利于提高政府工作的透明度，是社会公众参与法治政府建设的一部分。故该行为不属于私密活动，形成的相关信息亦不属于私密信息。

关于韩某主张的姓名权一节，根据《中华人民共和国民法典》第一千零一十二条和第一千零一十四条规定，某镇政府并未实施前述法条规定的行为，且并未将韩某的名称用于商业用途。公开涉案《年度报告》是某镇政府依据《中华人民共和国政府信息公开条例》第四条的规定履行行政管理职责的行为。综上，公开《年度报告》的行为符合《中华人民共和国政府信息公开条例》的规定且并未侵害韩某的合法权益。

北京市第一中级人民法院依照《中华人民共和国行政诉讼法》第八十九条第一款第一项的规定，判决：

驳回上诉，维持一审判决。

【法官后语】

本案是在行政诉讼案件中适用《中华人民共和国民法典》规定的案例，体现了行政机关在履行行政管理职责的过程中如何保障公民的民事权利。

1. 政府信息公开年度报告应当包含公民申请政府信息公开的情况

依据《中华人民共和国政府信息公开条例》第四条、第五十条第一款第二项规定，韩某两次申请公开新农村建设的政策拨款等事项，属于行政机关收到和处理政府信息公开申请的情况，应当包括在政府信息公开年度报告中。

2. 列明信息公开申请人的姓名不侵犯自然人姓名权或隐私权

虽然行政机关可在政府信息公开工作年度报告中列明行政机关收到和处理政府信息公开申请的情况，但并未明确应否列明申请人的姓名。《中华人民共和国政府信息公开工作年度报告格式》[①] 并未对能否列明申请人的姓名作出明确规定。因此，需考察此种公开是否侵犯了自然人的人格权等权益。若侵犯合法权益，则行政机关应依据《中华人民共和国政府信息公开条例》第十五条之规定不予公开。而与此相关的权益主要包括姓名权、隐私权等。

姓名权规定于《中华人民共和国民法典》第一千零一十二条，该条意在强调公民对个人姓名的自主决定权，而在政府信息公开工作年度报告中公开申请人的姓名，并不存在限制、阻挠、干预权利主体自主决定、使用姓名的行为，也不存在冒名顶替、冒充他人的姓名实施行为，不符合《中华人民共和国民法典》第一千零一十四条规定。

隐私权规定于《中华人民共和国民法典》第一千零三十二条。隐私是自然人的私人生活安宁和不愿为他人知晓的私密空间、私密活动、私密信息。隐私权是主要保护个人的私密信息不受到他人的打扰与干涉，是对个人私生活的安

---

① 参见《国务院办公厅政府信息与政务公开办公室关于印发〈中华人民共和国政府信息公开工作年度报告格式〉的通知》（国办公开办函〔2021〕30号），载中国政府网，http://www.gov.cn/zhengce/content/2021-09/29/content_5639620.htm，最后访问时间：2023年4月13日。

宁的维护。但公民对外行使知情权，申请信息公开或者提起诉讼的，不应视为其单纯的个人私生活，而应视为个人让渡了部分私人权利，此类活动应当不再属于私密活动，形成的信息也不再属于个人隐私信息。相关行为不属于侵犯公民隐私权的行为。

3. 列明信息公开申请人的姓名不侵犯自然人个人信息

在政府信息工作年度报告中直接列明政府信息公开申请人的姓名，能导致特定自然人被识别，该信息属于个人信息的范畴。但《中华人民共和国民法典》并未明确此时需要获得该自然人的同意。并且，结合《中华人民共和国个人信息保护法》第十三条第三项的立法精神，“为履行法定职责或者法定义务所必需”时无需取得个人的同意。

因此，应当分析行政机关在政府信息公开工作年度报告明确列明自然人的姓名是不是必需的。公民进行政府信息公开申请是为了行使公民的知情权、监督权等，促进政府权力在阳光下行使。本案中，韩某申请的事项与某村全体经济组织成员的利益息息相关，关系公共利益，既有保障其他公民知情权之必要，也有助于有关政府信息公开工作主管部门全面掌握工作动态，使社会各界了解政府信息公开的进程。且韩某申请相关政府信息的情况，某镇政府只是如实客观列明，无夸大渲染或者任何否定性评价，未侵犯韩某的权益。因此，本案中，列明信息公开申请人的姓名无需经过其同意，未侵犯其个人信息权益。

另外，本案二审过程中《中华人民共和国民法典》才正式生效，但是为了更好地保护公民、法人和其他组织的权利和利益，在《中华人民共和国民法典》对公民的姓名权、隐私权等权利保护更为全面细致的情况下，法院予以了适用。本案对行政机关是否侵犯相对人的民事权益进行了全面的审查，对于如何在行政诉讼中参照适用民事法规、厘清行政权利和民事权利的边界具有一定的参考意义。

编写人：北京市第一中级人民法院　徐志文

37

合署办公的行政机关应遵守职权法定的基本原则依法履行法定义务

——沈某诉中国人民银行某市分行、中国人民银行政府信息公开及行政复议案

【案件基本信息】

1. 裁判书字号

北京金融法院（2021）京74行终47号行政判决书

2. 案由：政府信息公开及行政复议纠纷

3. 当事人

原告（上诉人）：沈某

被告（被上诉人）：中国人民银行某市分行（以下简称某市分行）、中国人民银行

【基本案情】

中国人民银行某市总部（以下简称某市总部）与某市分行合署办公，住所地相同。2020年10月30日，沈某向某市总部申请公开“2019年8月沈某个人银行结算账户和存款被查封”等政府信息。2020年11月18日，某市分行作出被诉政府信息公开告知书（以下简称被诉告知），答复沈某“经检索，未查询到沈某申请公开的政府信息”。沈某不服，向中国人民银行申请行政复议，请求撤销被诉告知并责令重新答复。中国人民银行受理上述行政复议申请后，作出被诉复议决定，维持了被诉告知。沈某不服，向法院提起行政诉讼，请求确认被诉告知和被诉复议决定违法。

在一审庭审中，某市分行主张其履行包括信息公开在内的属地职能，而某市总部履行全国性职能，并主张其可以替代某市总部作出政府信息答复，但并未就此提交相应的法律依据。

【案件焦点】

合署办公的行政机关之间能否突破各自的职权范围相互替代履行法定义务。

【法院裁判要旨】

北京市西城区人民法院经审理认为：某市分行针对沈某的信息公开申请，履行了政府信息公开的法定职责，并无不当。

北京市西城区人民法院依照《中华人民共和国行政诉讼法》第六十九条、第七十九条，《最高人民法院关于审理政府信息公开行政案件若干问题的规定》第十二条第一项，《最高人民法院关于适用〈中华人民共和国行政诉讼法〉的解释》第一条第二款第十项，《最高人民法院关于行政诉讼证据若干问题的规定》第七十条的规定，判决：

驳回沈某的诉讼请求。

沈某不服一审判决，提起上诉。北京金融法院经审理认为：沈某申请公开政府信息的邮件所指向的行政机关系某市总部，其提交的《中国人民银行政府信息公开申请表》亦未表明向某市分行申请公开政府信息，故应由某市总部向沈某作出答复。即便某市总部认为所申请公开信息不属于其负责公开的情形，也应由其告知申请人并说明理由。在沈某申请公开政府信息所指向的行政机关并非某市分行，亦无证据证明沈某同意由某市分行向其作出答复的情况下，某市分行径行针对沈某的政府信息公开申请作出被诉告知，系认定事实不清，依法应予撤销。

尽管某市总部和某市分行的住所地相同，但住所地相同的事实并不足以表明某市总部和某市分行属于同一行政机关，亦不能据此得出某市分行可以代替某市总部作出政府信息公开答复的结论。

北京金融法院依照《中华人民共和国行政诉讼法》第七十条第一项、第八十九条第一款第二项的规定，判决如下：

一、撤销一审判决；

二、撤销某市分行于 2020 年 11 月 18 日作出的被诉告知；

三、撤销中国人民银行于 2021 年 1 月 20 日作出的被诉复议决定。

【法官后语】

行政审判肩负着解决行政争议，保护公民、法人和其他组织的合法权益，监督行政机关依法行使职权，推进法治政府建设的独特使命。以金融监督管理机关为被告的行政案件，是北京金融法院管辖的重要案件类型之一，该类案件往往牵涉相关金融监管领域的执法标准，影响金融治理格局，并广受社会关注。本案系因行政机关合署办公引发职责管理权限纠纷的行政案件。二审判决认为，某市总部针对申请人的政府信息公开申请，应当以其自己的名义履行相应的法定职责。而非由其合署办公的某市分行，径行代替某市总部作出答复处理。

行政权力的行使必须遵循职权法定原则，即“法无授权不可为”。合署办公是调整行政机关职能，精简机构，以提高行政效率的改革措施之一。既然是合署办公，就一定存在职权的区分，否则就没有必要合署，完全可以成为一个行政机关。因此，合署办公不能突破职权法定的基本原则。合署只是一种具体的行政管理方式的改革，合署后的各个行政机关不因合署办公而改变其性质和地位。本案政府信息公开应由承担相关职责的行政机关，根据具体的法律规定，并依照法定的权限和程序作出行政行为。

职权法定是判断行政机关是否依法履行职责的基本原则。公民、法人或者其他组织要求行政机关履行法定职责的，也应当以行政机关负有相应的法定职责为前提。这个原则在本案审理中遇到了新的情况。某市总部与某市分行合署办公，住所地相同。沈某以邮寄方式提出政府信息公开申请，其在邮件信封上填写的收件信息为“中国人民银行某市总部（信息公开）”，所指向的政府信息公开义务机关系某市总部，却收到某市分行作出的政府信息公开答复。虽然某市总部与某市分行合署办公，但二者并非同一行政机关，且相关法律法规并未明确规定某市总部可以某市分行的名义对外作出行政行为。针对沈某向某市总部提出的政府信息公开申请，某市分行径行以其自己的名义作出答复，缺乏法律依据，实际上是违背了行政机关职权法定的基本原则。

某市分行与某市总部合署办公，可能会被误认为是同一行政机关。合署办公的行政机关之间，也可以互相“帮忙”履行法定职责。本案审理表明，两个以上的行政机关合署办公的，并不意味着其各自的法定职责因此合并或混同。在法律规范未作出特别规定的情况下，合署一方仍应基于其自身的法定职权对外作出行政行为，而不能代行另一方的法定职权。本案判决坚持了职权法定原则，填补了行政组织法具体规则的空缺，对于处理相关案件具有一定的参考意义。

编写人：北京金融法院　向绪武　朱玲

38

申请公开的事项特性所导致的数量过多不属于滥用信息申请权

——李某等诉北京市通州区某镇人民政府政府信息公开案

【案件基本信息】

1. 裁判书字号

北京市通州区人民法院（2021）京0112行初18号行政判决书

2. 案由：政府信息公开纠纷

3. 当事人

原告：李某、禹某、王某（以下简称三原告）

被告：北京市通州区某镇人民政府（以下简称某镇政府）

【基本案情】

2020 年 10 月 10 日，三原告向某镇政府申请公开涉案信息。某镇政府先后作出《登记回执》《延期告知书》。2020 年 11 月 10 日，三原告书写了《情况说明》，载明申请公开涉案信息的理由为了解土地确权情况、行使村民监督权。2020 年 11 月 30 日，某镇政府作出《告知书》，认为三原告申请公开某村所有土地承包合同，涉及某村 442 户村民的个人信息且数量明显超过合理范围，且三原告提供的理由不合理，故未予公开。三原告不服，提起本案诉讼。

【案件焦点】

三原告申请公开的某村所有土地承包合同是否属于数量超过合理范围的情形、三原告的申请理由是否合理。

【法院裁判要旨】

北京市通州区人民法院经审理认为：针对三原告申请公开的某村所有土地承包合同，某镇政府作出的答复有欠妥当。《中华人民共和国政府信息公开条例》第三十五条的设立目的在于防止申请人滥用信息公开申请权，但现行法律法规并未对数量、频次的界定标准及对申请理由的裁量规则等内容作出进一步规定，行政机关在适用该条款时，应尽到审慎的审查义务，综合考量申请人提出的信息公开申请是否有悖于《中华人民共和国政府信息公开条例》的立法宗旨与目的。本案中，三原告系首次提出公开某村所有土地承包合同的申请，虽然某村所有土地承包合同包含全村 400 多户的信息，但这是由于申请公开的事项本身所决定的，并不能据此直接认定三原告滥用信息公开申请权。此外，虽然某镇政府认定三原告的申请理由不合理，但未具体说明不合理表现及判断依据。综上，某镇政府作出的该项答复认定事实不清，适用法律错误。

北京市通州区人民法院依据《中华人民共和国行政诉讼法》第七十条第一项、第二项之规定，判决如下：

一、撤销某镇政府作出的《告知书》；

二、责令某镇政府于本判决生效之日起二十个工作日内就三原告的政府信息公开申请重新作出答复。

宣判后，原、被告均未提起上诉，判决已发生法律效力。

【法官后语】

《中华人民共和国政府信息公开条例》第三十五条从“制度规制”和“程序弹性”[①] 两种模式入手，约束滥用信息公开申请权的行为。但该条款的规定较为笼统，有待进一步细化。本案中，案件的争议焦点为三原告申请信息的数量是否超过合理范围及申请理由是否合理。数量超出合理范围包含类目和内容过多两种情形，其中，对于内容过多，应区分该信息是否为同质性信息，若为同质性信息，即申请事项特性导致的信息过多不宜认定为滥用信息公开申请权。申请理由是否合理的审查应侧重于对申请人和被申请人的行为目的进行辨析。

1. 数量超出合理范围的认定

多量性可以概括为类目量多和内容量多两个层面。其中，类目量多是指申请人在一个信息公开申请中申请公开多项类目信息。内容量多是指申请人在一个信息公开申请中仅申请公开一类信息，但该类信息包含大量材料。在司法实践中，以数量过多为由认定滥用申请权的司法审查标准比较严格。

(1) 类目超合理范围的界定

类目量多的认定具有过度依赖行政机关自由裁量权的倾向，司法实践中运用较少，界定时需考量以下因素：

第一，结合普通人的认知水平。认定类目过多时，被申请人可以参照以下方式：其一，有限调查法，即随机抽取群众进行访谈或问卷调查，根据调查结果判定类目过多的标准；其二，集体研讨法，针对类目是否过多，被申请人集体研讨并确定具体标准，此过程应全程留痕。

第二，出台细化裁量标准。被申请人可以结合其行政管理领域的特点及制作、获取、保存的信息特征，细化裁量标准，通过出台规范性文件等方式对类

---

① 后向东：《信息公开申请权滥用：成因、研判与规制——基于国际经验与中国实际的视角》，载《人民司法》2015 年第 15 期。

目量多进行合理规制，限缩自由裁量权的行使范围。

第三，参照类案适用。若已生效裁判文书对类目量多的情形进行了界定，被申请人可以参照裁判文书的标准予以认定。但需要注意以下事项：其一，被申请人与生效裁判文书所约束机关的类型相同。行政职责的不同，可能导致类目量多认定存在差异，故应对此进行衡量。其二，被申请人与生效裁判文书所约束的机关地域相同，要充分考量地方性法规、当地政策及风俗的影响。

（2）内容超合理范围的界定

内容量多主要包含两种形式：同质性内容量多和非同质性内容量多，对此应当结合各自特征分别处理。

第一，同质性内容量多的认定。同质性内容量多即申请的某项信息包含大量相同、相似或重复的内容，如申请公开拆迁许可证（包含多个续证）。同质性信息具有以下特征：其一，信息内容的一致性，即所包含的信息内容大体一致，仅可能存在个性化区别；其二，信息形式的一体性，即该信息项下本身就包含此类信息；其三，影响结果的统一性，即所有信息产生的效果一致，如每个村民的土地承包合同均能证明土地承包关系。通过梳理上述特征，可知同质性信息量多并非申请人的原因导致，而是信息本身特性决定，故同质性内容量多的申请不适用《中华人民共和国政府信息公开条例》第三十五条的规定。

第二，非同质性内容量多的认定。非同质性内容量多即申请的某项信息中包含大量不相同、不相似或不重复的内容。在申请公开非同质性信息时，申请人在表述上一般会采用笼统表述并附加描述性语言的形式，故可能会存在信息指向不明确的情况，如申请公开集体土地确权证信息（承包成员姓名、土地面积、坐落四至、合同编号、确权证件编号等）。该情形产生的原因为：其一，申请人不知晓信息的具体名称而采取描述性表述方式；其二，申请人存在滥用申请权的可能，故通过不确定性表述扩大申请范围，增加信息内容，导致被申请人工作量加大。法院对非同质性信息量多的情形进行审查时，应着重审查以下内容：其一，被申请人是否对信息不明的情况进行过释明和指导，将信息公开内容和范围确定化。其二，若申请的信息本质上为包含内容较多的一项信息，则被申请人可根据信息本身的性质及特征，结合检索情况予以答复。其三，若申请的信息本质上并非一项信息，被申请人可以参照类目量多的裁量规则处理。

本案中，三原告申请公开的某村土地承包所有合同，属于同质性内容过多，是由申请公开的事项特性所决定，不能据此直接认定三原告滥用信息公开申请权。

2. “申请理由”合理性的认定

法院在审查申请理由是否合理时，需注重对被申请人认定申请理由不合理的成因进行审查，既要判断申请人的申请目的是否具有明显恶意，也需要考量被申请人行使自由裁量权的限度。

(1) 申请人层面：明显恶意的申请属于滥用申请权

对申请人申请理由是否合理的审查，主要为申请目的的审查。从《中华人民共和国政府信息公开条例》的立法目的分析，其制定目的更多的是保障公民的知情权。对申请理由的合理性进行审查时，不应侧重于申请人与申请的信息之间是否具有关联性，应当侧重于申请人的申请是否具有明显恶意[1]，若无明显恶意，不得认定申请人滥用申请权。

如何认定申请人是否具有明显恶意，应考虑如下方面：其一，申请人是否欲通过信息公开申请向行政机关施加压力，表达不满情绪；其二，申请人的申请行为是否严重浪费行政和社会资源，造成公共资源配置严重不成比例；其三，申请人的申请是否违背公序良俗。

(2) 被申请人层面：限制行政自由裁量权的行使尺度

被申请人在衡量申请人的申请理由是否合理时，法院需对行政机关自由裁量权的行使是否恰当进行审查，重点考虑以下方面：其一，成本审查，即对被申请人处理申请的行政成本进行审查，进而判断被申请人是否存在为减少工作量而任意将申请理由认定为不合理的情况；其二，依据审查，即被申请人认定的具体原因和依据。

本案中，三原告阐述的申请理由不具有明显恶意，某镇政府将其认定为不

① 后向东：《信息公开申请权滥用：成因、研判与规制——基于国际经验与中国实际的视角》，载《人民司法》2015 年第 15 期。

合理，有欠妥当。三原告申请公开的涉案信息涉及400多户村民的土地承包合同，检索工作巨大，某镇政府存在为减少工作量而任意将三原告的申请理由认定为不合理的可能性。

编写人：北京市通州区人民法院 张璐 甄硕

39

行政机关不能以第三人事先不同意公开的表示证明在政府信息公开案件中履行了征求第三人意见程序

——蒲某诉北京市某区人民政府房屋征收办公室政府信息公开案

【案件基本信息】

1. 裁判书字号

北京市朝阳区人民法院（2021）京0105行初41号行政判决书

2. 案由：政府信息公开纠纷

3. 当事人

原告：蒲某

被告：北京市某区人民政府房屋征收办公室（以下简称某区征收办）

【基本案情】

原告于2020年9月26日向被告邮寄提交《政府信息公开申请表》及相关材料，向被告申请公开“1. 某区房屋征收事务中心与该项目范围内其他被征收人签订的补偿安置协议；2. 某区征收办建立的房屋征收补偿档案；3. 该征收项目范围内分户补偿情况及在征收范围内公示的证明”。被告于次日收到上述申请材料后，作出《登记回执》，并向原告邮寄送达。2020年9月29日，被告通过查询纸质档案的方式对原告申请的信息事项进行了查询，并制作《政府信息公开信息查询记录单》，查询结果为："第1项信息存在；第2项、第3项信息不存在。"被告经审查认为，原告申请的"某区房屋征收事务中心与该项目范围内其他被征收人签订的补偿安置协议"涉及个人隐私，故调取《回迁安置房项目房屋征收补偿协议》（样例），以上述协议第九条第四项约定"乙方（被征收人）不同意在本征收项目结束后，公示、公开乙方补偿情况"为由，称被征收人已以书面形式明确不同意公开相关协议，并且不公开不会对公共利益造成重大影响。2020年10月23日，被告作出被诉《答复告知书》，并向原告送达。原告不服，遂成讼。

【案件焦点】

《回迁安置房项目房屋征收补偿协议》（样例）能否证明被告就第三方是否同意公开相关信息征求了相关被征收人的意见。

【法院裁判要旨】

北京市朝阳区人民法院经审理认为：《中华人民共和国政府信息公开条例》第三十二条规定，依申请公开的政府信息公开会损害第三方合法权益的，行政机关应当书面征求第三方的意见。第三方应当自收到征求意见书之日起15个工作日内提出意见。第三方逾期未提出意见的，由行政机关依照本条例的规定决定是否公开。第三方不同意公开且有合理理由的，行政机关不予公开。行政机关认为不公开可能对公共利益造成重大影响的，可以决定予以公开，并将决定公开的政府信息内容和理由书面告知第三方。本案中，原告申请的第一项信息为"某区房屋征收事务中心与该项目范围内其他被征收人签订的补偿安置协议"，该信息涉及涉案拆迁项目内所有与征收人签订的补偿安置协议，被告如认为该项信息涉及个人隐私，公开会损害第三方合法权益的，应按照上述法规规定履行征求被征收人意见的程序。现被告仅凭《回迁安置房项目房屋征收补偿协议》（样例），不能证明其就第三方是否同意公开相关信息征求了相关被征收人的意见。被告以此告知原告上述信息不予公开，属认定事实不清，证据明显不足。《答复告知书》中针对原告其他信息公开申请的答复并无不当，不持异议。

北京市朝阳区人民法院依照《中华人民共和国行政诉讼法》第六十九条、第七十条第一项之规定，判决如下：

一、撤销某区征收办作出的《答复告知书》中针对“某区房屋征收事务中心与该项目范围内其他被征收人签订的补偿安置协议”“房屋征收部门某区征收办建立的房屋征收补偿档案”信息的答复内容；

二、责令被告某区征收办于本判决生效之日起法定期限内对原告蒲某的政府信息公开申请重新作出答复；

三、驳回原告蒲某的其他诉讼请求。

宣判后，原、被告均未提起上诉，判决已发生法律效力。

【法官后语】

本案涉及的是政府信息公开案件中第三人隐私的判断。根据《中华人民共和国政府信息公开条例》第三十二条的规定，行政机关对于申请公开的政府信息，首先应当判断是否会涉及第三方的合法权益，如果认为申请公开的信息会损害第三方的合法权益，应当以书面的方式征求第三方意见，对于第三方不同意公开的，亦应审查不同意公开的理由并衡量不公开是否对公众利益造成重大影响。上述规定，对政府信息公开中第三方权益的判断、征求意见的方式等进行了明确规定。

本案中，被告认为原告申请的征收补偿安置协议涉及第三方隐私，不予公开。被告应当举证证明其履行了上述法律规定的征求第三方意见的程序的相关证据，因而被告提交了一份征收补偿协议的样例，证明在征收补偿协议中已经明确约定被征收人不同意公开该征收补偿协议。笔者认为，被告的上述证据，不能证明其向第三方书面征求了意见，理由如下：

第一，征收补偿协议样例约定的方式不符合《中华人民共和国政府信息公开条例》的规定。《中华人民共和国政府信息公开条例》规定了征求第三方意见应当以书面的方式向第三方征求意见，征收补偿协议样例仅为格式协议文件，无法证明第三方签署征收补偿协议时同意该约定内容，亦不符合《中华人民共和国和国政府信息公开条例》中的书面征求意见的方式。

第二，征收补偿协议样例不能作为行政机关政府信息公开程序中行政机关履行职责的证据。行政机关在收到政府信息公开申请后，应对申请信息进行判断并作出相应处理。征求第三方意见应当是行政机关收到申请后的处理方式之一，并且应当对第三方不同意公开的理由进行判断和利益衡量。征收补偿协议样例的制订与签署发生在政府信息公开申请之前，并且缺乏第三方不同意公开的理由，行政机关亦无法对第三方不同意公开的理由进行判断和利益衡量，因而不能作为其政府信息公开案件中履行程序的证据。

第三，征收补偿协议样例作为征求第三方意见的证据不符合政府信息公开制度的目的和价值。设立政府信息公开制度是为了保障公民依法获取信息，充分发挥政府信息对人民群众生产生活社会活动的服务作用。因此，《中华人民共和国政府信息公开条例》确立了政府信息公开以公开为常态，不公开为例外的基本原则。行政机关事先以格式文本对第三方不同意政府信息公开进行约定，实质上是对该信息预先设定为不予公开，不符合政府信息公开的基本原则，不利于政府信息公开制度价值的有效发挥。

综上分析，行政机关应按照《中华人民共和国政府信息公开条例》规定的方式和程序征求第三方意见，并且对于第三方意见进行审查，不得滥用第三方不同意的理由不予公开政府信息。

编写人：北京市朝阳区人民法院　唐伟伟　李丹丹

九、行政处理

40

“为维护自身合法权益”是判断举报人与相关行政行为有无“利害关系”的核心标准

——杨某诉中国银行保险监督管理委员会行政处理及行政复议案

【案件基本信息】

1. 裁判书字号

北京市高级人民法院（2021）京行终1872号行政裁定书

2. 案由：行政处理及行政复议纠纷

3. 当事人

原告（上诉人）：杨某

被告（被上诉人）：中国银行保险监督管理委员会（以下简称银保监会）

【基本案情】

2020年1月27日，原告向被告提交查处某银行违法行为的申请。2020年3月20日，被告作出延期办理告知书。2020年8月19日，被告作出答复意见书（以下简称被诉答复），主要内容为：2020年1月23日，某银行认购A公司2020年面向合格投资者公开发行公司债券（第一期），获配金额为12亿元。《A公司2020年面向合格投资人公开发行公司债券（第一期）发行公告》载明

“募集资金用途：本期债券募集资金扣除发行费用后，拟全部用于偿还公司债券”，未发现存在“提供融资进行房地产开发”相关情况。经核查，B公司为某银行认购上述债券提供全额、无条件、不可撤销的连带责任保证担保，某银行认购债券利率未低于同期同业平均定价标准，未违反某银行公告中“不得为信用方式、不低于同期同业平均定价标准”的要求。对于原告要求奖励的诉求，不予办理。原告不服被诉答复，向被告提起行政复议。2020年8月31日，被告负责法制工作的机构收到原告的行政复议申请。2020年10月23日，被告作出被诉复议决定，维持被诉答复，后向原告邮寄该复议决定。原告不服，提起诉讼。

【案件焦点】

1. 原告与投诉举报行为之间是否具有利害关系；2. 原告起诉是否具有原告主体资格。

【法院裁判要旨】

北京市第一中级人民法院经审理认为：本案中，被诉答复系行政机关就当事人的举报所作出的拒绝性答复，而原告针对该答复提起行政诉讼的目的，在于要求被告就其举报的某银行违法行为履行立案查处及给予其奖励的职责。《中华人民共和国行政诉讼法》第二十五条第一款规定，行政行为的相对人以及其他与行政行为有利害关系的公民、法人或者其他组织，有权提起诉讼。因此，行政诉讼制度具有救济个人合法权益的属性，行政诉讼的原告能够主张个人具有法律上值得保护的合法权益，应为行政诉讼法第二十五条第一款所规定的“具有利害关系”的要件之一。而“为维护自身合法权益”是判断举报人与相关行政行为有无“利害关系”的核心标准。

举报银行存在违法行为的，首先，要有证据证明其属于“为维护自身合法权益”的情形，方能具有行政诉讼原告主体资格。其次，如果举报人举报的违法行为没有初步事实根据、证据线索，举报人与相关监管部门的处理行为之间没有利害关系，其不具有行政诉讼原告主体资格。

本案中，原告举报某银行存在涉嫌违法购买债券的行为。首先，原告在提交查处申请及复议阶段并未提供证据证明其合法权益受到了某银行购买债券行为的影响；其次，原告提供的证据亦不足以证明某银行存在违法购买债券的行为；最后，原告要求获得举报奖励没有事实及法律依据。综上，原告基于前述理由，通过行政诉讼途径要求银行保险监管机关履行监管职责所保护的利益，尚不构成行政诉讼法所保护的合法权益，其不具有通过行政诉讼途径要求被告履行监管职责的请求权。故，原告与其所举报的事项之间没有利害关系，原告不具有提起本案诉讼的原告主体资格，其起诉应予驳回。其针对被诉复议决定的起诉亦应一并予以驳回。

北京市第一中级人民法院依照《最高人民法院关于适用〈中华人民共和国行政诉讼法〉的解释》第六十九条第一款第一项、第一百三十六条第七款之规定，裁定：

驳回原告杨某的起诉。

二审法院同意一审法院裁判意见。

【法官后语】

近几年，证券、银行保险领域投诉举报类案件数量激增，实务界对当事人合法权益有了新的理解和认识。针对此类案件，法院最开始掌握的标准是：不特定相关公众基于行政机关对行政管理秩序的维护而客观上获得的利益，属于所谓“反射利益”，尚不足以构成行政复议法和行政诉讼法上所指的合法权益。在证券、银行保险监管特殊领域，证券、银行保险监管并不直接对个别投资者、消费者所涉及的权利冲突和市场纠纷进行考量和处理，其保护的投资者、消费者合法权益，应当且仅应当是所有不特定证券投资者、银行保险消费者的集合性权益。证券、银行保险监管机关不负有基于个别举报投诉而启动行政调查程序的法定义务。个别投资者、消费者并不具有要求证券、银行保险监管机关为其个人利益而履行监管职责的请求权。投诉举报人与监管机关的处理行为不具有利害关系。此后，法院掌握的标准逐渐演变为：在证券、银行保险领域，投资者、消费者购买股票或保险造成损失，举报上市公司、银行或保险公司存在违法行为的，如有证据证明其属于“为维护自身合法权益”情形，其具有行政复议申请人和行政诉讼原告主体资格。但是如果举报人举报的违法行为没有初步事实根据、证据线索，举报人与相关监管部门的处理行为之间没有利害关系，其不具有行政复议申请人和行政诉讼原告主体资格。同样，举报人若为了获得举报奖励而举报，同样具有主体资格，但前提仍是举报事项必须有相应的初步事实和证据线索。

1. 行政诉讼中“利害关系”的把握

行政诉讼法既没有采用“法律上的利害关系”，也没有采用民事诉讼法中的“直接利害关系”，而是采用了“利害关系”标准。“法律上的利害关系”客观上可能会限制公民的起诉权利，“直接利害关系”可能会被限缩解释为行政行为的相对人，两者都难以解决行政诉讼中立案难的问题。“利害关系”标准可以在一定程度上将应当纳入受案范围的行政争议纳入行政受案范围，但这里的“利害关系”也并非漫无边际，需要在实践中根据具体情况作出判断。

除行政相对人外的人，有利害关系的才有原告资格，但具有利害关系的情形非常复杂，难以穷尽。在行政案件审理过程中，关键就是准确掌握原告资格的基本标准，即与行政行为有利害关系。在司法实践中，大致符合以下几个条件，就可以认定利害关系存在：(1) 原告主张的必须是合法的权利或者类似权利的利益；(2) 权益归属于原告；(3) 权益损害实际存在且有证据证明，而非主观臆想；(4) 原告主张的权益受到行政法律规范的保护。

2. 投诉、举报人与具体处理行为之间有无利害关系的认定标准

为维护自身合法权益向行政机关投诉，具有处理投诉职责的行政机关作出或未作出处理，举报人不服提起行政诉讼的，与具体行政行为之间具有利害关系，其具有原告资格。投诉处理行为可诉需要满足两个条件：一是投诉的目的在于维护投诉人自身的合法权益，这是判断投诉人与具体行政行为有无利害关系的核心标准。例如，在证券领域，投资者购买上市公司股票造成亏损，举报上市公司存在虚假陈述违法行为的，属于“为维护自身合法权益”情形，具有行政诉讼原告主体资格。但是如果举报人举报上市公司的违法行为没有初步事

实根据、证据线索，举报人与相关证券监管部门的处理行为之间没有利害关系，其不具有行政诉讼原告主体资格。二是行政机关作出或未作出处理。这里的“处理”指的是对相对人的权利义务或者地位加以改变或者意图改变。因为行政诉讼本质上属于受害人之诉，具有救济个人合法权益的属性，只有主张自身具有法律上值得保护的合法权益受到侵害且为维护其合法权益的人才具有原告资格。投诉举报人有证据证明其为维护自身合法权益尚且不够，还需提供违法行为的初步事实根据和证据线索，否则举报人与相关监管部门的处理行为之间没有利害关系。本案中，原告杨某举报某银行存在涉嫌违法购买债券的行为，但其在提交查处申请及复议阶段并未提供证据证明其合法权益受到某银行购买债券行为的影响，且其提供的证据线索亦不足以证明某银行存在违法购买债券的行为。原告要求获得举报奖励更是没有事实及法律依据。

3. 关于杨某诉权行使的必要性

实践中，有部分申请人基于不同的目的进行大量的非正常投诉举报。该部分申请人可能出于解决民事纠纷、获得举报奖励等利益诉求或者谋取不当利益、宣泄个人情绪等目的，出现滥用申请权和恶意诉讼的倾向，给行政机关和人民法院带来较大压力。国家的司法资源毕竟有限，法院应理性选择那些值得国家司法资源着力解决的纠纷，尽力排除那些滥用个人诉权、浪费司法资源的诉求。

“无利益即无诉权”，就是要求处于争议状态而寻求诉讼救济的权利有司法保护之必要。诉的利益决定起诉人是否具有诉权及原告资格，且影响人民法院是否启动诉讼审查。“从诉的利益”这一概念发挥作用的途径来看，显然它体现了裁判者运用自由裁量权在司法裁判供给对象这一问题上所进行的利益衡量，即司法者在考虑是否对某一特定的争议作出司法判断时，必然涉及对各种利益进行平衡，而后在此基础上来决定当事人的投诉举报是否属于“可裁判事项”。我们必须不断重申：起诉人与被诉行政行为无利害关系的，不具有原告资格，其所提起的行政诉讼，人民法院不应受理，如果已经受理的，应当裁定驳回起诉。

结合本案查明的事实，原告杨某基于前述理由，通过行政诉讼途径要求银行保险监管机关履行监管职责所保护的利益，尚不构成行政诉讼法所保护的合法权益，其不具有通过行政诉讼途径要求被告履行监管职责的请求权。杨某的起诉缺乏诉的利益，实无救济之必要。

编写人：北京金融法院　刘娜

41

符合一定条件时业主个人可就涉及业主共有利益的行政行为提起行政诉讼

——李某诉某市住房和城乡建设局行政处理案

【案件基本信息】

1. 裁判书字号

江苏省扬州市中级人民法院（2021）苏10行终332号行政判决书

2. 案由：行政处理纠纷

3. 当事人

原告（上诉人）：李某

被告（被上诉人）：某市住房和城乡建设局（以下简称某市住建局）

第三人：房地产公司

【基本案情】

2019年3月21日，李某与房地产公司签订《商品房买卖合同》（预售），约定李某购买房地产公司开发建设的某房屋，同日，李某与房地产公司签订《借款合同》，合同约定：李某向房地产公司借款27万元，李某所借款项用于支付上述房屋的首付款。2021年4月26日，某市住建局收到李某邮寄送达的《违法查处申请书》，李某请求某市住建局依法查处房地产公司在出售案涉房屋过程中存在的为李某垫付首付款的违法行为，并将查处结果书面告知李某。

2021年6月16日，某市住建局针对李某上述申请作出案涉回复，主要内容如下：关于李某举报房地产公司在销售过程中存在为购房人垫付首付款一事，经调查了解，根据李某的举报线索，某市住建局进行了调查，就房地产公司向李某提供借款用于支付某房屋首付款的行为，要求其进行整改，并要求房地产公司在后续销售过程中不得再出现类似行为，某市住建局将密切关注并适时检查。李某不服，提起诉讼。

【案件焦点】

李某作为单个业主，是否具有提起本案行政诉讼的主体资格。

【法院裁判要旨】

江苏省扬州市江都区人民法院经审理认为：李某作为案涉房屋的购买人，出于交易安全考虑，对于出售房屋的开发企业存在为购房人垫付首付款的违规行为，具有请求房地产管理部门进行调查处理的权利，属于利害关系人，具有提起本案行政诉讼的主体资格。某市住建局作为房地产行业主管部门，对辖区内开发企业违规向购房人变相垫付首付款的行为具有查处职责，某市住建局经调查，认为房地产公司的行为属于社会危害性显著轻微，因此适用比例原则对房地产公司予以政策性宣传并要求其整改，对李某作出案涉回复并无不当。

江苏省扬州市江都区人民法院依照《中华人民共和国行政诉讼法》第六十九条规定，判决如下：

驳回原告李某的诉讼请求。

李某不服，提起上诉。江苏省扬州市中级人民法院经审理认为：第一，李某具有提起本案诉讼的原告资格。本案中，为规范购房融资行为，加强房地产领域反洗钱工作，促进房地产市场平稳健康发展，国家明令禁止开发企业为购房人垫付首付款或变相垫付首付款。由此，李某作为案涉房屋的购买人，出于交易安全考虑，对于出售房屋的开发企业存在为购房人垫付首付款的违规行为，具有请求房地产管理部门进行调查处理的权利，属于利害关系人，因此具有提起本案诉讼的主体资格。

第二，某市住建局作出的案涉回复并无不当。本案中，某市住建局收到李某邮寄的《违法查处申请书》后，对李某请求查处的房地产公司在出售房屋过程中垫付首付款的行为进行调查处理。后某市住建局结合向银行咨询的结果，认为房地产公司的行为社会危害性显著轻微，由此从行政裁量上依法适用比例原则对房地产公司予以政策方面的宣传并要求其整改，该处理并无不当，且某市住建局作出的案涉回复内容亦与其举证的调查笔录相印证。一审判决认定事实清楚，证据充分、程序合法。

江苏省扬州市中级人民法院根据《中华人民共和国行政诉讼法》第八十九条第一款第一项之规定，判决如下：

驳回上诉，维持原判。

【法官后语】

本案的争议焦点在于，李某是否具有原告主体资格。

一种观点认为，李某没有原告主体资格。《最高人民法院关于适用〈中华人民共和国行政诉讼法〉的解释》第十八条规定："业主委员会对于行政机关作出的涉及业主共有利益的行政行为，可以自己的名义提起诉讼。业主委员会不起诉的，专有部分占建筑物总面积过半数或者占总户数过半数的业主可以提起诉讼。"本案中，关于房地产公司违规向业主提供首付款的行为，如查证属实，将对全体业主的交易安全造成影响。因此，某市住建局对此是否进行查处以及如何查处影响的是全体业主的共有利益，只有业主集体才享有原告主体资格，而李某作为单个业主并不具有原告主体资格。

另一种观点认为，李某具有原告主体资格。针对李某的投诉举报行为，某市住建局作出的查处决定固然将对全体业主产生影响，但李某的投诉举报中包含违规行为致其自身合法权益受损的指控。开发商向购房者提供首付款系国家明令禁止的行为，房地产公司的该违规行为将产生三项法律风险：因涉嫌洗钱、非法经营等导致刑事犯罪，因违反国家规章规定受到行政处罚，因违反民事法律规定导致合同效力受到影响。这三项法律风险将直接影响李某购房合同的顺利履行，严重威胁其交易安全。此时应当认定该投诉举报涉及李某自身合法权益，李某与该答复具有法律上的利害关系，自然具有针对该答复提起行政诉讼的原告主体资格。

笔者赞同第二种观点。司法实践中，对《中华人民共和国行政诉讼法》及《最高人民法院关于适用〈中华人民共和国行政诉讼法〉的解释》某一法条的理解与适用，不能“只见树木不见森林”，而应将其放在整个行政诉讼法律体系中去判断。因此，对于《最高人民法院关于适用〈中华人民共和国行政诉讼法〉的解释》第十八条，在司法实践中应该区分以下两种情况：第一，行政行为仅侵犯业主共有利益时，业主个人不具有提起行政诉讼的原告主体资格。对属于全体业主共有部分的如建筑区划内的道路、物业服务用房、公共场所等受到行政行为侵害时，应认为业主共有利益受到侵害，且每个业主受到的影响并无二致，作为维护全体业主共有利益的业主委员会或过半数业主有权提起行政诉讼，业主个人则无权提起行政诉讼。第二，当业主个人利益与全体业主共有利益存在竞合时，在一定条件下，业主个人具有提起行政诉讼的原告主体资格。某些情形下，行政机关作出的行政行为指向全体业主，侵害全体业主共有利益，但其中也侵害了个别业主独立的、区别于他人的直接利益。如果在此情形下，仍然囿于业主委员会或过半数业主具有原告主体资格，有可能导致业主个人利益的沉没，这既与行政诉讼原告主体资格确定规则相悖，也与现行行政诉讼更加侧重对相对人合法权益保护的趋势相左。例如，根据《最高人民法院关于审理行政协议案件若干问题的规定理解与适用》第五条第三项规定，只要用益物权人认为集体经济组织所签订的补偿协议损害其合法权益，即可以自己名义提起诉讼。这一规定无疑打破了《最高人民法院关于审理涉及农村集体土地行政案件若干问题的规定》第三条中关于对涉及农村集体土地的行政行为不服的，只有村民委员会、农村集体经济组织或过半数村民可以提起诉讼的规定。由此可知，在集体土地征收领域，当被征收人享有用益物权的土地被概括吸纳于集体与征收人签订的征地补偿协议中时，被征收人基于对自身土地利益的维护，可突破合同相对性及上述集体土地司法解释中原告资格的限制，对该概括性征收补偿协议提起行政诉讼。该行政协议司法解释对被征收人个人原告主体资格的创新规定与本案中业主个人具有原告主体资格一脉相通。因此，涉及业主共有利益的行政行为中存在业主个人亟待保护的个人利益时，应坚持利益衡量原则，在个人利益与公共利益的维护上，对业主个人诉权进行倾斜性保护。

编写人：江苏省扬州市江都区人民法院　仇兆敏　尹婷婷

42

依据虚假材料作出的行政行为应予撤销

——马某诉某市某区市场监督管理局、某市市场监督管理局行政处理及行政复议案

【案件基本信息】

1. 裁判书字号

北京市第四中级人民法院（2021）京 04 行终 24 号行政判决书

2. 案由：行政处理及行政复议纠纷

3. 当事人

原告（被上诉人）：马某

被告（上诉人）：某市某区市场监督管理局（以下简称某区市监局）

被告：某市市场监督管理局（以下简称市市监局）

第三人：医美公司

【基本案情】

2019 年 4 月 12 日，某区市监局收到马某提交的投诉书，同月 19 日，某区市监局决定立案。立案后某区市监局对投诉的涉案网站进行调查，同月 22 日，医美公司出具《关于顾客马某反映问题的调查处理情况回复》，载明“我院顾

客马某2019年4月17日投诉我院虚假宣传并于不明网站上打印一些关于我院宣传方面的网页作为证据提交，我院经核实后否认这些宣传页为我院所作。马某提交的证据网页上的网站网址也非我院合作网站的第三方单位，故对于此系列宣传我院表示不知情。另外宣传网页的内容存在严重失实，例如马某提供的宣传网页上的电话并非我院的联系电话，故马某举报的我院虚假宣传一事并不存在”。2019年7月17日，某区市监局决定延长案件办理时间30日。

2019年7月18日，医美公司出具《关于网络宣传问题调查情况回复》，其中载明：“经核实，涉案网站均非我院的合作宣传平台，经调查以下平台多为医美咨询平台，主要以科普宣教为主，推广北京各医美机构从而增加该平台的顾客咨询量。借用我院的品牌效应在此平台上推广，又将搜索我院相关信息的顾客转到其他与他们有合作的机构，我方也因此受到了利益损害，并且给我们造成了不实的宣传。经核实后我院已联系各网站要求删除我院信息……特此说明。”此外，医美公司向某区市监局提交八份情况说明，其中均含有“我公司现与医美公司无合作关系，如我司发布的内容或图片涉及任何违反国家法律法规造成的一切后果，均与贵司无关”的表述。

2019年7月30日，某区市监局作出案件调查终结报告，认定涉案网站和个人微信聊天记录中的广告内容非医美公司所为，违法事实不成立，不给予行政处罚。后马某不服，经市市监局复议后亦予以维持，遂成讼。

一审审理中，法院依法分别向案外三家公司发送协查函，核实以上述公司向医美公司出具的涉案情况说明的真实情况。经回复，上述公司均称未出具过上述情况说明且公章系伪造。

【案件焦点】

某区市监局作出的举报答复及市市监局作出的复议决定是否具有合法性。

【法院裁判要旨】

北京互联网法院经审理认为：某区市监局未尽到查处职责，在医美公司提交的虚假材料的基础上得出涉案八家网站发布的涉案广告内容不是医美公司所为的结论并最终作出被诉举报答复，属于认定事实不清，主要证据不足，应予撤销。市市监局作出的被诉复议决定，亦应予以撤销。

北京互联网法院依照《中华人民共和国行政诉讼法》第七十条第一项、第七十九条，《最高人民法院关于适用〈中华人民共和国行政诉讼法〉的解释》第一百三十六条第三款之规定，判决：

一、撤销《举报事项答复》及《行政复议决定书》；

二、责令某区市监局重新作出行政行为。

某区市监局不服，提起上诉。北京市第四中级人民法院经审理认为：医美公司提交的涉案八家网站域名信息备案查询和情况说明显示，涉案八家网站涉及八个不同的经营主体，且医美公司与八家涉案网站皆不存在合作关系。本案中，虽然某区市监局经调查获取了医美公司提交的上述相关材料，但情况说明中称八家网站所发布的宣传内容均与医美公司无关。医美公司是如何在短短三日内就能拿到上述八家之前并无业务往来的网站出具的对医美公司明显有利且内容雷同的情况说明的呢？即使普通人出于一般的注意义务，也会对医美公司提交的八份情况说明的真实性产生合理怀疑。而某区市监局在上述材料存在明显疑点的情况下，并未对材料的真实性进行有效核实，在此虚假材料的基础上得出上述八家网站发布的涉案广告内容不是医美公司所为的结论并最终作出被诉举报答复，属于认定事实不清，主要证据不足，应予撤销。市市监局作出的被诉复议决定，亦应予以撤销。上诉人某区市监局的上诉理由和请求缺乏事实及法律依据，不予支持。综上，一审判决认定事实清楚，适用法律正确，程序合法。

北京市第四中级人民法院依照《中华人民共和国行政诉讼法》第八十九条第一款第一项之规定，判决如下：

驳回上诉，维持原判。

【法官后语】

本案涉及行政举报中行政机关证据审查是否确实、充分的判断问题。行政案件审理中，法院对行政行为的合法性进行审查，其本质上是对行政机关提交证据的审查。根据行政程序要求，行政机关应当全面、客观、公正，及时调取证据并进行检查，但行政机关应当承担何种程度的审查义务，实践中未有明确标准。本案中，某区市监局以被举报人单方提交的具有高度造假可能性的证据作为定案依据，未对证据真实性进行审核，属未依法有效履行法定职责。申言之，本案对行政机关证据审查标准进行了分析论证，明确行政机关对于其调取的证据材料除进行形式审查外，亦应对其真实性、合法性进行必要的实质性核查，对类案审理具有一定的参考意义。

1. 对行政机关提交证据材料的审查方式

根据我国法律规定，以事实为依据，以法律为准绳是执法机关在执法活动中应当遵循的一项基本原则，按照其要求，行政机关应当在查明事实依据的基础上，作出行政行为。在此基础上，人民法院在审理案件过程中，对于行政行为所依据的证据是否确实、充分进行审查亦是判断行政行为是否合法的重要内容之一。法院对于行政机关调取证据材料的审查，主要从以下两个方面进行考虑：

第一，证据收集程序的合法性。程序正义是实体正义的前提和基础。根据《最高人民法院关于行政诉讼证据若干问题的规定》第五十五条规定，法庭应当根据案件的具体情况，从以下方面审查证据的合法性：（一）证据是否符合法定形式；（二）证据的取得是否符合法律、法规、司法解释和规章的要求；（三）是否有影响证据效力的其他违法情形。就此规定，法院对行政机关收集证据材料，应当先从证据的获取手段、方式等程序合法性方面判断行政机关是否严格依照法定程序、期限、步骤进行证据固定，是否依法保障行政相对人的陈述、申辩等权利，在此基础上再就证据的真实性进行分析判断。

第二，证据审核的合法性。办案人员应当全面、客观、公正、及时进行案件调查，收集、调取证据，并依照法律、法规、规章的规定进行检查。案件调查终结，办案机构应当撰写调查终结报告，连同案件材料交由审核机构审核。案件审核的主要内容包括案件事实是否清楚、证据是否充分。在现行法律规定的框架内，对于行政证据合法性的审核主要是指法院判断行政机关获取的证据能否依法作为合法证据使用，是否存在应当予以排除的情形。法庭应当对经过庭审质证的证据和无需质证的证据进行逐一审查和对全部证据综合审查，遵循法官职业道德，运用逻辑推理和生活经验，进行全面、客观和公正的分析判断，确定证据材料与案件事实之间的证明关系，排除不具有关联性、合法性的证据材料，准确认定案件事实。

2. 行政诉讼中的主要证据不足的表现形式及后果

在行政诉讼中，行政机关应当对其行政行为的合法性提供证据予以佐证，行政机关不向法庭提供证据，或者提供的证据不能证实被诉行政行为认定的事实，该行政行为属于没有足够证据证实的情形。本案中，虽然某区市监局经调查获取了医美公司提交的相关材料，但如果按照情况说明及医美公司所述，涉案八家网站发布的宣传内容与医美公司无关，那八家网站出于什么目的、什么动机发布于己无关的宣传内容呢？此外，既然八家网站所发布的宣传内容与医美公司无关，医美公司是如何在短时间内就能拿到上述八家之前并无业务往来的网站出具的、对医美公司明显有利且内容雷同的情况说明的呢？即使出于普通人的注意义务，也会对医美公司提交的八份情况说明的真实性产生合理怀疑。虽然医美公司需对其提交材料的真实性负责，但这并不能天然免除某区市监局的审查义务。作为具有法定监管职责的行政机关，某区市监局应进一步核实以上证据的真实性，审慎地对待定案的关键证据，但其在案件调查过程中没有尽到查处职责，故在此虚假材料的基础上得出上述八家网站发布的涉案广告内容不是医美公司所为的结论并最终作出被诉举报答复，属于认定事实不清，主要证据不足。这也是该行政行为被撤销的根本原因。

编写人：北京互联网法院　郭晟　刘承祖

十、行政复议

43

不同位阶法律规范相冲突时应适用上位法优先原则而非新法优先原则

——物流公司诉北京市某区社会保险事业管理中心、北京市某区人力资源和社会保障局行政征缴及行政复议案

【案件基本信息】

1. 裁判书字号

北京市第三中级人民法院（2021）京 03 行终 716 号行政判决书

2. 案由：行政征缴及行政复议纠纷

3. 当事人

原告（上诉人）：物流公司

被告（被上诉人）：北京市某区社会保险事业管理中心（以下简称区社保中心）、北京市某区人力资源和社会保障局（以下简称区人社局）

【基本案情】

2019 年 9 月 11 日，区社保中心接到孙某的投诉，要求物流公司补缴孙某 2015 年 4 月 1 日至 2017 年 3 月 31 日期间的社会保险。孙某提交了 2016 年 7 月 1 日物流公司（甲方）与孙某（乙方）签订的劳动合同书以及劳动仲裁裁决书

作为劳动关系证明，载明2015年3月31日至2016年6月30日期间、2016年7月1日至2017年6月30日期间孙某与物流公司之间存在劳动关系。

2019年10月10日，区社保中心作出《稽核通知书》，告知其已于2019年10月17日对该单位有关社会保险方面实施稽核检查，请协助配合并按要求提供相关资料，并于同日送达物流公司。后物流公司向区社保中心提交了员工花名册、原始工资发放凭证、员工离职情况说明、职工劳动合同等材料，并出具承诺函证明前述材料均为真实材料，所有签字均由职工本人签署。此外，物流公司又提交了2015年5月6日至2017年5月6日期间孙某北京个人账户对账单、职工情况表（含2015—2017年职工工资收入情况）。2019年10月17日，物流公司作出情况说明：我公司因搬迁导致公司财务凭证丢失，无法提供孙某2015年4月至2017年3月的工资明细表，现提供依据孙某个人的工资发放银行流水单作为孙某2015年4月至2017年3月的工资标准。

2020年10月10日，区社保中心向物流公司作出《补缴通知书》，主要内容为：截至2020年9月25日，你单位欠缴孙某社会保险费，限你单位收到通知书后5个工作日内补缴社会保险费31410.96元以及相应的滞纳金。根据《中华人民共和国社会保险法》第八十六条相关规定，如你单位逾期不缴纳社会保险费，将由社会保险行政部门处欠缴数额一倍以上三倍以下的罚款。

物流公司对此不服，于同年12月10日向区人社局提起行政复议申请，请求撤销《补缴通知书》。2021年2月5日，区人社局作出《复议决定书》，维持了《补缴通知书》。物流公司仍不服，遂成讼。

【案件焦点】

1. 如何适用《中华人民共和国社会保险法》与《社会保险费征缴暂行条例》的冲突条款；2. 非因用人单位原因造成社会保险费未能及时、足额缴纳能否免除用人单位的代扣代缴义务。

【法院裁判要旨】

北京市通州区人民法院经审理认为：《社会保险费征缴暂行条例》虽然于

2019年3月24日进行修订，但是仅对第八条企业办理社会保险登记进行了修订，并未修订其他条款；《中华人民共和国社会保险法》于2018年12月29日修正，根据新法优于旧法原则，应适用《中华人民共和国社会保险法》第八十六条规定对物流公司进行社保稽核、确认滞纳金缴纳标准。物流公司未缴纳孙某的社会保险，事实清楚，证据充分，其未缴纳的原因物流公司认为属于孙某个人原因所致，并不属于不可抗力事由，其仍具有代扣代缴的义务。被告的征缴行为合法、复议决定正确。

北京市通州区人民法院依照《中华人民共和国行政诉讼法》第六十九条之规定，判决：

驳回原告物流公司的诉讼请求。

物流公司不服，提起上诉。北京市第三中级人民法院经审理认为：依据《中华人民共和国社会保险法》第六十条第一款、第六十三条第一款等规定，用人单位系缴纳社会保险费的义务主体，应当自行申报、按时足额缴纳社会保险费。物流公司在2015年4月1日至2017年3月31日之间未缴纳孙某的社会保险事实清楚，且并非因为不可抗力等法定事由而导致。区社保中心根据其调查核实的情况，认定物流公司存在未按时足额缴纳社会保险费的行为并无不当。区社保中心依据稽核情况确定的应补缴期间、应补缴的社会保险费数额以及滞纳金计算方式符合相关规定，亦无不当。物流公司所述理由不属于其拒绝补缴社会保险费的法定理由，其所提出的上诉请求不能成立，不予支持。关于区人社局作出被诉《复议决定书》的程序问题，同意一审法院的认定意见。

北京市第三中级人民法院依照《中华人民共和国行政诉讼法》第八十九条第一款第一项之规定，判决：

驳回上诉，维持原判。

【法官后语】

基于行政诉讼特点，行政审判工作往往涉及多件法律规范。面对众多的法律规范，如何正确进行法律适用是行政审判不容忽视的关键。本案涉及不同法律规范就同一事项有不同规定，司法如何处理的问题。

1. 规定冲突

关于社会保险费的征缴程序，《社会保险费征缴暂行条例》第十三条规定："缴费单位未按规定缴纳和代扣代缴社会保险费的，由劳动保障行政部门或者税务机关责令限期缴纳；逾期仍不缴纳的，除补缴欠缴数额外，从欠缴之日起，按日加收2‰的滞纳金。滞纳金并入社会保险基金。"《中华人民共和国社会保险法》第八十六条规定："用人单位未按时足额缴纳社会保险费的，由社会保险费征收机构责令限期缴纳或者补足，并自欠缴之日起，按日加收万分之五的滞纳金；逾期仍不缴纳的，由有关行政部门处欠缴数额一倍以上三倍以下的罚款。"与《社会保险费征缴暂行条例》规定不同，《中华人民共和国社会保险法》没有设置责令限期缴纳的前置程序，两者在征缴程序的规定上存在差异，案件存在法律适用的问题。

2. 一审分歧

一审法院和原告均认为新法优先原则适用于不同位阶的法律规范，但是对新法的定义存在异议。

一审法院认为，虽然《中华人民共和国立法法》设置了新法优先原则，不能单纯就该法律规范修订的时间分析是否为新法，应结合新修订的规范内容统筹分析：如果新修订的内容与冲突规定无关，那么即使该法律规范修订在后，在该冲突规定的适用上也不能依据新法优先原则。本案中，《社会保险费征缴暂行条例》于2019年修订，虽然晚于《中华人民共和国社会保险法》的修订时间，但是由于其新修订内容与征缴程序无关，因此案件不适用新法优先于旧法的原则，一审法院依据《中华人民共和国社会保险法》说理裁判。

不同的是，原告认为应将修订时间的先后顺序作为判断是否为新法的唯一尺度，本案应适用《社会保险费征缴暂行条例》规定进行裁判，故提起上诉。

3. 二审明确

对于上述分歧，二审法院认为新法优先原则仅适用于同一位阶的法律规范，不同位阶的法律规范应遵循上位法优先的法律适用原则，不适用新法优先原则。

从法律位阶分析，《中华人民共和国社会保险法》属于法律；《社会保险费征缴暂行条例》属于行政法规。《中华人民共和国立法法》第九十九条第一款规定，法律的效力高于行政法规。依据上位法优先的原则，案件应当适用《中华人民共和国社会保险法》的规定。本案中，二审法院没有采纳上诉人有关优先适用《社会保险费征缴暂行条例》的上诉理由，而是适用《中华人民共和国社会保险法》规定进行说理裁判，明确了在上位法与下位法规定存在冲突时，即使下位法修订在后，无论新修订内容是否与冲突规定有关，也优先适用上位法的法律适用规则。

4. 法理分析

（1）法律保留

行政审判工作需要审查行政机关是否依据职权法定原则依法行政。职权法定原则在大陆法系国家又被称为法律保留原则，“行政机关只有在取得法律授权的情况下，才能实施相应的行为”①。

（2）绝对保留和相对保留

基于社会实践的复杂多变，全部依靠权力机关制定法律难以适应现实的迫切需要。因此，法律保留的立法权限分为绝对保留和相对保留，部分立法权限可授权给其他国家机关行使。② 由于法律和行政法规、部门规章等法律规范的制定主体不同，可能存在内容不一致的情形。

（3）上位法优先原则

为适应实践需要，基于法律相对保留原则生成的法律规范由不同主体制定。在法律规范存在冲突时，依据立法法规定，应适用上位法优先原则。新法优先原则仅适用于同一部门在不同时期制定的处于同一位阶的法律规范。③

---

① 参见［德］哈特穆特·毛雷尔：《行政法学总论》，高家伟译，法律出版社2000年版，第103页。

② 参见应松年：《〈立法法〉关于法律保留原则的规定》，载《行政法学研究》2000年第3期。

③ 《中华人民共和国立法法》第一百零三条规定：“同一机关制定的法律、行政法规、地方性法规、自治条例和单行条例、规章，特别规定与一般规定不一致的，适用特别规定；新的规定与旧的规定不一致的，适用新的规定。”另参见虞波：《浅析新法优于旧法法律规则的个案适用问题》，载《法制与社会》2012年第9期。

本案的争议焦点是案件应当适用2018年修正的《中华人民共和国社会保险法》还是2019年修订的《社会保险费征缴暂行条例》。本案中，对于原告不服一审法院对新法优先原则适用的上诉请求，二审法院依据上位法优先原则进行释法明理，明确了对上位法优先原则及新法优先原则的适用标准。

编写人：北京市通州区人民法院　李炎铎　戴婧婧

44

复议被申请人无权对认定复议决定合法的判决提起上诉

——李甲诉聊城市公安局某区分局、聊城市某区人民政府行政处罚及行政复议案

【案件基本信息】

1. 裁判书字号

山东省聊城市中级人民法院（2021）鲁15行终246号行政裁定书

2. 案由：行政处罚及行政复议纠纷

3. 当事人

原告：李甲

被告（上诉人）：聊城市公安局某区分局（以下简称某区公安局）

被告（被上诉人）：聊城市某区人民政府（以下简称某区政府）

第三人：李乙

【基本案情】

李甲和李乙均系某村村民。李乙因认为李甲架设的高压线对自家安全产生威胁，将高压线损毁。李甲报警后，某区公安局作出处罚决定，认定李乙的行为属于故意毁损财物，决定对李乙作出行政拘留五日的行政处罚。李乙不服该

处罚决定，申请行政复议。某区政府经审查认定，某区公安局作出的行政处罚决定认定事实清楚，但超过法定期限，故确认某区公安局作出的行政处罚决定违法。原告李甲不服，将某区公安局、某区政府诉至法院，请求撤销某区公安局作出的处罚决定和某区政府作出的复议决定。

【案件争议焦点】

某区公安局是否有权就一审判决对某区政府提起上诉。

【法院裁判要旨】

山东省莘县人民法院经审理认为：某区公安局作出的被诉行政处罚决定认定事实清楚、适用法律正确，但办案期限超过法定期限，属程序轻微违法，但因对李甲和李乙的权利不产生实际影响，故应确认违法但保持其效力，某区政府作出的被诉复议决定并无不当。

山东省莘县人民法院根据《中华人民共和国行政诉讼法》第七十四条第一款第二项、第七十条第六项之规定，判决如下：

一、确认某区公安局作出的被诉处罚决定违法；

二、驳回李甲的其他诉讼请求。

某区公安局不服一审判决，提起上诉，认为被诉处罚决定并未超过法定期限，被诉复议决定不当，请求二审法院撤销一审判决和被诉复议决定，确认其作出的处罚决定合法。山东省聊城市中级人民法院经审理认为：《中华人民共和国行政复议法》第五条规定，公民、法人或者其他组织对行政复议决定不服的，可以依照行政诉讼法的规定向人民法院提起行政诉讼，但是法律规定行政复议决定为最终裁决的除外。第三十二条规定，被申请人应当履行行政复议决定。被申请人不履行或者无正当理由拖延履行行政复议决定的，行政复议机关或者有关上级行政机关应当责令其限期履行。《中华人民共和国行政诉讼法》第二条第一款规定，公民、法人或者其他组织认为行政机关和行政机关工作人员的行政行为侵犯其合法权益，有权依照本法向人民法院提起诉讼。第四十五条规定，公民、法人或者其他组织不服复议决定的，可以在收到复议决定书之日起十五日内向人民法院提起诉讼。复议机关逾期不作决定的，申请人可以在复议期满之日起十五日内向人民法院提起诉讼。法律另有规定的除外。根据上述规定，对复议决定有权提出起诉的是复议申请人以及复议裁决承担义务或减损权益的第三人。某区公安局作为复议被申请人，其应当履行复议机关作出的复议决定，其无权向人民法院提起诉讼。某区公安局的上诉请求为确认被诉处罚决定合法、撤销复议决定及一审判决，并将复议机关某区政府列为被上诉人，由此可以看出，其实质还是对复议决定不服。既然其无一审诉权，自然不具备提起上诉的权利，并且一审判决和复议决定都是以被诉处罚决定超期为由确认违法的，一审判决并未对某区公安局增设义务或减损权益，如果允许其提起上诉，则变相地让应当履行复议决定的被申请人拥有了诉讼救济权。综上，某区公安局不具备提起上诉的资格。

山东省聊城市中级人民法院根据《中华人民共和国行政诉讼法》第一百零一条、《中华人民共和国民事诉讼法》第一百五十四条第一款第十一项之规定，裁定：

驳回某区公安局的上诉。

【法官后语】

《最高人民法院关于适用〈中华人民共和国行政诉讼法〉的解释》对行政复议、行政诉讼共同被告制度下的原告资格、被告确立规则、举证责任分配、判决方式等问题进行了规范。但共同被告制度系立法机关为了解决实践中的突出问题而作的制度安排，行政审判实践中仍有一些问题尚待解决，如本案所揭示出的作出原行政行为的行政机关在一审并未否定复议决定效力时，是否有权提起上诉。

人民法院经审查确认原行政行为程序违法并维持复议决定的，实体层面仍属于维持判决。在此情形下，复议被申请人即作出原行政行为的行政机关提起上诉的情形，在实践中极少发生，但因上诉人资格问题相关规定较为原则化，一旦发生极易产生争议。本案就复议被申请人（作出原行政行为的行政机关）某区公安局是否有权提起上诉，存在两种意见：第一种意见认为，某区公安局作为一审被告，是案件当事人，其不服一审判决的，可以根据行政诉讼法第八十五条之规定提起上诉。第二种意见认为，某区公安局无权提起上诉，因一审判决并未改变复议决定，未对其增设权利或减损义务。

法院采纳了第二种意见，现从以下方面加以分析。

1. 行政复议制度中的“权利救济”功能并未赋予复议被申请人就复议决定提起行政诉讼的权利

行政复议兼具行政性与司法性，其复合特性决定了行政复议具有监督行政、权利救济、解决行政争议的多元功能。其中，权利救济为行政复议的主导功能，解决行政争议是权利救济的结果。此处的权利救济，仅限于行政相对人一方的合法权益。因此，只有行政相对人有权提起行政复议，复议被申请人仅作为行政复议程序中的被审查主体，处于被监督者的地位，这种制度与行政诉讼单向诉讼结构异曲同工。

但行政复议并非司法行为，基于其行政性特点，仍然属于行政行为，在行政诉讼审查范围之内。对于获得诉讼救济的主体，复议申请人不服复议决定，除复议终局裁决外有权提起行政诉讼实现权益保护。但复议被申请人并不因复议机关对其原行政行为作出不利评价而获得诉讼救济。原因在于，行政复议制度本身就是行政机关内部自我纠正错误的一种监督制度，复议机关与复议被申请人之间存在行政组织法上的行政隶属关系，分别处于领导与被领导的地位，对于复议机关作出的复议决定，复议被申请人只得严格履行。本案中，某区公安局虽不服复议决定并参与到行政诉讼中成为被告，但系由行政相对人提起诉讼而被动参与，其提起上诉，有违行政复议层级监督的功能定位。

2. 在共同被告制度下，复议机关与复议被申请人之间为协同而非对抗关系

作为共同被告，作出原行政行为的行政机关和复议机关对原行政行为合法性共同承担举证责任，且复议机关在复议程序中依法收集和补充的证据，可以作为人民法院认定复议决定和原行政行为合法的依据。由此可以看出，复议机关与复议被申请人在共同被告制度下同属诉讼两造中与原告的对立方，属同进退、休戚与共的共同体，两被告之间非但无对抗关系，反而存在协同关系。本

案中，某区公安局不服确认原行政行为违法的判决结果，实际是不服复议决定，将自身放置在与复议机关对抗的位置，与共同被告下二者是协同关系的制度设计相悖。

3. 复议被申请人就维持复议决定判决提起上诉不具备上诉利益

“无利益即无诉权”。所谓诉的利益，是指原告的诉求具有发动国家审判力量加以审判的必要性或价值。上诉利益，也就是诉的利益在上诉阶段的具体表现。上诉利益又称不服利益，是指一审法院作出的对于当事人不利的裁判，可由当事人请求二审法院予以改判的部分或全部裁判结果。本案中，某区政府作出确认某区公安局原行为程序违法的复议决定，某区公安局虽不服该复议决定，但无权提出相应的诉讼也即无诉的利益，自然不具备上诉利益。

综上，行政复议制度是行政机关内部自我纠正错误的一种监督制度，复议机关与复议被申请人之间存在行政组织法上的行政隶属关系，对于复议机关作出的复议决定，复议被申请人需严格履行。复议机关以违反法定程序为由确认原行政行为违法的，作出原行政行为的行政机关和复议机关是共同被告。人民法院一审经审查认定复议决定合法的，复议被申请人也即作出原行政行为的行政机关无权提起上诉。

编写人：山东省聊城市中级人民法院　高世宁
山东省高唐县人民法院　李秀红

45

行政复议程序中复议机关应当追加案件的利害关系人为第三人

——许某诉某市公安局行政复议案

【案件基本信息】

1. 裁判书字号

福建省福州市中级人民法院（2021）闽01行终8号行政判决书

2. 案由：行政复议纠纷

3. 当事人

原告（被上诉人）：许某

被告（上诉人）：某市公安局

第三人：某市公安局某区公安分局（以下简称某区公安局）、康某

【基本案情】

2018年12月24日20时许，康某在某培训学校上课，因其讲话声音较大影响到他人，许某上前劝阻，双方发生口角，而后许某用手勒住康某脖子，并将康某摔倒在地，同时倒地的许某用身子压住康某，后双方被劝开。经鉴定，康某的损伤为轻伤一级。2019年5月15日，某区公安局作出行政处罚决定书，根据《中华人民共和国治安管理处罚法》第二条、第二十一条第一项、第四十三条第一款决定，对许某处五日拘留，并处200元罚款，由于案发时许某已满十四周岁、不满十六周岁，对许某不执行行政拘留处罚。2019年5月29日，康某不服上述行政处罚决定，向某市公安局申请行政复议。2019年7月22日，某市公安局作出行政复议决定书，决定撤销前述行政处罚决定，责令某区公安

局在收到复议决定二十日内重新作出处罚决定，许某未被通知参加本次行政复议程序。2019 年 8 月 8 日，某区公安局重新作出行政处罚决定书，根据《中华人民共和国治安管理处罚法》第二条、第十二条、第四十三条第二款第二项之规定，决定对许某处十日拘留，并处 500 元罚款，由于违法行为人许某作案时已满十四周岁、不满十六周岁，根据《中华人民共和国治安管理处罚法》第二十一条第一项之规定，对违法行为人许某不执行行政拘留处罚。许某不服第二次作出的行政处罚决定书，于 2019 年 9 月 16 日向福建省福州市台江区人民法院提起另案诉讼，该院于 2019 年 10 月 12 日向许某的委托代理人寄送第三人某区公安局所提交的证据，许某的委托代理人于同月 14 日收到相关证据，此时许某及其委托代理人才了解到案涉行政复议决定书的内容。因对该行政复议决定书不服，原告许某以某市公安局为被告向福建省福州市鼓楼区人民法院提起诉讼，即本案。

【案件焦点】

行政复议程序中，复议机关是否应当追加案件的利害关系人为第三人。

【法院裁判要旨】

福建省福州市鼓楼区人民法院经审理认为：根据《中华人民共和国行政复议法》第十条第三款的规定，同申请行政复议的具体行政行为有利害关系的其他公民、法人或者其他组织，可以作为第三人参加行政复议。《中华人民共和国行政复议法实施条例》第九条第一款规定，行政复议期间，行政复议机构认为申请人以外的公民、法人或者其他组织与被审查的具体行政行为有利害关系的，可以通知其作为第三人参加行政复议。尽管上述规定并未对行政复议机关科以通知利害关系人参加行政复议的强制性义务，但基于正当程序的原则，行政复议机关在可能作出对利害关系人不利的决定时，应当给予其实质性地参与到行政复议程序中的机会，保障其享有与复议申请人、被申请人平等的程序权利。本案中，某市公安局审查的行政行为系某区公安局作出的行政处罚决定，许某系被处罚决定人，与该行政处罚决定之间具有直接的利害关系。而某市公安局在行政复议的过程中未通知许某参加行政复议，事实上导致许某与其他行政复议参加人享有的程序权利不平等。在此情况下，某市公安局最终作出对许某不利的被诉复议决定，有违正当程序原则，应属程序违法。

福建省福州市鼓楼区人民法院依照《中华人民共和国行政诉讼法》第七十四条第二款第一项的规定，判决如下：

确认某市公安局作出的行政复议决定违法。

某市公安局提起上诉。福建省福州市中级人民法院经审理认为：本案争议焦点系行政复议机关未听取利害关系人意见即作出行政复议决定是否违反法定程序。根据正当程序原则，行政复议机关拟作出对利害关系人产生不利影响的行政复议决定，应当通知利害关系人参加行政复议，行使复议权利。经查，某市公安局作出的行政复议决定认为，某区公安局认定事实不清，适用法律错误，责令某区公安局重新作出处罚决定。该决定可能对许某产生不利影响，且许某系被处罚决定人，与被审查行政处罚决定有直接的利害关系。复议机关某市公安局应当给予许某表达意见和为自己辩护的机会，而某市公安局在作出复议决定前未听取许某的陈述和申辩意见，违反正当程序原则。一审法院认定某市公安局作出行政复议决定违法并无不当，某市公安局关于其复议程序合法的主张不能成立。

福建省福州市中级人民法院依照《中华人民共和国行政诉讼法》第八十九条第一款第一项之规定，判决如下：

驳回上诉，维持原判。

【法官后语】

本案处理的重点是准确把握行政复议程序中的第三人制度。第三人在行政复议程序中是除了复议申请人、复议被申请人之外的当事人，其与复议申请人之间存在一定的当事人共性——与所申请行政复议的行政行为之间存在利害关系。第三人与复议申请人最大的区别在于，复议申请人是复议程序的发动者，而第三人则是被动的参与者，其通常是在复议程序启动后，或通过申请或通过复议机关追加的方式参与到复议程序中。然则，现行的行政复议法规对于第三人参加复议程序的规定存在一定的模糊之处。

《中华人民共和国行政复议法》第十条第三款规定："同申请行政复议的具体行政行为有利害关系的其他公民、法人或者其他组织，可以作为第三人参加行政复议。"《中华人民共和国行政复议法实施条例》第九条第一款规定："行政复议期间，行政复议机构认为申请人以外的公民、法人或者其他组织与被审查的具体行政行为有利害关系的，可以通知其作为第三人参加行政复议。"其中对于"可以"一词的理解形成了争议的核心。由于此类条款的适用主体是行政机关，这也就意味着行政机关被法律赋予了自由裁量是否同意行政复议第三人参加复议的权利。若行政机关在复议程序中并未主动追加行政行为的利害关系人作为复议程序的第三人，将不可避免地侵害、减损利害关系人在复议程序中的救济权利，尤其是当复议机关未听取第三人的意见而作出对第三人不利的行政复议决定时，因为未能在复议程序中行使自己的各项权利，将导致第三人可能如本案中的原告一样因同一行政争议提起新的复议、诉讼，造成行政复议重复立案，增加行政纷争的解决时间和争议解决的成本，浪费司法资源。

因此，为了避免对利害关系人应当享有的程序性权利造成不必要的侵害，行政机关在复议程序中应当仔细审查。若发现申请人以外的公民、法人或者其他组织与被审查的具体行政行为有利害关系的，则应当主动追加其为第三人，给予其实质性参加到行政复议程序中的机会，充分保障案件当事人享有与申请人、被申请人平等的程序性权利。

编写人：福建省福州市鼓楼区人民法院　宋恒

十一、行政协议

46

公房在册户籍人员之一单独签订的房屋征收补偿协议效力认定

——王某、杨丁诉北京市某区人民政府房屋征收办公室房屋征收补偿行政协议案

【案件基本信息】

1. 裁判书字号

北京市第三中级人民法院（2021）京03行终376号行政判决书

2. 案由：房屋征收补偿行政协议纠纷

3. 当事人

原告（上诉人）：王某、杨丁

被告（被上诉人）：北京市某区人民政府房屋征收办公室（以下简称某区征收办）

第三人（被上诉人）：杨丙

【基本案情】

杨甲系杨乙之弟，杨丙系杨乙之子。杨甲与王某系夫妻关系，杨丁系二人之女。2000年10月31日，杨乙与原北京市某区房屋土地管理局某街道管理所

签订《北京市公有住宅租赁合同》，约定杨乙承租本案被征收房屋。后杨乙于2015年8月13日去世。2016年11月17日，杨甲与某区征收办签订《旧城区改建项目房屋征收补偿协议》（以下简称《征补协议》），主要约定内容为：被征收房屋在册户籍人口1册3人，分别为杨甲、杨乙、杨丙；被征收人自愿选择房屋产权调换方式进行补偿。杨甲在上述协议的乙方委托代理人处签字、摁手印，日期处填写为2016年11月17日；甲方盖章和日期处均为空白。2017年3月12日，杨甲作为被征收人与某区征收办作为征收人签订了涉诉《补充协议一》。后杨甲于2017年3月25日去世。2017年6月10日，王某、杨丁将被征收房屋交付拆除公司。

2018年12月8日，针对同一被征收房屋，某区征收办作为征收人（协议甲方）再次与杨丙作为被征收人（协议乙方）签订《旧城区改建项目房屋征收补偿协议》，主要内容为：被征收房屋在册户籍人口1册1人，即杨丙；被征收人自愿选择房屋产权调换方式进行补偿。杨丙在上述协议的乙方处签字、摁手印，日期处填写为2018年12月8日；甲方盖章和日期处均为空白。2018年12月12日，杨丙作为被征收人（协议乙方）与某区征收办作为征收人（协议甲方）再次签订《补充协议》（非本案涉诉《补充协议一》）。杨丙在上述协议的乙方处签字、摁手印，日期处填写为2018年12月12日；甲方盖章和日期处均为空白。

王某、杨丁诉至法院，要求某区征收办履行2017年3月12日杨甲与某区征收办签订的涉诉《补充协议一》。

【案件焦点】

承租公房的在册户籍人员之一单独作为被征收人签订的国有土地上房屋征收补偿协议效力如何予以认定。

【法院裁判要旨】

北京市朝阳区人民法院经审理认为：涉诉《补充协议一》在性质上属于国有土地上房屋征收补偿协议，被征收房屋属于承租公房，根据《北京市住房和城乡建设委员会关于国有土地上房屋征收与补偿中有关事项的通知》（京建法〔2012〕19号）① 的规定，公房的征收补偿主要有两种方式：一是公房承租人愿意按照房改政策购买所承租公房的，应当在房屋征收决定公告发布之日起20日内购买，房屋所有权人应当配合做好售房工作，购房后公房承租人作为被征收人与区、县房屋征收部门签订补偿协议；二是公房承租人在房屋征收决定公告发布之日起20日内未能按照房改政策购买所承租公房且与房屋所有权人未协商一致的，区、县房屋征收部门对房屋所有权人按照重置成新价款进行补偿，对公房承租人按照征收补偿方案确定的房屋价值补偿总额扣除房屋重置成新价款后的部分进行补偿，由区、县房屋征收部门分别与房屋所有权人和公房承租人签订补偿协议。公房承租人也可以按照征收补偿方案选择房屋安置，取得的补偿款与房屋安置的购房款之间的差额由公房承租人承担。本案被征收房屋的原承租人杨乙已去世，此后未依法定程序变更公房承租人，在《征补协议》及《补充协议一》订立时，被征收房屋的同一户籍人员除杨甲外还有杨丙。因此，只有确认具备继续承租被征收房屋资格的人员，才能作为被征收人就被征收房屋签订相应的房屋征收补偿协议。在杨甲作为被征收人的主体资格尚未确定的情况下，杨丙作为被征收房屋的同一户籍人员，《征补协议》及《补充协议一》签字前未征询杨丙意见，杨丙事后对此也不予追认，存在无效处分的情形，杨甲单方在《征补协议》及《补充协议一》中签字明显违法。因此，上述协议的签订严重违反了《国有土地上房屋征收与补偿条例》及本市相关规范性文件的规定，侵害了杨丙的相应利益，《补充协议一》应属无效的行政协议。经一审法院释明，王某、杨丁坚持其诉讼请求，故对于王某、杨丁基于继续履行《补充协议一》所提出的诉讼请求，依法应予驳回。

北京市朝阳区人民法院依据《中华人民共和国行政诉讼法》第六十九条、《最高人民法院关于审理行政协议案件若干问题的规定》第二十二条之规定：

驳回王某、杨丁的诉讼请求。

---

① 载北京市人民政府门户网站，https：//www.beijing.gov.cn/zhengce/gfxwj/201905/t20190522_57279.html，最后访问时间：2023年4月14日。

二审法院同意一审法院裁判意见。

【法官后语】

审视既有司法实践，在审查行政协议履行之诉时，出现了“未先判断协议效力”“错误判断协议效力”等问题，然而行政协议是否合法有效是协议应否履行的前提条件，此类履行之诉案件中必须先行对行政协议效力予以判定。

本案中，关于承租公房的在册户籍人员之一单独作为被征收人签订的国有土地上房屋征收补偿协议效力存在两种观点：(1) 该协议基于双方真实意思表示，且协议相对人已经履行了协议约定的腾房义务，应属合法有效，关于补偿利益分配问题另行解决；(2) 该协议相对人尚未被确定为公房承租人，且其他户籍在册人口对协议签订不予追认，应属无效。

笔者倾向第二种观点，行政协议的双重性质决定了行政协议确认无效规则比单纯的民事合同或是传统的行政行为更具有复杂性。根据《中华人民共和国行政诉讼法》第七十五条和《最高人民法院关于审理行政协议案件若干问题的规定》第十二条的规定，针对行政协议效力的审查，应优先考虑适用行政法律规范判断是否属于“重大且明显违法情形”，同时参照适用相关民事法律规范的基本原则。

首先，对行政主体的权限资格合法性予以确定。行政主体作为协议签订一方主体，是否具备协议订立权限是在审查协议效力时最先审查的方面，若存在无权签订或者越权签订就涉及无效情形。但也需注意，行政协议的签订主体没有相应的行政主体权限不绝对导致协议无效，如经审查认为具有追认可能性并且有权机关予以追认等效力补正情形，可以认定为有效。

其次，对是否具有依据进行判定。行政协议的依据分为事实依据和法律依据，前者是行政协议赖以存在的基础，后者则是行政协议的合法性依据，二者缺一不可。同时，没有依据一般并不足以导致协议无效，必须达到重大明显违法标准才能确认无效。从行政法规范来看，若行政主体方存在认定协议主体错误等行为，或者是行政协议约定内容违反了明确的禁止性规定，可能会直接产生协议无效的后果。

最后，对是否属于“其他重大且明显违法情形”予以认定。关于此兜底情形，可参照适用民事法律规范确认行政协议效力。《中华人民共和国民法典》第一百五十三条①和第一百五十四条②中对民事法律行为无效作出了规定，其中，“恶意串通”情形达到“损害第三人利益”的程度，就符合协议无效的条件，也属于重大且明显违法情形。

基于上述的行政协议效力认定规则，就本案而言，被告作为辖区内房屋征收部门虽有签订房屋征收补偿协议的法定职权，但被征收房屋性质为公房，原公房承租人去世后继续承租人资质仍有争议，在被征收人主体资格尚未被确定的情况下，被告径行与在册户籍人员之一签订协议，其所认定的协议主体存在不当。同时，被告在房屋征收补偿协议的订立过程中，亦没有征询被征收房屋的其他在册户籍人员意见，相关第三人对此也不予追认，已然损害了第三人合法权益。本案要求履行的房屋征收补偿协议及其补充协议符合重大且明显违法的情形，应被认定为无效。

编写人：北京市朝阳区人民法院　郑瑞涛　杨星星

---

① 《中华人民共和国民法典》第一百五十三条规定，违反法律、行政法规的强制性规定的民事法律行为无效。但是，该强制性规定不导致该民事法律行为无效的除外。违背公序良俗的民事法律行为无效。

② 《中华人民共和国民法典》第一百五十四条规定，行为人与相对人恶意串通，损害他人合法权益的民事法律行为无效。

47

行政机关撤销行政协议应当遵循严格的条件和程序

——蒋某诉南京市某区房屋拆迁安置管理办公室行政协议案

【案件基本信息】

1. 裁判书字号

江苏省南京市中级人民法院（2021）苏01行终311号行政判决书

2. 案由：行政协议纠纷

3. 当事人

原告（被上诉人）：蒋某

被告（上诉人）：南京市某区房屋拆迁安置管理办公室（以下简称某区拆迁办）

【基本案情】

因公共建设需要，某区拆迁办对蒋某房屋所在区域进行协议搬迁。2017年8月1日，某区拆迁办入户调查，制作了《入户勘查记录表》，载明涉案房屋砖简、砖混、砖木房面积合计421.98平方米。调查程序中，蒋某户提供了涉案房屋用地审批手续，所载审批土地使用面积为135平方米，其中建筑占地91平方米，翻建砖混两层建筑，面积为182平方米。

2017年12月16日签订补偿协议之前，蒋某户进行协议分户，分户协议载明房屋总面积1055.22平方米、权证面积182平方米，蒋某配偶林甲、儿子林乙各分配权证面积91平方米。某区拆迁办分别与林甲、林乙签订补偿协议，其中与林甲签订的《搬迁补偿协议》约定：被搬迁房屋货币补偿总额为1057936元，其中包括：有证房屋140平方米，补偿款560280元作为申购安置房的资金封闭运作；无证房屋775.22平方米的建筑材料回收款和装修补助为232566元（775.22平方米×300元/平方米）。协议签订后，林甲将房屋交付给某区拆迁办拆除；某区拆迁办支付了封闭运作资金以外的补偿款497656元。

2018年9月，某区拆迁办以蒋某及其子女（此时林甲已去世）为被告提起民事诉讼，要求返还补偿款189972元，后撤回起诉，以审计时发现将涉案房屋面积与其他户相加、多计算了633.24平方米面积为由，于2020年3月24日作出《撤销协议决定书》，认定多计算补偿款189972元（633.24平方米×300元/平方米），继续履行将造成国有资产损失，决定撤销与林甲签订的《搬迁补偿协议》及签订补偿协议时填写的申购安置房申请，要求蒋某退还已领取的补偿款497656元，并重新签订补偿协议。蒋某不服，诉至法院。

【案件焦点】

某区拆迁办撤销《搬迁补偿协议》，证据是否充分、程序是否合法。

【法院裁判要旨】

江苏省南京江北新区人民法院经审理认为：行政协议履行完毕后，行政机关有自我纠错的权力和职责，但本案被诉行为存在以下问题：

一是撤销协议的主要证据不足。《入户勘查记录表》记载涉案房屋建筑面积为421.98平方米，而在装修附属物补偿测算表、分户协议、搬迁补偿协议中双方确认的建筑面积均为1055.22平方米，两者存在矛盾。搬迁补偿实施过程中，某区拆迁办处于主导地位，不宜作对原告不利的解释。入户调查过程中，某区拆迁办工作人员、评估单位人员、建设单位跟踪审计人员、社区工作人员均参与其中，应推定调查工作是严谨、审慎的，某区拆迁办亦无证据证明蒋某存在过错，在此情况下撤销搬迁补偿协议违反了信赖保护原则。

二是不符合正当程序。纠错作为一种行政行为，应当遵循正当程序原则。被告作出撤销决定前，未告知原告拟作出的决定，未说明撤销决定依据的事实和理由，未保障原告的陈述、申辩权，违反了正当程序原则。

三是不符合比例原则。某区拆迁办主张多支付的189972元系因无证房面积计算错误，而认定的房屋面积140平方米没有变化，用于申购安置房的封闭资金亦没有变化，即使存在计算错误，也只需对协议中部分内容进行变更或撤销。某区拆迁办撤销与此无关的安置房申购申请及其他项目的补偿，超出了必要的限度。

江苏省南京江北新区人民法院依照《中华人民共和国行政诉讼法》第六条、第七十条第一项、第三项规定，作出如下判决：

撤销被告于2020年3月24日向原告作出的《撤销协议决定书》。

二审法院同意一审法院裁判意见。

【法官后语】

撤销行政协议是行政机关在实践中创设的一种救济方式，该行为涉及两大问题：行政机关是否有权撤销行政协议；行政诉讼中对撤销行政协议的行为应如何审查。

1. 关于行政机关的协议撤销权

囿于我国“单向型”行政诉讼模式，行政机关无法通过起诉的方式获得全面的救济，认可行政机关的撤销权有其必要。

从行政协议行政性的一面看，依法行政原则要求行政行为保持合法的状态，撤销违法的行政行为，这一原则在行政协议领域同样应当遵守。如果行政相对人通过欺诈、胁迫等手段导致行政机关作出错误意思表示，应当容许行政机关通过撤销的方式让行政协议失去效力，以符合依法行政的要求。

从行政协议合意性的一面看，行政协议双方均有可能违约或存在缔约过失，因而双方的权利救济都应得到考虑。《最高人民法院关于审理行政协议案件若干问题的规定》第十四条规定赋予原告遇“胁迫、欺诈、重大误解、显失公平等情形”时的撤销权，如果行政机关面临相同情形时无法获得救济，将导致明显的权利失衡，损害国家利益和社会公共利益。

2. 关于撤销行政协议的实体条件

撤销行政协议有其存在的正当性、必要性，但对其负面影响亦要高度警惕，对适用条件严格限制，以防止行政恣意。

一是应遵循信赖利益保护原则。行政协议具有授益性，行政相对人从中获得特定利益，也基于对协议的信赖处分自己的权利。行政机关在撤销行政协议的诉讼中，应当举证证明存在重大且明显违法、严重损害国家利益和社会公共利益的情形，且无法通过其他方式纠正。本案补偿调查程序由某区拆迁办主导，仅以面积计算错误为由，而无其他充分证据，不足以推翻原告的信赖利益。

二是撤销事由应可归责于行政相对人。行政协议如出现意思表示错误等问题，可能是行政相对人的过错，也可能是行政机关疏忽所致。行政机关撤销行政协议应限于行政相对人虚假陈述、欺诈、胁迫等行政相对人具有过错的情形。倘若行政机关疏于职守造成意思表示错误，则应通过内部追责的方式填补公共利益损失。

三是应遵循比例原则。需要纠错的情况下，也应采取对行政相对人影响最小的方式纠错，以尽可能维护法律秩序，如合议解除协议、部分撤销行政协议等。涉案补偿协议既涉及有产权证的主建筑物，也涉及附属物等无产权证的补偿项目，产生争议的仅是无产权证部分涉及的189972元，占补偿款总额的18%左右，此外协议还约定了申请购置安置房事宜，在此情形下，撤销全部协议有违比例原则。

3. 关于撤销行政协议的程序规则

防止行政机关在撤销行政协议的问题上滥用权利，关键是以正当程序原则约束行政机关的撤销行为，最重要的是保障行政相对人的陈述申辩权。行政机关应在撤销行政协议前告知拟作出的决定、理由、依据，听取协议另一方的陈述、申辩。这既是保障当事人权利的程序性要求，也是促成行政机关作出最适当措施、提升行政行为可接受度的有效途径。如果像本案这样涉及当事人的居住区等重大利益，还应通过听证程序充分听取行政相对人的意见，审慎作出裁量。

编写人：江苏省南京江北新区人民法院　骆菊杰　邢黎

48

拟建房产的价值可参照房地产估价专家委员会出具的鉴定意见予以认定

——林某、崔某诉扬州市邗江区人民政府某街道办事处行政协议案

【案件基本信息】

1. 裁判书字号

江苏省扬州市中级人民法院（2021）苏10行终250号行政判决书

2. 案由：行政协议纠纷

3. 当事人

原告（上诉人）：林某、崔某

被告（被上诉人）：扬州市邗江区人民政府某街道办事处（以下简称某街道办）

第三人（被上诉人）：征收公司

【基本案情】

原告林某、崔某的房屋在某拆迁项目范围内，被告某街道办为拆迁责任单位。2015年8月8日，被告委托的征收公司（甲方）与林某、崔某（乙方）签订《拆迁补偿安置协议书》一份，约定安置原告拟建的综合楼一层中进深约12米、长度约40米、合计480平方米的门面房。协议签订后，原告交付了拆迁房屋，但某街道办及征收公司至今未交付安置房。原告诉至法院，请求被告按照案涉拆迁协议履行补偿安置义务。

本案审理中，三方一致认可，因政府规划调整，交付回迁安置门面房已经无法履行，同意就拟安置的门面房价值进行货币补偿。为支持各自主张，原告

提供了其委托的A评估公司作出的《房地产估价咨询报告》，以2020年4月8日为价值时点，对涉案拆迁补偿协议中拟建综合楼480平方米门面房折算成货币补偿，评估单价为69105.10元/平方米。某街道办提供了其委托B评估公司作出的《房地产价格咨询报告》，以2020年3月24日为价值时点，对涉案拟安置门面房所在的建筑面积480平方米商业房地产的市场价值进行了估价，评估单价为23417元/平方米。

因原、被告双方提供的就拟建门面房单方委托询价的基准价差距较大，当事人同意由一审法院委托第三方对协议中约定的拟建门面房进行价格评估。因案涉拟建门面房无实物，不符合直接移送委托司法鉴定机构的相应条件，一审法院委托某房地产估价专家委员会（以下简称评估委员会）对原、被告提交的两份询价报告进行专业鉴定，出具鉴定意见，并提供涉案地块沿街底层商业用房的市场平均价值作为参考。2021年5月17日，评估委员会向一审法院出具《专家评审意见》及《函》各一份。其中，《专家评审意见》载明："案涉两份询价报告为林某、崔某和某街道办单方面分别委托的咨询性报告，非鉴证性报告。咨询性报告可以站在某个特定的立场上而非中立的立场上进行评估，可以不遵循独立、客观、公正的原则，因此该两份房地产不具有公正性。该两份报告选用的估价方法恰当，但真实性依据不足，且存在可比性不强等情况。综上，案涉两份报告不宜作为审理该案的依据。"《函》载明："在假设为商服用地国有出让土地使用权、土地剩余年期38年，单间临街宽度4米、进深12米、高度4米、钢混结构、室内毛坯的前提下，涉案地块沿街底层具有合法、完整不动产权的单间商业用房于价值时点2021年5月7日的市场价值为30768元/平方米。需要特别说明的是，房地产具有独一无二的特性，同一地段房地产因所处具体位置、权益、实物状况的差异，其市场价值也存在一定差异。一般情况下，具体房地产的市场价值在上述评估结果的±10%范围内浮动。"2021年6月21日，一审法院组织当事人对上述《专家评审意见》及《函》进行质证，三方从各自立场发表了质证意见。

【案件焦点】

拆迁补偿协议约定的拟建安置房屋内容因规划调整已实际无法履行的情况下，原告起诉要求履行该协议，应如何处理。

【法院裁判要旨】

江苏省扬州市江都区人民法院经审理认为：案涉协议具有法律效力，且原告起诉未超过法律规定的诉讼时效。因案涉协议第一条及第二条载明的回迁安置房已因政府规划无法履行，应由被告采取相应的补救措施、赔偿原告损失。案件审理中，三方一致认可就协议中约定的拟安置门面房进行货币补偿，依法予以支持，案涉原协议不再履行，由被告就拟安置门面房的对价向原告进行货币补偿。关于补偿价格，因双方提供的案涉标的物的咨询报告差距较大，双方同意由法院委托专门机构进行评估，以评估结果作为裁判依据。因此，对评估委员会的专家意见依法予以采纳，对原、被告提供的案涉咨询报告不予采信，根据专家评审意见认定案涉拟安置门面房的补偿单价为30768元/平方米。结合协议载明的安置门面房面积为480平方米，故补偿价格总额为：30768元/平方米×480平方米=14768640元。

江苏省扬州市江都区人民法院依据《中华人民共和国行政诉讼法》第十二条第一款第十一项、第七十八条第一款，《最高人民法院关于适用〈中华人民共和国行政诉讼法〉的解释》第四十七条，《最高人民法院关于审理行政协议案件若干问题的规定》第八条、第十九条第一款、第二十五条的规定，判决：

一、某街道办于本判决生效之日起60日内依法补偿林某、崔某14768640元；

二、驳回林某、崔某的其他诉讼请求。

二审法院同意一审法院裁判意见。

【法官后语】

行政协议兼具行政性和合同性。一方面，协议内容对达成合意的协议双方均具有约束力；另一方面，行政机关在履行协议的过程中基于情势变更情形，享有变更、解除协议的行政优益权。对此，行政相对人可分别享有针对合同履行而提起履行之诉的权利，以及享有针对行政优益权而提起行为之诉的权利。在原告提起履行之诉，但被告履行不能之时，根据《中华人民共和国行政诉讼法》第七十八条第一款、《最高人民法院关于审理行政协议案件若干问题的规定》第十九条第一款规定，人民法院可以判决被告采取相应的补救措施；给原告造成损失的，判决被告予以赔偿。本案即属于被告在客观上无法依约履行的情形。依照上述规定，本应由人民法院判决某街道办采取相应的补救措施，或在给原告造成损失的情形下，判决某街道办予以赔偿。然而，在一审期间，当事人达成一致意见，根据涉案拆迁补偿协议所约定的拟安置门面房价值，对原告予以货币补偿，这实际上是在因客观情况发生变化而导致涉案拆迁补偿协议无法履行的情况下，双方当事人就原先约定的产权调换这一补偿安置方式如何实现，经协商一致进行了补充约定。该约定既是原、被告在诉讼过程中就协议履行方式达成的新的合意，也是被告应当承担履行不能赔偿责任的赔偿方式的一种转化形式。由于这一约定确系基于双方当事人的意思自治，亦未侵害社会公共利益或他人合法权益，人民法院依法应予以准许，故原告最终应获得怎样的补偿安置就归结于案涉拟建房产的价值确定问题。

一般来讲，价值认定属于相对专业领域，人民法院往往需要借助专业的鉴定意见予以认定。对此，《全国人民代表大会常务委员会关于司法鉴定管理问题的决定》[①]、《国有土地上房屋征收评估办法》[②]、《人民法院委托评估工作规范》[③]、《最高人民法院关于适用〈中华人民共和国行政诉讼法〉的解释》第四十七条等法律和文件进行了相应规定。其中，《人民法院委托评估工作规范》附件：人民法院委托评估需要提供的材料清单“一、房地产类”中载明了需要

① 载国家法律法规数据库网站，https：//flk. npc. gov. cn/detail2. html？ZmY4MDgwODE3NzRjNzJiMzAxNzc3MGJjMTJjNzFiZTM%3D，最后访问时间：2023年4月14日。

② 载中国政府网，http：//www. gov. cn/gongbao/content/2012/content_ 2084253. htm，最后访问时间：2023年4月14日。

③ 载人民法院诉讼资产网，https：//www. rmfysszc. gov. cn/statichtml/rm_ xw_ detail/2019/03/01/1969. shtml，最后访问时间：2023年4月14日。

移送司法鉴定的材料清单。根据该材料清单，目前，人民法院委托评估工作中，房地产类司法鉴定主要针对已经建设完成的房屋以及在建工程，暂未能覆盖无实物的拟建房屋，因此，本案未能如愿启动由人民法院直接委托司法鉴定机构出具鉴定意见的鉴定程序。这也是本案审理过程中的难点和困惑。

《国有土地上房屋征收评估办法》第二十条、第二十二条规定，在国有土地上房屋征收评估中，被征收人对评估结果有异议的，可依法向房地产价格评估机构申请复核评估，对复核结果仍有异议的，可以再向被征收房屋所在地评估专家委员会申请鉴定。根据上述规定，有关国有土地上房屋征收的评估结果，对于被征收房屋所在地评估专家委员会出具的相关鉴定意见，并无相应规定允许被征收人继续质疑，换言之，该类鉴定意见是有关被征收房屋价值的最终评估意见。本案中，尽管涉案城中村改造项目系集体土地上“城中村”改造项目，但仍可以参照上述《国有土地上房屋征收评估办法》的规定。一审法院最终选择委托评估委员会，由该委员会委托有资质的鉴定机构出具鉴定意见，评估委员会评议后，通过向法院出具函的形式提供了专业鉴定意见，一审法院据此对案涉拟建房产的价值作出认定、判决，得到二审法院的支持，取得了较好效果。

编写人：江苏省扬州市江都区人民法院　赵峰　冀敏

49

普通承租人因其不享有用益物权而不具有起诉行政协议的主体资格

——某餐馆诉天津市某区住房和建设委员会行政协议案

【案件基本信息】

1. 裁判书字号

天津市第二中级人民法院（2021）津02行终153号行政裁定书

2. 案由：行政协议纠纷

3. 当事人

原告（上诉人）：某餐馆

被告（被上诉人）：天津市某区住房和建设委员会（以下简称某区住建委）

第三人（被上诉人）：某食品公司、某食品厂

【基本案情】

2018年9月17日，原告某餐馆的经营者李某与第三人某食品厂签订《租赁合同》，约定自2018年11月1日起至2019年10月31日止，第三人某食品厂将某房屋出租给李某使用。2019年3月26日，某区人民政府作出《房屋征收决定》，本案涉诉房屋坐落在征收范围内，该房屋所有权人为某食品厂，由其上级单位某食品公司与被告某区住建委协商一致签订《国有土地上房屋征收补偿协议》。

原告认为，被告未与原告协商就与某食品公司签订该《国有土地上房屋征收补偿协议》，剥夺了原告作为用益物权人的合法权益。原告对此《国有土地上房屋征收补偿协议》不服，向法院提起行政诉讼。

【案件焦点】

房屋承租人是否属于《最高人民法院关于审理行政协议案件若干问题的规定》第五条规定的用益物权人、是否具有提起行政协议类行政诉讼的原告主体资格。

【法院裁判要旨】

天津市河西区人民法院经审理认为：根据《最高人民法院关于审理行政协议案件若干问题的规定》第五条第二项规定，认为征收征用补偿协议损害其合法权益的被征收征用土地、房屋等不动产的用益物权人、公房承租人提起行政诉讼的，人民法院应当依法受理。我国民事法律明确规定了不动产物权的设立登记制度和各种法定不动产用益物权的类型。本案中，原告主张的私产房屋的承租权，既没有登记设立，又不属于任何一种法定用益物权的情形。原告主张的因其是涉诉房屋的承租人故成为涉诉房屋的用益物权人的观点，明显于法无据，不予支持。因此，原告与涉诉的《国有土地上房屋征收补偿协议》没有利害关系。原告提起本次诉讼，不符合根据《中华人民共和国行政诉讼法》第四十九条第一项规定的起诉条件。

天津市河西区人民法院依照《最高人民法院关于适用〈中华人民共和国行政诉讼法〉的解释》第六十九条第一款第一项、第三款的规定，裁定如下：

驳回某餐馆的起诉。

某餐馆不服，提起上诉，后又自愿申请撤回上诉。天津市第二中级人民法院经审理认为：某餐馆撤回上诉不损害国家利益和社会公共利益，未侵犯其他人的合法权益，依法应予准许。

天津市第二中级人民法院依照《中华人民共和国行政诉讼法》第六十二条的规定，裁定如下：

准许某餐馆撤回上诉。

【法官后语】

本案涉及对《最高人民法院关于审理行政协议案件若干问题的规定》第五

条第二项关于用益物权人行政诉讼原告资格的适用。

私产房屋承租人虽具有占有、使用房屋甚至利用房屋取得收益的事实，但因其承租权不属于用益物权的法定具体种类，故其不是民法上的用益物权人。因此，私产房屋承租人对于产权人与征收单位签订的征收补偿协议不具有行政法上的利害关系，不具有原告主体资格。对于私产房屋承租人提起的行政协议诉讼，依法应予驳回。

1. 行政协议案件原告资格的“利害关系”标准

现行《中华人民共和国行政诉讼法》延续传统行政诉讼制度的理念，以“利害关系”原则作为行政诉讼原告资格审查标准。行政协议虽然自2015年《中华人民共和国行政诉讼法》修订才正式进入行政诉讼受案范围，但在法律逻辑上，仍适用“利害关系”标准作为行政协议案件原告资格的判断标准。

在具体适用上，《最高人民法院关于适用〈中华人民共和国行政诉讼法〉的解释》第十二条对于“利害关系”的限定，针对的仍是传统行政诉讼案由下的利害关系情形，缺乏针对行政协议案由的具体规定。2020年1月1日开始实施的《最高人民法院关于审理行政协议案件若干问题的规定》在其第五条细化规定了适用“利害关系”标准判断行政协议案件原告资格的几种具体情形。本案涉及的即该解释第五条第二项规定的征收征用补偿协议情形下，行政协议相对人以外的，是否具有利害关系的原告主体资格的判断。

2. “利害关系”下的用益物权人身份法定

《最高人民法院关于审理行政协议案件若干问题的规定》第五条第二项下具有“利害关系”的公民、法人或其他组织，需要先行具备相应的民法权利，成为用益物权人。在物权法定原则下，用益物权的范围自《中华人民共和国物权法》至《中华人民共和国民法典》都有明确限定。每种用益物权都有其对应的法律定义和设定条件。

本案中，起诉人以其作为涉案房屋的承租人并使用涉案房屋经营餐馆的事实，提出自己是用益物权人的主张。对涉案房屋的占有、使用，只符合用益物权权利内容的必要条件，不是依法享有用益物权的充分条件，不能作为用益物权人的成立条件。起诉人主张的房屋租赁关系和经营活动不符合任何一种用益物权的法定条件。起诉人的观点是对物权法定原则的违背，于法无据。起诉人不具有用益物权人的身份。一审法院以此为由，依据《最高人民法院关于审理行政协议案件若干问题的规定》第五条第二项的规定，认定其与被诉的行政协议无利害关系，不具有原告主体资格，作出裁定驳回其起诉的司法裁判。

3. 实践意义

涉征收的房屋大多使用年限较久，使用情况复杂，在私有房屋下仍可能涉及所有权人、承租人、转租人、实际使用人等多方主体。如果不加限制或区分，那么实际使用人的临时变化就会随时导致行政协议法律关系处于不确定状态，不利于发挥行政协议的行政属性和行政优势，也会导致行政协议案件对应的事实基础不断变化，不利于行政协议纠纷的实质化解。《最高人民法院关于审理行政协议案件若干问题的规定》第五条对现阶段与行政协议法律关系真正有“利害关系”的主体进行了细化规定。本案的裁判理由，进一步将《最高人民法院关于审理行政协议案件若干问题的规定》第五条第二项规定的用益物权人情形具体化、实践化，对于征收实践中大量存在的私有房屋的承租人、转租人、实际使用人可以发挥一定的裁判示范作用。

4. 相关争议化解

虽然私产房屋承租人对于产权人与征收单位签订的征收补偿协议不具有行政法上的利害关系，不具有原告主体资格，其提起的行政协议诉讼应当依法被驳回，但是不影响私产房屋承租人与产权人之间就房屋租赁关系的解决。根据《商品房屋租赁管理办法》[①] 第七条第二款，房屋租赁当事人应当在房屋租赁合同中约定房屋被征收或者拆迁时的处理办法。双方可以根据租赁合同的约定，就征收拆迁后的民事权益争议进行协商，协商不成的亦可通过合同约定的争议解决途径予以解决。本案中，原告与第三人某食品厂在续签的租赁协议中亦有

① 载中国政府网，http：//www. gov. cn/zhengce/2022-01/25/content_5711968. htm，最后访问时间：2023 年 4 月 14 日。

涉及政府拆迁的相关约定。最终原告在二审阶段撤回了上诉，放弃了本就不具有原告主体资格的行政诉讼途径。

编写人：天津市河西区人民法院　范懿

50

签订于国有土地上房屋征收决定作出前的行政协议并非当然无效

——谭某诉无锡市某区人民政府房屋征收办公室行政协议案

【案件基本信息】

1. 裁判书字号

江苏省无锡市中级人民法院（2021）苏02行终337号行政判决书

2. 案由：行政协议纠纷

3. 当事人

原告（上诉人）：谭某

被告（被上诉人）：无锡市某区人民政府房屋征收办公室（以下简称某区征收办）

【基本案情】

涉案房屋系谭某所有，建筑面积209.18平方米。2017年11月30日，测绘公司出具致估价委托人函，载明涉案房屋所有权证面积209.18平方米，认定补偿建筑面积254.22平方米，被征收房屋补偿总价2070996元。谭某的孙子徐某在被征收人签章一栏签名、捺印，某区征收办在征收人一栏盖章。2017年12月10日，某区征收办（甲方）与谭某（乙方）签订《住宅房屋征收协议书》一份，约定甲方征收乙方的涉案房屋，乙方选择货币补偿且购买定销商品房，甲方按照被征收房屋的评估价格（不含装潢及附属物补偿款）给予补偿……签约规定期限届满，本征收范围内签约率达到总户数的90%以上，则本协议生效；付款方式及期限：选房后预结算并扣除购房款，进户入住时再详细结算；协议生效后搬迁期限以公告方式另行通知，乙方应于搬迁期限内搬迁完毕，房屋交甲方验收后拆除。某区征收办在甲方一栏盖章，徐某在乙方一栏签名、捺印。

2018年3月2日，无锡市某区人民政府因建设需要，决定征收房屋，范围包含涉案房屋，签约期限为房屋征收决定公告之日起3个月。项目采取签约比例法，在签约期内签约率达到90%，签约协议生效。协议生效后，以公告方式告知搬迁交房时间及期限。2018年3月19日，无锡市某区人民政府作出《项目生效公告》，确定截至2018年3月18日24时，该项目整体签约率已经达到90%，已签订的征收补偿协议依法生效。2018年3月30日，徐某将涉案房屋搬迁腾空交某区征收办验收拆除。2018年4月23日，徐某签订签约选房单。《住宅房屋征收协议书》项下的补偿款为2147654元，预扣购房款1924000元后，余款223654元已由徐某领取。

因认为《住宅房屋征收协议书》签订在房屋征收决定公告前，房屋价格评估时点是未来的日期，谭某诉至法院，请求确认《住宅房屋征收协议书》无效。

【案件焦点】

签订于国有土地上房屋征收决定作出前的行政协议是否无效。

【法院裁判要旨】

江苏省无锡市滨湖区人民法院经审理认为：根据《中华人民共和国行政诉讼法》第七十五条、《最高人民法院关于适用〈中华人民共和国行政诉讼法〉的解释》第九十九条的规定，无效行政行为的判断标准是重大且明显违法，主要包括行政行为实施主体不具有行政主体资格、行政行为没有法律规范依据、行政行为的内容客观上不可能实现。首先，某区征收办作为县级人民政府确定的房屋征收部门具有行政主体资格。其次，某区征收办与被征收人谭某签订《住宅房屋征收协议书》，并不存在没有法律、法规、规章等规范性文件或者规范性文件与上位法直接、明显抵触的情形。再次，某区征收办与被征收人谭某签订《住宅房屋征收协议书》后，谭某已将涉案房屋交付某区征收办拆除并已选房、领取结余补偿款，故该行政行为不存在客观上不可能实施的情形。最后，某区征收办与被征收人谭某签订《住宅房屋征收协议书》没有重大且明显违法，不属于行政诉讼法第七十五条规定的无效行政行为，也没有民事法律规范规定的确认合同无效的情形。经向谭某释明，谭某拒绝变更诉讼请求为撤销行政行为。

江苏省无锡市滨湖区人民法院依照《中华人民共和国行政诉讼法》第七十五条、《最高人民法院关于适用〈中华人民共和国行政诉讼法〉的解释》第九十四条第二款的规定，作出如下判决：

驳回原告谭某的诉讼请求。

谭某不服一审判决，提起上诉。江苏省无锡市中级人民法院经审理认为：案涉《住宅房屋征收协议书》签订时间早于征收决定的作出时间，谭某据此主张协议的签订违反法定程序因而无效，故本案所涉行政协议是否因签订在征收决定作出前而属无效是本案的焦点问题。案涉《住宅房屋征收协议书》第六条约定，本协议生效条件：按《项目住宅房屋征收补偿方案》约定，签约规定期届满，本征收范围内签约率达到总户数的90%以上的（含90%），则本协议生效，同时结合案涉《项目生效公告》来看，某区征收办与谭某之间签订协议的行为系房屋征收工作的前期协商准备。虽《住宅房屋征收协议书》签订于征收决定作出前，但该协议属附生效条件的行政协议，即征收范围内签约率达到90%以上协议方能生效，且案涉协议的生效时间实际上也在征收决定作出后，不存在重大且明显违法的情形，不应认定为无效。二审法院同意一审法院的其他裁判意见。

江苏省无锡市中级人民法院依照《中华人民共和国行政诉讼法》第八十九条第一款第一项的规定，作出如下判决：

驳回上诉，维持原判。

【法官后语】

行政协议兼具行政性和协议性。《最高人民法院关于审理行政协议案件若干问题的规定》第二十七条规定，人民法院审理行政协议案件，应当适用行政诉讼法的规定；行政诉讼法没有规定的，参照适用民事诉讼法的规定。人民法院审理行政协议案件，可以参照适用民事法律规范关于民事合同的相关规定。因此，对于行政协议是否合法有效应从行政法律规范和民事法律规范两个方面进行审查。

1. 行政协议无效的判断标准

《中华人民共和国行政诉讼法》第七十五条规定，行政行为有实施主体不具有行政主体资格或者没有依据等重大且明显违法情形，原告申请确认行政行为无效的，人民法院判决确认无效。重大且明显违法是构成行政行为无效的条件。重大是指行政行为的实施将给公民、法人或者其他组织的合法权益带来重大影响；明显是指行政行为的违法性已经明显到任何有理智的人都能够判断的程度。必须同时具备重大与明显违法两个条件，才能判决确认行政行为无效。同时，《最高人民法院关于审理行政协议案件若干问题的规定》第十二条第二款规定，人民法院可以适用民事法律规范确认行政协议无效。判断行政协议是否属无效，可按照民事法律规定予以审查。

2. 行政协议可附生效条件

基于行政协议的协议性属性，如行政协议在签订时附有生效条件，应认为在生效条件成就前协议尚未生效，待生效条件成就后协议生效，签订协议的双方在协议生效后亦应认可协议的效力。未生效的行政协议对协议双方不产生约束力，对行政相对人的权利义务不产生实际影响。

3. 关于本案的评析

本案中签订协议的某区征收办具有相应的主体资格，根据涉案协议签订、履行情况，也不存在法律规定的合同无效情形，因此本案的争议焦点即谭某提起诉讼的主要理由：案涉行政协议签订于房屋征收决定作出前，是否属于行政行为没有依据的无效情形。案涉《住宅房屋征收协议书》第六条约定，本协议生效条件为：签约规定期届满，本征收范围内签约率达到总户数的90%以上的（含90%），则本协议生效。同时案涉房屋征收决定明确规定，本项目采取签约比例法，在签约期内签约率达到90%，签约协议生效。在案涉征收决定作出后，项目在规定期限内依法生效，已签订的征收补偿协议依法生效。

综上，某区征收办与谭某之间签订协议的行为系房屋征收工作的前期协商准备，虽《住宅房屋征收协议书》签订于征收决定作出前，但该协议属附生效条件的行政协议，即征收范围内签约率达到90%以上协议方能生效，且案涉协议的生效时间实际上也在征收决定作出后，并不属于行政行为没有依据而无效的情形；同时基于诚实信用原则和自愿原则，双方签订协议即应认为双方认可协议中的有关约定，该附生效条件的行政协议不应认定为无效行政协议。

编写人：江苏省无锡市中级人民法院　崔晓萌　马云

51

政府采购活动不得影响公平竞争交易秩序

——A印章服务部诉某市行政审批局行政协议案

【案件基本信息】

1. 裁判书字号

江苏省南通市中级人民法院（2021）苏06行终838号行政判决书

2. 案由：行政协议纠纷

3. 当事人

原告（被上诉人）：A印章服务部

被告（上诉人）：某市行政审批局

第三人（上诉人）：B印章服务部、C印章服务部、D文印社

【基本案情】

2020年9月18日，某市行政审批局作为采购人委托某市公共资源交易中

心（以下简称交易中心）对某市新开办企业印章刻制服务项目组织政府采购工作。交易中心分别于9月21日、25日、27日在某市公共资源交易平台、某市政府采购网发布中止、更正等公告。9月30日，B印章服务部、C印章服务部、D文印社等六家单位报名参加竞争性谈判。评审小组认定六家单位均符合资格审查要求，但除B印章服务部、C印章服务部、D文印社外的另外三家单位文件制作机器码一致，该三家单位的参与资格遂被取消。10月12日，交易中心向B印章服务部、C印章服务部、D文印社发出成交通知，并公告中标结果。同日，某市行政审批局分别与B印章服务部、C印章服务部、D文印社签订《政府采购合同》。2021年2月1日，各方重新签订《政府采购合同》，对2020年10月12日签订的合同中约定的印章型号、规格、品牌予以变更。2月3日，交易中心进行了公告。

A印章服务部于2017年经注册成立，2021年1月7日取得印章刻制《特种行业许可证》。2021年6月21日，A印章服务部提起行政诉讼，请求撤销某市行政审批局分别与B印章服务部、C印章服务部、D文印社签订的《政府采购合同》，责令某市行政审批局立即停止B印章服务部、C印章服务部、D文印社在政务服务大厅从事印章刻制业务。

【案件焦点】

1. A印章服务部的起诉是否符合受理条件；2. 被诉政府采购合同是否合法、是否损害A印章服务部的公平竞争权；3. 本案的判决方式如何选择。

【法院裁判要旨】

江苏省南通经济技术开发区人民法院经审理认为：A印章服务部与B印章服务部、C印章服务部、D文印社属于同行业竞争单位，虽然A印章服务部在被诉政府采购合同签订后才取得印章刻制许可，但鉴于该合同中有关内容超出采购范围，可能影响到A印章服务部在取得行业许可后的市场公平竞争权，故被诉合同与A印章服务部的市场公平竞争权具有法律上的利害关系，A印章服务部具备提起本案诉讼的主体资格。某市行政审批局既未指定特定单位或设置不合理市场准入条件，也未限制外地经营者参加采购活动或给予特定经营者优惠政策，更未违法干预市场定价，因此，采购服务不构成排除、限制竞争的市场垄断行为。但是，某市行政审批局同意成交单位在政务服务大厅从事案涉项目以外的印章刻制业务，明显占用了政府部门场地资源，利用政府部门公信力增强商业信誉，在市场竞争中占据优势地位，使其他同行的竞争利益受损，因此被诉政府采购合同程序严重违法。

江苏省南通经济技术开发区人民法院依照《中华人民共和国行政诉讼法》第二条、第二十五条、第七十条的规定，判决如下：

一、撤销某市行政审批局于 2020 年 10 月 12 日及 2021 年 2 月 1 日分别与 B 印章服务部、C 印章服务部、D 文印社签订的《政府采购合同》；

二、责令某市行政审批局立即停止履行《政府采购合同》。

某市行政审批局、B 印章服务部、C 印章服务部、D 文印社不服，提起上诉。江苏省南通市中级人民法院经审理认为：被诉政府采购合同具备行政协议的核心属性，由此引发的诉讼，依法属于行政诉讼的受案范围。根据相关规定，行政机关的行政活动应当恪守职权边界，不得损害市场主体公平参与市场竞争的权利。开办企业需要印章刻制的市场服务，新开办企业有自主选择交易对象的权利，印章刻制单位需要通过公平竞争获得市场交易的机会。无论是新开办企业的自主选择，还是印章刻制单位之间的竞争，均应当通过市场因素自主调节。某市行政审批局决定为新开办企业提供印章刻制服务无可厚非，但通过被诉政府采购合同的方式，将印章刻制的交易机会完全赋予特定单位，不符合法律规定精神，损害了包括 A 印章服务部在内的其他印章刻制主体的公平竞争权。

综上所述，被诉政府采购合同存在重大且明显违法情形，且损害了 A 印章服务部的经营自主权，依法应当确认无效，一审判决撤销并责令停止履行，适用法律错误且判决主文表述不当，依法应予纠正。

江苏省南通市中级人民法院依照《中华人民共和国行政诉讼法》第六十九条、第七十五条、第八十九条第一款第二项、第三款的规定，判决如下：

一、撤销一审判决；

二、确认某市行政审批局于2021年2月1日分别与B印章服务部、C印章服务部、D文印社签订的《政府采购合同》无效。

【法官后语】

1. 同行业竞争者以政府采购合同侵犯公平竞争权为由提起行政诉讼是否符合受理条件

一般来说，可以从三个方面进行分析：(1) 政府采购合同是否属于行政诉讼受案范围。《中华人民共和国行政诉讼法》明确规定行政协议类诉讼属于行政诉讼的受案范围。司法实践中，通常将协议订立一方为行政机关、协议目的为实现行政管理或者公共服务目标、协议内容包含行政法上的权利义务关系等作为识别行政协议的标准。本案中，被诉政府采购合同从协议主体、协议目的、协议内容来看符合行政协议的法律属性，属于行政诉讼的受案范围。(2) 同行业竞争者是否具有原告资格。《中华人民共和国行政诉讼法》规定行政行为的相对人以及利害关系人有权提起诉讼，其中，被诉行政行为涉及其相邻权或者公平竞争权的，属于利害关系人范畴。政府采购合同中的公平竞争权，既包括中标商与潜在竞争者因采购合同订立而形成的缔约竞争关系，也包括中标商与当地其他企业因采购合同履行而形成的经营竞争关系。本案中，虽然A印章服务部取得印章刻制许可的时间在政府采购合同订立之后，但政府采购合同的订立和履行可能会影响到包括A印章服务部在内的其他印章单位的公平竞争权。因此，A印章服务部具有本案原告主体资格。(3) 关于行政先行处理的问题。在政府采购领域中，行政先行处理是指供应商在认为采购文件、过程、中标、成交结果使其权益受到损害时，应当先向采购人、采购代理机构质疑，进一步向政府采购监督管理部门提出投诉，对政府采购监督管理部门投诉处理决定不服或逾期未作处理的，可以依法申请行政复议或者提起行政诉讼。但是，这一规定并不包括政府采购合同履行过程中公平竞争权受到不利影响的当事人的权利救济问题。本案中，由于A印章服务部是以合同条款及合同履行侵犯其作为相关市场竞争经营者的公平竞争权而提起诉讼，而非以潜在供应商质疑采购程序合法性进而提起诉讼，因此并不属于行政先行处理情形。

2. 政府采购合同是否损害公平竞争权的判断

优化营商环境需要系统思维和法律思维，不能只考虑一方市场主体的利益，忽视甚至损害其他市场主体的利益，更不能因为行政活动影响正常的市场竞争秩序。政府采购活动应当贯彻相关法律法规规定的精神实质，依法平等对待各类市场主体。有多种政府采购方式或者服务方式可供选择的，应当选择有利于增进公平竞争的方式，维护市场在公共服务领域资源配置中的决定性作用，保障市场主体公平竞争。本案中，被诉政府采购合同明确限定印章材质、品牌、价格，干预了价格形成机制，不符合由市场调节价格的内在规律，使得新开办企业和印章刻制单位完全失去了自主决定的权利，妨碍了市场主体双向选择商品和服务的权利，限制了市场主体确定商品和服务价格的权利，剥夺了市场主体竞争交易的机会，损害了市场主体交易地位的平等，依法应当确认无效。

3. 行政协议纠纷判决方式的确定

行政诉讼判决方式包括驳回判决、给付判决、撤销判决、确认违法判决、确认无效判决、变更判决。行政协议纠纷判决采取何种方式应根据当事人的诉讼请求而定。根据《最高人民法院关于审理行政协议案件若干问题的规定》规定，人民法院审理行政协议案件，应当进行合法性审查，若行政协议存在重大且明显违法情形的，应当确认行政协议无效。本案中，政府采购合同的订立、履行及内容均违反法律法规强制性规定，事实上造成隐形垄断和限制、排除市场竞争，损害了A印章服务部的公平竞争权和经营自主权，同时，合同的履行也不符合《中华人民共和国政府采购法》规定的政府采购活动方式，不符合政务服务大厅等公共资源的使用目的，在客观上造成行业不正当竞争。故政府采购合同依法应当确认无效。虽然A印章服务部提起的是撤销之诉，但根据《最高人民法院关于适用〈中华人民共和国行政诉讼法〉的解释》第九十四条第一款“公民、法人或者其他组织起诉请求撤销行政行为，人民法院经审查认为行政行为无效的，应当作出确认无效的判决”的规定，应当确认被诉政府采购合同无效。

编写人：最高人民法院司法案例研究院与中央民族大学联合培养实习生　童启鑫

十二、行政赔偿

52

不履行变更登记名称法定职责的行政赔偿责任认定

——担保公司诉某县自然资源局行政赔偿案

【案件基本信息】

1. 裁判书字号

江西省南昌铁路运输中级法院（2020）赣71行赔终17号行政判决书

2. 案由：行政赔偿纠纷

3. 当事人

原告（上诉人）：担保公司

被告（上诉人）：某县自然资源局

【基本案情】

担保公司拥有案涉国有土地使用权，某县自然资源局于2012年为其颁发了土地使用权证。2015年7月，担保公司经批准变更公司名称（本案中仍统一称为担保公司）。2016年8月，担保公司向某县自然资源局申请将土地使用权证中的使用权人名称同步变更，某县自然资源局未予变更，担保公司提起另案行政诉讼，法院判决某县自然资源局行政不作为违法。某县自然资源局在法院裁判后履行了变更名称法定职责。

担保公司曾于2013年6月与铝业公司签订《抵押担保协议书》，约定：铝业公司向某银行借贷4000万元，担保公司以案涉国有土地使用权作循环担保。协议期限为2013年7月1日至2019年7月1日；如因担保公司原因不能办理贷款抵押，造成铝业公司经济损失，担保公司应支付贷款金额30%的违约金，违约金不足以弥补损失的，担保公司还应就不足部分赔偿。2013年7月10日，铝业公司与某银行签订《流动资金借款合同》借款3000万元，期限1年（该合同每年7月签订一次）。同日，担保公司与某银行签订《最高额抵押合同》，同意以土地使用权为铝业公司担保债权最高额4000万元。

2016年7月，铝业公司又向某银行申请贷款3700万元，用于偿还旧贷，某银行未放贷。26日，铝业公司转向案外某公司借款，后因未及时偿还，案外某公司提起仲裁，经裁决，铝业公司需向案外某公司支付本金及利息损失。2019年7月26日，铝业公司向担保公司发送《索赔函》，认为由于担保公司未提供土地使用权担保导致某银行不贷款，其才向案外某公司借钱还贷造成利息损失，要求担保公司赔偿利息损失4847万元。后担保公司与铝业公司达成《调解协议》，担保公司愿意承担利息损失等2648万元，并支付违约金2600万元。担保公司认为，某县自然资源局未履行变更名称法定职责导致其无法按照《抵押担保协议书》约定向铝业公司提供土地使用权担保，承担违约责任，因此诉至法院，请求某县自然资源局赔偿损失2648万元及以此计算的利息。

【案件焦点】

1. 担保公司主张损失是否属于“直接损失”范畴；2. 担保公司主张损失与某县自然资源局不履行变更登记行为是否具备行政法上的因果关系。

【法院裁判要旨】

江西省南昌铁路运输法院经审理认为：被告不履行原告土地使用权证使用权名称变更法定职责，致使原告不能按约定以土地使用权为案外人办理抵押担保登记，遭受经济损失。该损失与被告不作为具有法律上的因果关系，属直接损失，被告应赔偿。就赔偿数额，应按照原告与案外人在《抵押担保协议书》

规定的违约金条款确定。

江西省南昌铁路运输法院依照《中华人民共和国国家赔偿法》第四条第四项、第三十六条第八项的规定，判决：

一、某县自然资源局赔偿担保公司损失1200万元以及利息；

二、驳回担保公司其他诉讼请求。

担保公司、某县自然资源局均不服，提起上诉。江西省南昌铁路运输中级法院经审理认为：本案担保公司主张的损失并非行政法上的损害结果，也与行政不作为无因果关系。第一，该损失不属于《中华人民共和国国家赔偿法》第三十六条第八项规定的“直接损失”。首先，违约责任条款系担保公司与铝业公司之间的民事约定。违约损失赔偿范围并不限于“直接损失”。而《中华人民共和国国家赔偿法》实行的是法定赔偿原则，并未规定行政相对人可以通过约定损失方式设定国家赔偿的损失赔偿范围。其次，铝业公司遭受经济损失未经司法确认，也无证据证明。担保公司主张赔偿数额，系其在《调解协议》中自愿承担之损失。主要为铝业公司无法及时偿还案外某公司3700万元借款，应支付的利息损失、实现债权费用等，系债权债务纠纷引发，不属于某县自然资源局造成担保公司的直接损失。第二，该损失与行政不作为之间无行政法上的因果关系。某银行是否放贷需综合考量铝业公司经营情况、信用情况及担保情况。土地使用权担保仅是考量因素之一，担保公司亦未提供证据证明某银行不予放贷原因。另，案外某公司与铝业公司签订借款时间为2016年7月26日，担保公司向某县自然资源局申请变更名称时间为2016年8月1日，不予变更名称影响借款的因果关系从时间上亦不能成立。

江西省南昌铁路运输中级法院依照《中华人民共和国行政诉讼法》第八十九条第一款第二项的规定，判决如下：

一、撤销一审判决；

二、驳回担保公司的诉讼请求。

【法官后语】

本案涉及登记机关违法不履行变更登记法定职责行政赔偿责任的认定问题，

看似是老生常谈的问题，但具体案件中，行为与结果间往往存在多起事件交互作用，对因果关系和责任赔偿范围的认定实际上并不容易。

1. 确立直接损失范围的考量因素

“直接损失”是一个不确定的法律概念。通说认为，直接损失是与间接损失相对的概念，前者是已经造成的财物的损失，后者是可得利益的丧失。[①] 民法领域对此争论尤甚，如英美法系对二者的区分采用“可预见性规则”，将订约时能够预见的损失作为直接损失，需要特定情形或被特别告知才能遇见的损失称为间接损失。[②]

基于裁判需求，参考学界观点，我们认为，认定直接损失可综合参考“损害是否可预见”“损害是否客观存在”“损害产生的原因”因素。就本案而言，担保公司主张损失是其按照约定对案外人铝业公司承担的违约损失。首先，以可预见原则衡量，若要求登记机关在受理变更名称登记申请时即对国有土地权担保可能产生利益或遭受损失作预见，未免过于苛刻；其次，损害是否实际发生并可确定有待商榷，担保公司将法定损害事实与案外人遭受的经济损失等同，以约定方式改变了国家赔偿中直接损失范围，明显不符合直接损失应实际发生且确定的特征；最后，从损害产生原因看，不予变更名称登记与错误登记、不予登记等违法行政行为有本质上的区别，其本身不会改变国有土地使用权的权属状态，其能导致担保公司承担违约责任非直观可见。

2. 不予变更名称登记与损害结果间因果关系的判断标准

不作为引发行政赔偿的特殊性在于其不直接造成损害，必有其他因素介入，呈现多因一果现象，故难以划分损害原因力，也难以对行政不作为之致害赔偿范围作界定。我们认为，对不作为引发行政赔偿的确立应关注两点。一是因果关系认定应合乎法律证成。要按照一定的推理规则从相关前提中推导出来，且

---

① 江必新、胡仕浩、蔡小雪：《国家赔偿法条文释义与专题讲座》，中国法制出版社2010年版，第81页。

② 郑少泽：《浅议国家赔偿范畴中的“直接损失”——以农房的征迁安置补偿权益为视角》，载《法制与社会》2019年第26期。

前提必须具备合理性。二是因果关系认定应合乎法律价值，既体现国家赔偿对行政不作为致害给予的补救，又能监督行政机关依法履职，还要符合公众对公平正义价值的认知，注重公权和私权的平衡。

就本案而言，如因果关系成立，要承认行政不作为和损害结果间各个事件的传递关系：首先，登记机关不予变更名称登记导致铝业公司不能用担保公司土地使用权担保获得贷款；其次，铝业公司无法用新贷还旧贷，故向案外某公司借款还贷，后又无法及时还案外某公司借款，遭受利息损失；最后，根据《调解协议》违约责任条款由担保公司承担前述利息损失。这既不符合因果关系之法律证成，也不合乎公众对公平正义的认知，无限制地扩大行政不作为的赔偿范围，违背立法本意。一审把现实中各种事件和行为的交互作用判定为因果关系，忽略了事实上因果关系和法律上因果关系的区别，二审对此予以纠正。

编写人：江西省南昌铁路运输中级法院　郑怡　熊霓

53

违法拆除建筑的赔偿范围、证明妨害及信赖利益关系的处理问题

——某钢瓶检验站诉温岭市某镇人民政府行政赔偿案

【案件基本信息】

1. 裁判书字号

浙江省台州市中级人民法院（2021）浙10行赔终27号行政赔偿判决书

2. 案由：行政赔偿纠纷

3. 当事人

原告（上诉人）：某钢瓶检验站

被告（被上诉人）：温岭市某镇人民政府（以下简称镇政府）

【基本案情】

原告某钢瓶检验站在被告镇政府设立的工业园区中投资建厂并经营多年。1999年12月2日，原告某钢瓶检验站取得厂房的房屋所有权证。2002年10月16日，原告取得国有土地使用证。2001年至2002年间，原告未经审批，在上述厂房之外建造了涉案建筑，未取得房屋所有权证。2019年8月14日，当地“三改一拆”行动领导小组向原告送达《关于限期拆除违法建筑的通知》，认定原告存在违法建设行为，责令其在10日内自行拆除，逾期不拆除，将组织强制拆除。2019年8月30日，被告对原告未取得房屋所有权证的部分建筑物进行强制拆除。原告法定代表人的兄弟在拆除现场。该拆除行为经行政复议认定以被告未履行催告、公告等法定程序为由确认违法。

2020年10月23日，原告向被告提起赔偿申请。被告认为其拆除的是违法建筑，不属于国家赔偿范围，于2020年11月17日作出不予赔偿决定。原告遂提起本案诉讼。

【案件焦点】

1. 如何区分对待因违法拆除行为造成的财产损失赔偿问题；2. 存在信赖保护利益时，原告可否要求行政机关平等地赔偿基于信赖所产生的损失。

【法院裁判要旨】

浙江省温岭市人民法院审理认为：原告提起赔偿请求的财产损失分两项。一是被拆房屋价值；二是围墙、变压器房、可以拆卸的物件及安装费。

对于第一项赔偿请求，根据原、被告提交的证据、视频资料及现场照片可知，涉案被强制拆除的房屋是未经批准建造的违法建筑，有证的房屋并未拆除。违法建筑不具有合法性，不属于国家赔偿的范围，故对第一项赔偿请求，不予支持。

对于第二项赔偿请求，因被告的强拆行为经行政复议确认违法，被告应就其强拆行为对原告的合法权益造成的损失予以赔偿。本案中，从原被告提交的证据、视频资料，双方的庭审陈述可知，拆除当日现场变压器已不存在，也无证据证明涉案强拆行为致使变压器遭受损失。另安装费不属于直接损失，不予支持。对于围墙、变压器房，均系原告厂房必需的附属设施，且原告已取得国有土地使用证，应区别于完全未经过任何审批的违法建筑，应当有其一定的信赖保护利益。对于原告主张的卷门、办公室铝合金窗、二层的门窗及变配电箱，双方均无明确证据佐证自己的主张，本案根据实际情况酌情给予赔偿。

浙江省温岭市人民法院根据《中华人民共和国国家赔偿法》第三十六条第八项、《最高人民法院关于审理行政赔偿案件若干问题的规定》第三十三条之规定，判决：

一、被告某镇政府于本判决生效之日起三十日内赔偿原告某钢瓶检验站因涉案强拆造成的直接损失 70000 元；

二、驳回原告某钢瓶检验站的其他赔偿请求。

二审法院同意一审法院裁判意见。

【法官后语】

就违拆类行政赔偿案件而言，个别行政机关往往因片面追求行政效率而未遵循正当程序、未作法律文书等就径行强制拆除。在此情况下，是否赔、怎么赔成为行政审判的热点、难点问题。本案系因违法拆违引起的行政赔偿案件，审理该案件时应当明晰赔偿范围，厘清证据规则。其中，赔偿范围应该结合原告主张，以事实为依据，以法律为准绳，遵循法官职业道德，运用逻辑推理和生活经验、生活常识等，酌情确定赔偿数额。

1. 关于建筑物、有残值的建筑材料是否需赔偿问题

根据《中华人民共和国国家赔偿法》的规定，行政赔偿的范围通常限于违法行使职权对受害人人身、财产等合法权益造成的直接损失。因此，不被法律认可或者保护的权益所受到的损害，依法不属于行政赔偿的范围，行政机关无

需承担赔偿责任。本案中，被强制拆除的房屋是未经批准建造的违法建筑，则违法行为人对建筑物就不再享有合法权益，依法不属于行政赔偿的范围。那么，原告所主张的卷门、办公室铝合金窗、二层的门和窗，这些具有拆除变现残值的建筑材料，在违法建筑不能继续使用的前提下，是否属于行政赔偿的范围？

首先，从辩证关系上来看，不可否认，违法行为人对处于原始状态的建筑材料当然享有合法权益，但这些建筑材料经过使用、搭建等已然成为建筑物的组成部分。如果建筑物被认定为违法建筑并责令限期拆除，那么违法行为人自然也不再对具有残值的建筑材料享有合法权益。其次，从权利义务上来看，限期拆除是违法行为人因在先的违法建设行为，被法律规定和行政决定加予的义务，而非权利。虽然法律并不反对违法行为人履行自行拆除义务后附带获得有关利益，但该附带利益并不被行政法律规范所保护，即违法行为人没有权利要求行政机关实施强制拆除时保护并及时返还部分有残值的建筑材料。最后，从具体实践上来看，建筑物被拆除后，绝大多数建筑材料都会严重损毁甚至变成废弃物，我们不能苛求行政机关在没有任何损耗的情况下强制拆除违法建筑。即使违法行为人自行拆除，亦难以实现建筑材料的零损耗。综上，就本案而言，涉案房屋被依法认定为违法建筑并责令限期拆除后，原告对建筑物不再享有合法权益，有残值的建筑材料亦不被法律认可或保护，除原告能合理说明或提供证据证明涉案房屋存在应当被特别考量的例外情形外，依法不属于行政赔偿的范围。

2. 关于建筑物的附属设施是否需赔偿问题

建筑物附属设施一般包括房屋的排水设施、配电设施等辅助设施。那么，因建筑物被确认为违法建筑，其附属设施部分能否获得赔偿？

该种情况下，应区分违法相对人是否具有信赖利益。信赖利益保护原则旨在维护已有法律关系的稳定，保护相对人善意的信赖，限制行政机关任意否定已生效的行政行为。这也是行政行为得以发挥职能作用，维护社会稳定和推动社会发展的基础。信赖利益必须与行政行为具有客观的、法律上的联系，不能基于主观揣测，也不能基于非法的、不当的关联。反之，若不具有应当弥补的信赖利益或正当权益，则不予赔偿。

例如，本案的涉案附属设施包括围墙、变压器房和配电箱，系行政相对人生产经营所必需。但原告已取得国有土地使用证，仅后续未经相关职能部门审批，亦未向职能部门提出申请补办相关审批手续，未取得房产权证，该情况应区别于完全未经过任何审批的违法建筑，应视为具有一定的信赖利益。综上，本案对已经成为违法房屋墙体一部分的围墙不享有合法权益，而基于行政相对人具有一定的信赖利益保护考虑，对另外一小部分单独存在的围墙、变压器房应酌情给予赔偿。

3. 关于建筑物内物品是否需赔偿问题

建筑内的物品，通常属合法财产。尽管行政机关依法强制拆除违法建筑，但并不能因此而恣意侵犯建筑内物品的财产权。因此，若强制拆除违法建筑造成建筑内物品损害的，依法属于行政赔偿的范围。本案中，原告主张赔偿变压器的财产损失，但双方均未提供明确的证据佐证自己的主张，另因客观原因亦无法鉴定损害情况。在该情况下，人民法院审理行政赔偿案件，应当对职权行为违法、合法权益受损以及两者之间的因果关系进行审查。《中华人民共和国行政诉讼法》第三十八条第二款规定，在行政赔偿、补偿的案件中，原告应当对行政行为造成的损害提供证据。因被告的原因导致原告无法举证的，由被告承担举证责任。这里的“被告承担举证责任”，并非完全意义上的举证责任倒置。如果仅因行政行为违法，就允许原告主张损害赔偿但不举证证明损害情况，那么极易导致原告对其可能持有的证据“匿而不示”，甚至虚抬物品价格，这将不利于损害情况事实的查清，也有碍于司法公正目标的实现。因此，若违法情形并不能妨害或者完全妨害原告提供损害情况，那么就不能免除或者完全免除原告的举证责任。

综上，本案根据双方陈述及提交的视频资料、现场照片等证据，拆除当日现场变压器确已不存在，也无证据证明涉案强拆行为致使变压器遭受损失，且原告法定代表人兄弟亦在强拆现场，无法认定强拆行为与变压器可能存在损失具有因果关系，故对原告主张的变压器损失不予赔偿，对配电箱酌情给予赔偿。

编写人：浙江省温岭市人民法院　王敏一　阮灵飞

54

未约定违约责任行政机关仍应赔偿违约造成的可得利益损失

——梅某诉北京市某区人民政府房屋征收办公室行政赔偿案

【案件基本信息】

1. 裁判书字号

北京市西城区人民法院（2021）京0102行初644号行政判决书

2. 案由：行政赔偿纠纷

3. 当事人

原告：梅某

被告：北京市某区人民政府房屋征收办公室（以下简称某区征收办）

【基本案情】

2018年6月12日，北京市某区人民政府因地铁项目建设需要作出《房屋征收决定》，对包括原告承租公房在内的房屋实施征收，签约期限为2018年6月12日至2018年7月26日。由于原、被告未在签约期限达成协议，2019年7月22日，北京市某区人民政府对原告作出征补决定，原告不服，提起诉讼。评估报告显示该公房建筑面积为20.52平方米。

2020年9月17日，某区征收办（甲方）与梅某（乙方）签订《补偿协议》，主要内容如下：甲、乙双方签订本协议后，甲方应在5日内为乙方在银行建立账户，同时乙方应在10日内将被征收房屋及自建房腾空交予甲方拆除，如乙方未在规定期限内交房，按照每日每平方米200元扣除提前搬迁奖，直至递减为零；甲方应在乙方搬迁拆房后30日内，将征收补偿补助及奖励款总计

3232002.80元支付给乙方。2020年9月18日，梅某将涉案房屋腾空交予某区征收办拆除。2020年9月24日，梅某将租赁合同原件交予某区征收办；后因购房人主体变更问题，梅某于2020年10月16日将相关材料补齐送至某区征收办。2020年10月19日，某区征收办将重新评估的测绘面积及评估价格进行公示，2020年10月25日公示期满。2020年11月20日，某区征收办将涉案补偿款支付给梅某。

梅某认为，根据《补偿协议》，被告应在原告搬迁拆房后30日内将征收补偿补助及奖励款支付给原告，但被告于2020年11月20日才支付给原告，逾期付款达32日，给原告造成逾期付款利息损失。原告遂提起本案行政诉讼，请求判令被告支付迟延履行给原告造成的逾期付款利息损失共计16363.67元。

【案件焦点】

1.《补偿协议》未约定违约责任，某区征收办迟延支付应否承担违约责任；2.赔偿范围如何认定。

【法院裁判要旨】

北京市西城区人民法院经审理认为：关于《补偿协议》未约定违约责任，某区征收办迟延支付应否承担违约责任，梅某按照《补偿协议》约定于2020年9月18日将涉案房屋腾空交予某区征收办拆除的情况下，某区征收办应当于2020年10月18日前支付补偿款，但某区征收办直至2020年11月20日才将补偿款支付给梅某，存在明显的迟延履行情形，构成违约。

从《最高人民法院关于审理行政协议案件若干问题的规定》第十九条及《中华人民共和国行政诉讼法》第七十八条规定可以看出，违约金和赔偿损失是两种不同的承担违约责任的方式，违约金是基于协议双方的约定，不以造成实际损失为前提；赔偿损失以给守约方造成损失为前提。因此，违约方承担赔偿损失的基础是违约方的行为给守约方造成损失，与协议双方是否约定无关。

关于某区征收办的赔偿范围如何认定，行政法规规范对于赔偿损失的范围未予明确，但根据《最高人民法院关于审理行政协议案件若干问题的规定》第二十七条的规定，人民法院审理行政协议案件，应当适用行政诉讼法的规定；行政诉讼法没有规定的，参照适用民事诉讼法的规定。人民法院审理行政协议案件，可以参照适用民事法律规范关于民事合同的相关规定。

《中华人民共和国民法典》第六百四十六条规定，法律对其他有偿合同有规定的，依照其规定；没有规定的，参照适用买卖合同的有关规定。第五百八十四条规定，当事人一方不履行合同义务或者履行合同义务不符合约定，造成对方损失的，损失赔偿额应当相当于因违约所造成的损失，包括合同履行后可以获得的利益；但是，不得超过违约一方订立合同时预见到或者应当预见到的因违约可能造成的损失。《最高人民法院关于审理买卖合同纠纷案件适用法律问题的解释》第十八条第四款规定，买卖合同没有约定逾期付款违约金或者该违约金的计算方法，出卖人以买受人违约为由主张赔偿逾期付款损失，违约行为发生在2019年8月19日之前的，人民法院可以中国人民银行同期同类人民币贷款基准利率为基础，参照逾期罚息利率标准计算；违约行为发生在2019年8月20日之后的，人民法院可以违约行为发生时中国人民银行授权全国银行间同业拆借中心公布的一年期贷款市场报价利率（LPR）标准为基础，加计30%—50%计算逾期付款损失。本案违约行为发生在2020年10月，法院可以违约行为发生时中国人民银行授权全国银行间同业拆借中心公布的一年期贷款市场报价利率（LPR）标准为基础，加计30%—50%计算逾期付款损失。

北京市西城区人民法院依照《中华人民共和国行政诉讼法》第七十八条第一款及《最高人民法院关于审理行政协议案件若干问题的规定》第十九条第一款之规定，判决如下：

本判决生效后三十日内，某区征收办赔偿梅某逾期付款的损失16363.67元。

宣判后，原、被告均未提起上诉，判决已发生法律效力。

【法官后语】

在行政协议法律关系中，作为行使行政管理职责的行政机关应当诚实守信地履行与公民、法人或者其他组织签订的行政协议，非因国家利益、社会公共利益的需要不能行使变更、解除协议等行政优益权。特别在国有土地上房屋征收补偿协议的签订中，征收管理部门处于绝对的优势地位，不但体现在补偿标准、签约期限等，还体现在补偿协议的格式化。本案中所涉及的补偿协议只约定了被征收人的违约责任，但对于征收管理部门不履行支付补偿款项行为的违约责任未作约定，被告方也正是以此抗辩，但该观点最终没有得到法院的支持。

首先，从合同法原则来看，赔偿损失是基于公平原则，而非基于双方约定。违约金和赔偿损失是两种不同的承担违约责任的方式，违约金是基于协议双方的约定，不以造成实际损失为前提；赔偿损失以给守约方造成损失为前提。赔偿损失遵循的是填平原则，如果约定的违约金低于实际损失，守约方可以请求人民法院增加违约金或赔偿损失的差额。因此，违约方承担赔偿损失的基础是违约方的行为给守约方造成损失，与协议双方是否约定无关。

其次，从现行法律规定来看，《最高人民法院关于审理行政协议案件若干问题的规定》第十九条及《中华人民共和国行政诉讼法》第七十八条均规定了被告承担违约责任的形式：继续履行、采取补救措施、赔偿损失、违约金或定金责任。《最高人民法院关于审理行政协议案件若干问题的规定》对赔偿损失的范围并未作出规定，但根据该解释第二十七条的规定，人民法院审理行政协议案件，可以参照适用民事法律规范关于民事合同的相关规定。根据《中华人民共和国民法典》第六百四十六条的规定，涉及金钱给付部分，参照适用买卖合同的有关规定。本案原告正是依据《最高人民法院关于审理买卖合同纠纷案件适用法律问题的解释》第十八条第四款的计算方法主张逾期付款损失。

综上，尽管某区征收办在补偿款延期支付上不存在主观故意拖延的因素，但客观上确实造成了被征收人可得经济利益的损失，因此本院最终支持了原告即守约方的主张，这样有利于弥补因违约方给守约方造成的实际损失，有效地保护守约方的合法利益，营造诚信守诺的法治环境。

编写人：北京市西城区人民法院　盛亚娟　曹实

55

行政赔偿案件中证明妨碍规则的适用

——特种油厂诉某镇人民政府行政赔偿案

【案件基本信息】

1. 裁判书字号

北京市第三中级人民法院（2021）京03行赔终66号行政赔偿判决书

2. 案由：行政赔偿纠纷

3. 当事人

原告（被上诉人）：特种油厂

被告（上诉人）：某镇人民政府（以下简称某镇政府）

【基本案情】

2000年，某镇政府批复某村建立工业大院。在此背景下，某村经济合作社（甲方）与特种油厂股东李某（乙方）于2001年3月1日签订《租赁土地合同》，约定甲方将工业大院内部分土地租赁给乙方使用，乙方自行投资兴建厂房等设施。租赁土地面积为东西长89米、南北宽173米，合计15397平方米，共23亩。租赁期限50年，自2001年3月1日起至2051年2月28日止。后特种油厂在上述承租土地上建设了涉案建筑，从事相关生产经营活动。

2018年，某镇集体产业用地试点项目集体土地非住宅地上物腾退工作启动，某镇政府负责腾退工作，制定《某镇集体产业用地试点项目集体土地非住宅地上物腾退补偿方案》（以下简称《腾退补偿方案》），特种油厂涉案建筑位于腾退范围。2018年6月27日，某镇政府按照腾退工作安排，进行入户调查，形成测绘成果表，其后作出评估结果单（初步）。经测绘，涉案建筑占地总面积 15392. 63 平方米，房屋总面积 20915. 70 平方米，棚房总面积 2653. 10 平方米。经评估，涉案被拆除地上建筑、构筑物等综合补偿价（含附着物）为 15317919 元。某镇政府未与特种油厂就涉案建筑补偿问题签订协议。

2020 年 8 月 21 日至 2020 年 8 月 26 日，某镇政府对涉案建筑进行了强制拆除，该强制拆除行为已被生效行政判决确认违法。经法院现场勘查，涉案土地现已荒芜，堆放有土方，特种油厂主张的变压器、天车、运货电梯、保险柜等未在现场看到，现场尚存部分树木、围墙、水泥路面等。

特种油厂诉至法院，请求依法判令某镇政府向特种油厂支付包括建筑物重建及装饰装修费用、变压器、电缆、储油罐、机井及各种室内物品、经营损失等赔偿金 146980380 元。

【案件焦点】

1. 某镇政府应否就其违法行为给特种油厂造成的直接损失承担赔偿责任；2. 在房屋被违法强制拆除完毕后具体赔偿数额如何确定。

【法院裁判要旨】

北京市通州区人民法院经审理认为：涉案建筑虽未取得规划许可手续，但原告系基于对属地政府招商引资的信赖投资建设，且涉案建筑所在地块涉及拆迁腾退，拆迁主体曾与原告方就补偿问题进行协商。基于信赖利益保护及公平原则，不宜将涉案建筑定性为违法建设。① 在赔偿标准上，因涉案建筑已被拆除，原告方对遭受的损失陷入一定程度的举证困境，因赔偿与补偿指向的客体基本相同，赔偿范围的确定参照补偿范围执行。人民法院应当结合违法行为类型与违法情节轻重，综合协调适用《中华人民共和国国家赔偿法》规定的赔偿方式、赔偿项目、赔偿标准与拆迁方案确定的补偿方式、补偿项目、补偿标准，依法、科学地确定赔偿项目和赔偿数额，让被拆迁人得到的赔偿不低于其依照补偿方案可以获得的补偿，确保产权人得到公平合理的补偿。法院根据本案实

---

① 本案例重点讨论行政赔偿责任承担问题，关于涉案建筑定性问题在前置行政诉讼中已经解决。

际，保障特种油厂所获赔偿不低于因腾退获取的相关补偿，同时赔偿不宜过高，以免造成与其他签约搬迁人的补偿相比显失公平的问题。

北京市通州区人民法院依据《中华人民共和国国家赔偿法》第二条、第三十六条第八项，《最高人民法院关于审理行政赔偿案件若干问题的规定》第三十三条之规定，判决：

一、某镇政府于判决生效之日起七日内给付特种油厂各项赔偿共计17089919元；

二、驳回特种油厂的其他赔偿请求。

二审法院同意一审法院裁判意见。

【法官后语】

法院认为，涉案建筑虽未取得规划许可手续，但原告方系基于对属地政府招商引资的信赖投资建设。同时涉案建筑所在地块涉及拆迁腾退，拆迁主体曾与原告方就补偿问题进行协商。基于信赖利益保护及公平原则，不宜将涉案建筑定性为违法建设。

生效行政判决书载明，某镇政府的强制拆除行为事实认定违法，同时，某镇政府在复议期、诉讼期未满时即作出《强制拆除决定书》并实施强制拆除行为，剥夺了特种油厂的救济权利，构成程序违法。在强制执行过程中，某镇政府虽制作财产清单和录像，但不全面、不完整。至原告提起赔偿之诉时强制拆除工作已经完毕，法院对原告主张的相关损失开展现场勘探也无迹可寻。在此情形下如何确定损失数额？

1. 对《中华人民共和国行政诉讼法》第三十八条第二款的理解与适用

《中华人民共和国行政诉讼法》第三十八条第二款确立了行政赔偿诉讼中关于损害事实的证明妨碍规则。从文义解释来看，构成要件包括：主体要件，仅限于被告行政主体。主观要件，即是否需要行政主体具备主观过错，法条本身并未明确行政主体需具备故意或是过失主观状态，司法实践中倾向于适用过错推定原则或无过错责任原则。客观要件，包括被告实施妨碍行为，被告使得原告陷入证明困境致待证事实无法查明，证明妨碍行为与证明困境之间具备因果关系，且被告的行为是原告无法举证的唯一原因，如自身原因或其他外因则为证明妨碍成立的阻却因素。客体要件，即该条款就损害结果要件事实作出规定。具体到本案，被告的强制拆除行为被生效判决确认事实违法、程序违法，其程序违法行为实际上与证明妨碍行为产生竞合；原告对相关损失存在证明困境；证明妨碍行为与证明困境之间存在因果关系，因而本案成立行政赔偿诉讼的证明妨碍问题，具体裁判中应当适用证明妨碍规则。

2. 证明妨碍背景下如何确定行政机关的具体赔偿数额

笔者认为，确定责任及具体赔偿数额可以参考以下内容和步骤：

（1）原告需完成初步证明责任。《中华人民共和国行政诉讼法》第三十八条第二款明确了适用证明妨碍的前提是原告已积极举证，即“原告应当对行政行为造成的损害提供证据”，履行初步证明责任。证明妨碍规则实质降低证明评价标准或减轻证明负担，并未免除各方的举证责任。原告在行政赔偿诉讼中对自己的主张承担举证责任，被告有权提供不赔或少赔的证据。只有在基本能够认定行政行为违法事实成立的前提下才具备适用证明妨碍规则的条件，应注意的是该举证义务是主观意义上的举证责任而非结果意义上的举证责任。该案中原告提供了租赁合同、限拆决定、平面图、赔偿明细、测绘报告、损失清单等证据就损害存在及损失金额完成了初步举证责任。

（2）法官依职权启动。《中华人民共和国行政诉讼法》及相关司法解释均未明确该规则的启动是依当事人申请还是法官依职权。笔者认为，在行政赔偿中需考虑到行政诉讼中原被告获取证据及举证能力的天壤之别，以及赔偿案件中证明妨碍对原告合法权益的严重影响，规则的启动应由法官依职权行使，谨防原告遭遇因证明妨碍举证不能而引发的“二次伤害”。

（3）确定证明责任的转移。在行政赔偿诉讼中，原告证明已穷尽方法举证仍无法证明相关要件事实时，法院应当综合全案情况依照证明妨碍的构成要件进行审查，若成立证明妨碍，那么证明责任则转移至被告，这是结果意义的举证责任分配。该案中，尽管特种油厂完成了初步的举证责任，但房屋在诉讼前已被拆除，因强制拆除行为程序违法导致其对相关损失无法尽到完全的举证责任。此时结果意义的举证责任即败诉的诉讼风险就转移至被告某镇政府。

（4）解决赔偿结果。证明责任的转移尚不足以成为确定最终赔偿结果的“直通车”。行政赔偿案件对原告的权利救济最终应落脚在锁定赔偿义务主体及确定赔偿方式和数额上。《最高人民法院关于适用〈中华人民共和国行政诉讼法〉的解释》第四十七条对此作了进一步细化规定，除了与《中华人民共和国行政诉讼法》第三十八条第二款相一致的举证责任分配规则外，还明确了损失价值的鉴定程序，同时进一步规定因客观原因无法鉴定的，应当结合当事人的主张和在案证据，遵循法官职业道德，运用逻辑推理和生活经验、生活常识等，酌情确定赔偿数额。

实践中，对原告的主张是否考虑及具体理由，对相关证据的逻辑分析和推理过程的认证工作，采用的酌判标准如何选择和确定都需要进一步规范和统一。该案中，涉案房屋在相关拆迁项目的范围内，按正常拆迁程序本应享受拆迁补偿利益。因行政机关的违法行政导致行政赔偿和拆迁补偿两个不同性质的法律问题交织在了一起。其中，既有因违法拆除给权利人造成物权损失的赔偿问题，也有因未依据当地拆迁补偿政策进行补偿而给权利人造成的应补偿利益的损失问题，甚至还包括搬迁、临时安置以及应当给予的补助和奖励的损失问题。裁判时应当结合违法行为类型与违法情节轻重，综合协调适用法定的赔偿方式、赔偿项目、赔偿标准与拆迁补偿方式、补偿项目、补偿标准，依法、科学地确定赔偿项目和赔偿数额。

编写人：北京市第三中级人民法院 杨旸

56

行政赔偿先行处理行为属于行政赔偿诉讼的审查范围

——建材公司诉南通市通州区某镇人民政府行政赔偿案

【案件基本信息】

1. 裁判书字号

江苏省南通市中级人民法院（2021）苏06行赔终1号行政赔偿判决书

2. 案由：行政赔偿纠纷

3. 当事人

原告（上诉人）：建材公司

被告（被上诉人）：南通市通州区某镇人民政府（以下简称某镇政府）

【基本案情】

2013年以来，建材公司租赁通州区某镇一处土地用于生产水泥砖。2018年1月，通州区政府印发《“散乱污”企业整治专项行动工作方案》，规定各镇（区、园、街道）是专项行动的实施主体。2019年4月4日，某镇政府将建材公司的机器设备等拆除，将堆料就地接驳堆放，拆除物品堆放在村委会空地上，拆除当日双方均有人在场，其中水泥罐遭毁损，水泥泄漏且后续灭失，叉车、铲车等车辆并未损坏。建材公司向通州区政府申请行政复议，通州区政府复议确认某镇政府行政强制行为违法，责令某镇政府在两个月内作出赔偿决定。2019年8月23日，某镇政府作出行政赔偿决定书，认为某镇政府根据上级文件精神，履行“两断三清”职责，虽在程序上有瑕疵，但不影响建材公司最终被关停、搬离的结果。某镇政府根据A评估公司提供的参考意见316490元，决定赔偿建材公司316490元。建材公司不服，提起本案诉讼，请求判决某镇政府赔偿建材公司损失 1022.5 万元。

法院委托 B 评估公司对建材公司的机器设备等进行评估，评估项目经过各方确认，评估价值为 1134100 元。

【案件焦点】

某镇政府作出的赔偿决定确定的赔偿数额、方式是否符合法律规定，建材公司的赔偿请求能否得到支持。

【法院裁判要旨】

江苏省南通经济技术开发区人民法院经审理认为：首先，某镇政府强制拆除建材公司的机器设备及棚批等建构筑物，建材公司搭建的棚批等建构筑物为违法建筑，且拆除后原材料堆放在现场，故不属于合法财产损失范畴；建材公司受到处罚后，继续不法生产经营，其所述停产停业损失等，并非直接损失范围。其次，某镇政府应当选定有资质的评估公司进行评估，但某镇政府仅咨询评估机构获取了一份非正式的参考意见，且在建材公司对参考意见有异议的情形下，径行作出赔偿决定，缺乏事实根据，应当撤销。最后，经司法评估，案涉机器设备的市场价值为 1134100 元，某镇政府拆除行为当日对堆料进行了现场接驳堆放，考虑到接驳过程中会有相应的毁损，酌定某镇政府赔偿 5000 元。至于建材公司所述的叉车、拖拉机等车辆，至今仍放置在建材公司租赁的场地内，不属于赔偿范围。某镇政府应赔偿建材公司 1139100 元。

江苏省南通经济技术开发区人民法院依照《中华人民共和国行政诉讼法》第七十条第一项，《中华人民共和国国家赔偿法》第四条第四项、第三十二条第一款规定，判决：

一、撤销某镇政府作出的赔偿决定书；

二、责令某镇政府赔偿建材公司各项损失 1139100 元；

三、驳回建材公司其他诉讼请求。

建材公司不服，提起上诉。江苏省南通市中级人民法院经审理认为：对于需要进行司法评估的项目，建材公司、某镇政府、一审法院以及 B 评估公司均在场对项目进行逐一核实，并登记在册，当事人签字确认，在此基础上对相关项目进行评估，反映了当事人的真实意思，除非评估存在明显漏项，否则应当按照评估前各方确认的项目作为评估依据。B评估公司系通过法定程序由当事人摇号确定，该公司及评估人员均具有相应的鉴定资格，鉴定过程不存在严重违反鉴定程序的行为，因此，其作出的鉴定结论应当作为确定建材公司损失的依据，不能因部分项目低于建材公司委托的A评估公司出具的评估结论，就否认其评估结果的真实性、客观性。某镇政府实施的强制拆除行为系根据上级政府要求采取的专项整治行动的一部分，而不是某镇政府实施拆迁过程中引发的征收补偿问题，建材公司要求以征收补偿标准确定其损失，不予支持。

江苏省南通市中级人民法院依照《中华人民共和国行政诉讼法》第八十九条第一款第一项之规定，作出如下判决：

驳回上诉，维持原判。

【法官后语】

2022年5月1日起施行的《最高人民法院关于审理行政赔偿案件若干问题的规定》不仅肯认了先行处理程序的功能价值，还暗含了先行处理行为可以作为行政赔偿诉讼标的的意蕴。进一步明晰先行处理行为的性质、程序及诉讼地位，对发挥先行处理程序在行政赔偿争议中的过滤功能、事实固定功能以及纠纷解决功能，具有重要意义。

1. 行政赔偿先行处理行为的性质

先行处理行为的性质直接决定了该行为的规则建构以及其能否成为行政赔偿诉讼对象的问题。由于《中华人民共和国国家赔偿法》并未对先行处理程序定性，长期以来，多有观点将先行处理程序视为一种协商过程，认为赔偿义务机关作出的行政赔偿处理决定并非行政赔偿案件的诉讼标的，法院仍然应当对原告的赔偿请求能否成立进行审查。基于行政行为的公定力、拘束力等效力，在行政机关作出赔偿决定或者不予赔偿决定错误的情形下，法院仅仅作出赔偿判决，而不对上述决定作出评判，将导致一个赔偿争议形式上存在先行处理决定与赔偿判决二者效力并存的尴尬局面。《最高人民法院关于审理行政赔偿案件若干问题的规定》第三条明确将赔偿决定、不予赔偿决定以及逾期不作出赔偿决定等行为纳入受案范围。自此，行政赔偿诉讼标的既包括当事人之间的行政赔偿争议，也包括行政机关对赔偿申请的先行处理行为。行政赔偿诉讼要在对相关赔偿行为本身的合法性进行审查和评判的基础上，实质化解行政赔偿争议，实现对行政机关的全面监督。

2. 行政赔偿先行处理程序的制度设计

行政行为可以有多种实现形式，将先行处理行为视为具体行政行为，并不意味着该行为必须与行政处罚、行政强制等行为一样，严格依照法定程式作出。鉴于法律对先行处理行为的程序未作规定，可以将该行为定性为类似于行政协议、兼具法定性和契约性的一种行为，这也是先行处理程序制度设计的逻辑起点。第一，赔偿请求确定性。根据《最高人民法院关于审理行政赔偿案件若干问题的规定》第十三条的规定，当事人提起赔偿诉讼应当有具体的赔偿事项以及数额。该规定对于先行处理程序亦应当适用，以便利行政机关作出决定。第二，内容的法定性。先行处理作为一项行政行为，有别于民事行为，不能完全依赖意思自治，而是在赔偿方式、赔偿标准、赔偿数额等方面应符合相应规定。如征地拆迁引发的赔偿中，行政机关自由裁量余地有限，需要根据拆迁政策作出赔偿决定。第三，程序的自由性。行政机关在先行处理过程中对赔偿程序的选择具有较强的裁量权限。如征地拆迁中，行政机关可以参照作出补偿决定的程序规定，通过评估等过程作出赔偿决定，也可通过双方协商一致，就赔偿范围、赔偿标准、赔偿方式等达成协议。当然，有的行政机关直接单方面作出赔偿决定，也不宜直接否认其合法性。《最高人民法院关于审理行政赔偿案件若干问题的规定》第十五条规定，赔偿义务机关在收到赔偿申请之日起两个月内未作出赔偿决定的，当事人可以提起行政赔偿诉讼。故行政机关的先行处理程序以两个月为限。

3. 先行处理程序和诉讼程序的衔接

（1）先行处理行为不是单独起诉的对象。虽然《最高人民法院关于审理行政赔偿案件若干问题的规定》第三条将先行处理行为作为行政赔偿诉讼的标的，但赔偿请求人不得单独就先行处理行为提起诉讼，法院发现存在前述情形的，应当向赔偿请求人释明，要求赔偿请求人明确赔偿请求，否则裁定驳回起诉。

（2）先行处理程序中形成的证据在诉讼中的地位。当事人在先行处理程序中，应当提供支持其请求的相应证据，赔偿请求人在申请赔偿之前取得而在先行处理程序中未出示的证据材料，法院在诉讼中不予接纳。行政机关在先行处理决定中自认的事实和确定的赔偿方式、赔偿标准、赔偿范围等，在诉讼中一般不得主张与之相反的事实以减轻赔偿责任。评估报告、鉴定结论虽然由专业机构作出，但只是诸多证据的一种，应当结合全案证据确定案件事实，而不能一味地将其作为依据。如本案中，某镇政府咨询评估机构获取的一份非正式参考意见，即不应采纳。

（3）先行处理行为的判决方式。虽然《最高人民法院关于审理行政赔偿案件若干问题的规定》第三十一条仅规定行政赔偿决定对赔偿数额的确定确有错误的，人民法院判决予以变更，但对撤销、确认违法的判决类型未作规定。在先行处理行为可作为行政赔偿诉讼标的的语境下，法院对先行处理行为作出撤销、确认违法判决乃当然之义。首先，如果行政机关作出不予赔偿决定，法院认为应当赔偿时，在作出赔偿判决的同时，应一并撤销不予赔偿决定。如果行政机关作出的赔偿决定认定事实不清，适用法律错误，或者赔偿方式、数额错误等且难以直接变更时，亦应予以撤销。其次，如果行政机关逾期不作出赔偿决定，或者作出的赔偿决定内容正确但超过两个月期限，法院应当针对行政机关的逾期或者超期行为，作出确认违法判决。最后，法院对行政机关赔偿数额的审查，既包括合法性审查，也包括合理性审查，如果行政机关的赔偿决定事实、法律均正确，但赔偿数额有误或者显失公平的，法院可以判决变更。

编写人：江苏省南通市中级人民法院　张祺炜

57

因行政机关强制拆除导致相对人财物灭失的损失认定

——汽配修理厂诉柳州市某区城市管理行政执法局行政赔偿案

【案件基本信息】

1. 裁判书字号

广西壮族自治区柳州市中级人民法院（2021）桂02行终204号行政判决书

2. 案由：行政赔偿纠纷

3. 当事人

原告（上诉人）：汽配修理厂

被告（被上诉人）：柳州市某区城市管理行政执法局（以下简称某区执法局）

【基本案情】

原告建造了涉案建筑物，其中砖混及砖瓦结构房屋面积为974.21平方米，钢架棚面积为6296.96平方米，建筑总面积为7271.17平方米。2018年8月10日，被告对涉案建筑物实施了强制拆除。被告的强制拆除行为被生效判决确认违法后，原告遂提起本案行政赔偿诉讼，要求：1. 被告赔偿原告生产生活设备、汽车配件等物品被埋而造成的物品经济损失798860元；2. 被告按市场重置价赔偿钢结构厂房及钢结构棚的建筑材料2077996.8元。

在案件审理过程中，原告申请对涉案钢结构厂房、钢架棚及附属建筑的红砖等建筑材料的可重复利用的价值进行评估，但因评估对象及评估范围与原告的实际诉求理解有出入，根据现有的评估材料无法进行评估。被告辩称强制拆除时将原告的物品搬至存放点存放，但对此未能提交证据予以证实。

【案件焦点】

1. 原告请求行政赔偿有无事实和法律依据；2. 赔偿数额应当如何确定。

【法院裁判要旨】

广西壮族自治区柳州市柳南区人民法院经审理认为：原告提交的物品损失清单系其单方制作，未提供其他相关票据予以印证，除原告于 2018 年 8 月 6 日拍摄的视频外，原告未能提交其主张的设备和物品在强拆时全部放置于涉案钢架棚内的其他证据。而本案现有证据显示，强拆时放置于涉案钢架棚内的物品未达到《被埋物品损失清单》所记载的数量和规模。被告在强制拆除原告使用的涉案钢架棚前，虽已将棚内物品清空并装车搬离涉案钢架棚，但被告未能提供证据证实对物品进行清点、登记、移交，也无法举证证明涉案物品的下落，造成现无法准确认定原告在涉案钢架棚内物品损失的具体数额，被告应当承担举证不能的不利后果并负相应赔偿责任。

拆除违法建筑物后的建筑材料属于原告的合法财产。被拆除房屋的砖瓦等属于建筑垃圾，并不具有可回收利用的价值，不应予以行政赔偿。被拆除的钢架棚的建筑材料具有可回收再利用的价值，被告未举证证明通知原告自行清理被拆除的建筑材料，也未提交证据证明其行为未造成建筑材料残值的损失，应当承担举证不能的不利后果并负相应赔偿责任。因涉案钢架棚的可重复回收利用的价值因客观原因无法鉴定，参照柳州市废旧钢材回收的市场价格，酌定被告赔偿原告钢结构建筑物的建筑材料损失。

广西壮族自治区柳州市柳南区人民法院依照《最高人民法院关于适用〈中华人民共和国行政诉讼法〉的解释》第四十七条、《中华人民共和国国家赔偿法》第二条、《最高人民法院关于审理行政赔偿案件若干问题的规定》第三十三条之规定，作出如下判决：

被告某区执法局于判决生效之日起六十日内赔偿原告汽配修理厂经济损失共计 90000 元。

汽配修理厂不服一审判决，提起上诉。广西壮族自治区柳州市中级人民法院经审理认为：由于被上诉人的违法强制拆除，上诉人仅能提供相关现场照片及财产损失清单，业已穷尽举证手段以证明财产损失的存在，基于公平原则，对于案涉财产损失及赔偿数额的确定，应适用法律规定的举证责任倒置。拆除钢架棚的建筑材料后的价值会远远低于钢架棚的建筑材料的价值。因涉案钢架棚的可重复回收利用的价值因客观原因无法鉴定，一审法院参照柳州市废旧钢材回收的市场价格，酌定某区执法局赔偿汽配修理厂钢结构建筑物的建筑材料损失并无不当。汽配修理厂未能提交其主张的设备和物品在强拆时全部放置于涉案钢架棚内的其他证据，且汽配修理厂提交的物品损失清单系其单方制作，未提供其他相关票据予以印证，一审法院对汽配修理厂诉请按照《被埋物品损失清单》进行赔偿不予支持的理由应予以支持。某区执法局在强制拆除前虽已将棚内物品清空并装车搬离涉案钢架棚，但未能提供证据证实对物品进行清点、登记、移交，也无法举证证明涉案物品的下落，造成现无法准确认定汽配修理厂在涉案钢架棚内物品损失的具体数额，故某区执法局应当承担举证不能的不利后果并负相应赔偿责任。

广西壮族自治区柳州市中级人民法院依照《中华人民共和国行政诉讼法》第八十九条第一款第一项之规定，作出如下判决：

驳回上诉，维持原判。

【法官后语】

违法建筑不是法律保护的合法利益，但行政机关对违法建筑进行强制拆除，其行政行为也应当符合正当程序原则。行政机关在强制拆除时对当事人的合法财产负有注意义务，对合法的财产应予以清空并妥善处理。然而一些行政机关在拆除违法建筑时，未妥善处置当事人放置于违法建筑内的合法财物，而是一拆了之，由此引发行政赔偿案件。因为行政相对人的财物已经灭失，行政相对人已经难以通过物价鉴定等方式证明其损失。如何正确认定损失并分配举证责任，具有较强的实践意义。

第一，明确举证责任。关于原告的举证责任，一般情况下，行政赔偿案件的损失举证责任为“谁主张，谁举证”，由原告对行政行为造成其合法权益损害的事实承担举证责任。作为原告，其对遭受的损害最清楚，有能力也有动力进行举证。由原告对有无损害的事实和损害大小进行举证，符合举证责任的一般原理。

关于被告的举证责任，如果因被告的原因导致原告无法举证证明其损失情况时，举证责任倒置给被告，由被告负举证责任。即被告未依法制作保管物品清单，也没有对物品进行财产公证或邀请第三方见证保管的过程，而被告的强拆行为导致原告的物品损毁灭失殆尽，在原告客观上已经无法对其损失进行举证的情况下，举证责任转移至被告，由被告举证证明其强拆行为没有导致相应的损失。被告违反正当程序是造成损害事实难以认定的主要原因，如果一味将赔偿损失的举证责任加诸原告，在原告举证客观不能的情况下只能径行驳回原告的诉讼请求，不利于保护原告的合法权益。这种特殊的举证责任既兼顾了公平，同时又可以警示行政机关依法实施强拆。故原被告的举证责任的逻辑可以总结为：被告违反法定义务导致原告就相关损失无法举证的，证明责任由被告承担。原告由于自身的原因无法举证的，证明责任由原告承担。

第二，明确赔偿范围。在赔偿案件中，原告往往主张多项物品损失，其中不乏价值较高的财物。如果由于被告的原因导致原告举证困难，在原告仅提供损失清单或者只有初步证据证明其损失的情况下，从保护受害人合法权益及对行政违法行为惩戒的角度出发，对原告的举证责任应当予以放宽。至于原告的主张是否能够得到支持，应当根据具体情况进行判断。对未超出市场价值且符合常理的物品损失，原告只需简单证明损失存在，如果被告没有相反的证据推翻原告的主张，则对原告的主张应予以支持。对于原告主张的运用逻辑推理和生活经验难以认定的巨额损失，或超出正常生活消费水平的贵重稀有物品，则不能免除原告对该项损失的证明责任，原告应当提供有说服力的证据证明该物品在拆除现场客观存在及物品的价值，如物品在强拆现场的视频或照片、购买物品的记录、证人证言等证据。在原告对大额财物进行了合理的初步举证下，人民法院应当结合原告的经济状况、消费水平、物品的来源情况等因素审慎进行认定。如果原告无法提供证据或者提供的证据无法证明其主张的财产损失，原告应承担败诉的风险。

第三，明确赔偿数额。司法实践的另一难点是确定损害赔偿的数额。对受到公权力不法侵害的行政相对人给予关爱和体恤，最大限度发挥国家赔偿在保护行政相对人合法权益的功能和作用。对于原被告双方主张损失的价值无法认定且客观原因无法鉴定的情况下，人民法院需要根据现有证据，结合常理酌定赔偿金额。人民法院行使自由裁量权不能全凭主观感知任意酌定损失数额，在酌定时应结合原告的诉讼请求和案件的客观事实，可以通过询价、咨询专家意见等方式，综合考虑物品的市场价值、新旧程度、双方当事人的过错等具体因素，进行全面、公正的分析判断，遵循有利于原告的原则，确定相对客观的损失数额。

编写人：广西壮族自治区柳州市柳南区人民法院　刘娟

十三、不履行法定职责

58

对违法建设人提交的单方委托的建筑安全性鉴定意见应进行全面、严格、审慎审查

——杨某诉北京市某区城市管理综合行政执法局不履行违建拆除职责案

【案件基本信息】

1. 裁判书字号

北京市第三中级人民法院（2020）京 03 行终 69 号行政判决书

2. 案由：不履行违建拆除职责纠纷

3. 当事人

原告（上诉人）：杨某

被告（被上诉人）：北京市某区城市管理综合行政执法局（以下简称某区执法局）

第三人（被上诉人）：邓某

【基本案情】

2012 年 3 月 5 日，某区执法局依群众举报，对第三人的涉案房屋扩建行为合法性进行立案调查。经查，涉案房屋所有权人为第三人。此后，某区执法局

对涉案房屋进行了勘查。2016 年 8 月 11 日，北京市规划委员会出具《关于涉案房屋规划审批情况的函》，认定涉案房屋北侧的 36.19 平方米房屋未依法取得建设工程规划许可证。2016 年 8 月 18 日，某区执法局向第三人作出并送达《责令改正通知书》。2016 年 9 月 13 日，某区执法局复查发现第三人没有拆除涉案房屋违法建设。2016 年 9 月 28 日，某区执法局作出并向第三人送达《限期拆除决定书》。第三人在法定期限内没有对《限期拆除决定书》提起复议、诉讼。2017 年 3 月 30 日，某区执法局作出并向第三人送达《催告通知书》。2017 年 4 月 1 日，某区执法局对涉案违法建设进行了复查，查明第三人没有拆除涉案房屋违法建设。

2017 年 6 月 20 日，原告向某区政府申请复议，要求复议机关责令某区执法局履行拆除涉案房屋违法建设的法定职责。2017 年 7 月 5 日，工程检测公司作出《检测鉴定报告》，检验鉴定结论第四条："鉴于该房屋结构现状的安全性满足国家规范要求，上次改造完成后使用至今已有 6 年时间，基础已稳定，上部结构也使用正常，未见存在明显异常现象，建议保持现状，不再进行二次拆改。如进行拆改，可能造成相连结构构件破损及开裂，明显影响整体结构的耐久性和安全性。"

2017 年 9 月 12 日，某区政府作出《行政复议决定书》，责令某区执法局在法定期限内履行对本案违法建设的查处职责。2018 年 11 月 12 日，某区执法局对涉案房屋违法建设呈报某区政府责成强制拆除。2018 年 11 月 16 日，某区政府审批同意责成某区执法局对该处违法建设实施强制拆除。截至原告提起本诉之日，涉案违法建设仍未被强制拆除。原告遂起诉请求法院判令被告依法拆除涉案违法建设。

【案件焦点】

某区执法局依据违法建设人单方委托的建筑安全性《检测鉴定报告》不予拆除涉案违法建设，理由是否充分。

【法院裁判要旨】

北京市朝阳区人民法院经审理认为：现有证据能够证明，某区政府已于2018年11月16日责成某区执法局对涉案违法建设实施强制拆除。现本案争议的焦点为某区执法局依据《检测鉴定报告》，不予拆除涉案违法建设的理由是否充分。

拆除涉案违法建设是某区执法局对其自行作出的《限期拆除决定书》且经某区政府责成的执行行为。建筑物的拆除是否会对房屋整体的安全性构成影响，是被告作出《限期拆除决定书》之前即应查实的基本事实。在决定执行阶段，面对违建建设者单方委托提交的《检测鉴定报告》，应全面、审慎、依法进行审查，决定涉案违法建设是否应予拆除。本案中，某区执法局未对《检测鉴定报告》进行全面、审慎审查，未对违建建设者单方委托的鉴定机构以及鉴定结论形成过程、依据等进行审核；未征求利益相对方的意见，审查是否有重新鉴定的必要。因此，某区执法局仅依据《检测鉴定报告》，不予拆除涉案违法建设的行为，明显不当。考虑到涉案违法建设的拆除是否具有可行性仍有行政机关进一步衡量、判断的空间，故应判决被告就涉案违法建设的拆除是否具有可行性进一步履行调查职责，原告要求法院责令被告径行履行拆除涉案违法建设职责的诉讼请求不具有事实根据，不予支持。

北京市朝阳区人民法院依照《中华人民共和国行政诉讼法》第六十九条、第七十二条之规定，判决如下：

一、判令被告某区执法局于本判决生效之日起三十日内对涉案违法建设的拆除事项继续履行调查职责；

二、驳回原告杨某要求被告某区执法局立即拆除涉案违法建设的诉讼请求。

二审法院同意一审法院裁判意见。

【法官后语】

根据《中华人民共和国城乡规划法》《北京市城乡规划条例》等法律法规规定，违法建设的处置可以分成以下三种方式：一是对于尚可采取改正措施消除对规划实施的影响的，责令限期改正，处罚款；二是无法采取改正措施消除影响的，限期拆除，限期不拆除的，行政机关经催告后依法实施强制拆除；三是不能拆除的，没收实物或者违法收入，可以并处罚款。对于违法建设，行政机关应针对不同情形适用上述不同的处置方式。当前尚未有明确具体的规范来确定不能拆除的违法建设的范围，但是对于拆除会影响原有建筑安全性的情况，笔者认为，根据比例原则，出于对原有建筑安全性的考虑，行政机关采取的行政措施应当避免对合法财产造成侵害，此种情况行政机关不宜直接拆除。因此，行政机关在决定对违法建筑采取限期拆除的方式前，应当先对违法建筑拆除的安全性进行判断，在查清违法建筑拆除具备安全性的情况下，行政机关作出限期拆除决定，并决定强制拆除的行政行为才能够实际实施。值得注意的是，2019年修订的《北京市城乡规划条例》第七十八条亦明确规定了违法建设拆除或者回填的，应当进行安全鉴定，即行政机关在违建拆除中安全性是应当考虑的因素和查清的基本事实。

实践中，在违法建设查处中，对于违法建设人提出的违法建设不适宜直接拆除的辩驳理由，行政机关如何进行判断？笔者认为，违法建筑不仅损害城乡形象，而且对城乡的整体规划发展亦产生不利影响，放纵违法建设的存在，还会损害社会公平正义的实现，因此国家对于违法建设采取的是“零容忍”态度。据此，行政机关对于违法建设人提出的违法建设不能直接拆除的辩驳理由应当进行严格、审慎审查。

具体到本案而言，违法建设人提交的系其单方委托的建筑安全性鉴定报告。对此，笔者认为，首先，鉴定意见作为证据使用，应当具备公正性和科学性。鉴定意见的形成依据的是委托人提供鉴定的基本材料，因此当事人单方委托的鉴定形成的书面结论在公正性方面很难保证。此外，鉴定机构和鉴定人的选择亦是当事人自行决定，亦难以保证中立性。因此，当事人提交的单方委托的鉴定报告的证明力较低，行政机关应当对该鉴定报告的鉴定机构、鉴定过程以及鉴定依据是否客观公正进行全面、审慎审查。其次，本案起因系原告举报涉案违法建设，原告亦提供证据证明涉案违法建设对其产生不利影响，因此对于违法建设人单方提供的建筑安全性鉴定报告，行政机关亦应当征求原告的意见，若原告对该鉴定意见不予认可并提出对鉴定意见真实性、合法性、关联性的质疑意见，行政机关应当予以考虑，并综合判断是否需要重新进行鉴定。因此，本案中，行政机关对违法建设人提交的单方委托的建筑安全性鉴定报告直接采纳作为其不履行拆除涉案违法建设职责的依据，明显属于证据不足。

编写人：北京市朝阳区人民法院　唐伟伟　李丹丹

59

对已经治愈的违法行为无需再次进行修复

——陈某等诉苏州市某区自然资源和规划局不履行法定职责案

【案件基本信息】

1. 裁判书字号

江苏省苏州市中级人民法院（2021）苏05行终127号行政判决书

2. 案由：不履行法定职责纠纷

3. 当事人

原告（上诉人）：陈某、戴甲、戴乙

被告（被上诉人）：苏州市某区自然资源和规划局（以下简称某区资规局）

【基本案情】

2002年8月10日，某喷织厂与某村20组签订征（用）土地协议书，约定对所购土地进行征收补偿，该村所在镇人民政府在该协议书上盖章鉴证。2003年5月11日，某喷织厂向原某市国土资源局（现为某区资规局）提出补办用地手续申请。2003年6月30日，原某市国土资源局根据当时的政策规定在政府审定后作出《关于某喷织厂补办征用土地的批复》，同意补办手续并将该地块出让给某喷织厂；同日双方签订《国有土地使用权出让合同》，后于 2006 年 8 月办理涉案土地的土地登记。在补办手续过程中，原某市国土资源局对某喷织厂此前的违法用地行为进行了处罚，某喷织厂也缴纳了相关罚款。

某村 20 组村民于 2006 年 1 月 25 日共同签署了《某村 20 组土地使用情况备忘录》，并于 2007 年 10 月 27 日共同签署了协议。该备忘录和协议载明：该组所有土地均被征用或者租用，由某村村委会同意办理征用和出租；该组全部参加"土地换保障"，按照有关政策到龄人员 100%享受"土保"。

陈某、戴甲、戴乙于 2020 年 4 月 25 日向某区资规局提交"土地违法行为查处申请书"，某区资规局于 2020 年 5 月 7 日作出《关于陈某等"土地违法行为查处申请书"的回复》，称经核查，某村村委会并不存在违法出让所涉地块的情形，也不存在所涉地块未办理征地手续的情形。

陈某、戴甲、戴乙认为，该土地办理土地出让的手续没有经过村民或者村民代表同意，某区资规局未履行法定的查处职责，作出的回复缺乏事实及法律依据。因此，请求法院判决撤销某区资规局于 2020 年 5 月 7 日作出《关于陈某等"土地违法行为查处申请书"的回复》，判令被告履行对某村及有关人员违法出让案涉土地的行为进行查处的法定职责、履行对案涉土地未办理征地手续的违法行为进行查处的法定职责，并将查处结果书面告知。

某区资规局认为，其作出案涉回复事实清楚、证据确实充分。2003 年 6 月 30 日，原某市国土资源局根据当时的政策规定在政府审定后同意补办手续并将该地块出让给某喷织厂，在补办手续过程中，原某市国土资源局已经对某喷织厂的违法用地行为进行了处罚。某村 20 组村民于 2006 年 1 月 25 日共同签署了《某村 20 组土地使用情况备忘录》，陈某等人从 2004 年 1 月开始参加征地"土保"，且已经享受"土保待遇"；某区资规局作出的案涉答复程序合法、适用依据正确。

【案件焦点】

1. 原告是否具有行政诉讼原告主体资格；2. 被告作出的答复行为是否合法。

【法院裁判要旨】

江苏省苏州市吴江区人民法院经审理认为：原告作为案涉土地原所在组的成员，依法具有要求行政机关履行对相关自然资源违法行为进行查处法定职责的权利。2002 年 8 月 10 日，某村 20 组与某喷织厂签订征（使）用土地协议书。虽然有当地镇政府的盖章鉴证，但村委会和镇政府均非法定的土地出让部门，无权签订土地出让协议书，此次出让属于未批先用的违法行为。2003 年 6 月 30 日，原某市国土资源局根据当时的政策同意补办手续；同日双方签订《国有土地使用权出让合同》，于 2006 年 8 月办理涉案土地的土地登记。2006 年 8 月，某喷织厂缴纳了违法用地的罚款 4862 元。因此，在案外企业存在未批先用的情形后，被告补办了征用土地手续、土地登记，对案外企业进行了处罚，已经对违法行为进行了治愈。投诉人要求再对其进行查处，行政机关已无再次作为的义务。

江苏省苏州市吴江区人民法院依据《中华人民共和国行政诉讼法》第六十九条的规定，判决：

驳回陈某、戴甲、戴乙的诉讼请求。

原告不服，提起上诉。江苏省苏州市中级人民法院经审理认为：某村 20 组的部分土地历史上确实存在未批先用的违法情形，但案涉土地的用地单位已补办用地手续申请，原某市国土资源局已与某喷织厂签订《国有土地使用权出让合同》。在处理上述违法用地补办征用手续的过程中，原某市国土资源局已经对某喷织厂的违法用地行为进行了处罚，该厂也于 2006 年缴纳了违法用地的罚款。因此，陈某、戴甲、戴乙投诉所反映的违法用地行为已经经过了相应的行政处罚，并且违法用地状态已经通过补办征用手续和出让手续后得到纠正。某区资规局根据核查的情况，向陈某、戴甲、戴乙作出《关于陈某等“土地违法行为查处申请书”的回复》，并无不当。

江苏省苏州市中级人民法院依照《中华人民共和国行政诉讼法》第八十九条第一款第一项之规定，判决如下：

驳回上诉，维持一审判决。

【法官后语】

一个合法的行政行为必须同时符合以下要件：在作出行政行为时行政机关有权对进行处理，符合管辖权、形式和程序的规定，还必须有相应的事实和法律依据。欠缺以上任何一个要件都可能构成行政行为的违法。但是否只要违法，相关行政行为就要一概撤销或者确认违法或者无效呢？行政行为不仅涉及相对人的个人利益，还涉及公共利益。因此，当行政行为存在一定的瑕疵，但又对当事人的实体权利不产生实际影响时，没必要一概撤销并重作，而可以通过一定的方式消除其违法性，使其不再成为违法行为，这就是行政法上所说的违法行政行为的治愈。

本案中，行政机关能否采取相关行为对违法进行治愈、采取的行为是否已经构成治愈、行政机关应否重作行政行为就成了诉争焦点。一种观点认为，应当采取严格的法治标准，行政行为一旦作出就不能治愈，就应当确认违法，允许治愈是纵容行政机关乱作为；另一种观点认为，应当允许行政机关对轻微违法的行政行为进行治愈，对于已经治愈的行政行为应视为合法行为，这样有利于解决行政争议，有利于节约行政和司法资源，促使行政机关依法行政。当事人要求行政机关再次作为的，法院应当不予支持。笔者基本同意第二种观点，理由如下：

1. 允许行政行为进行治愈是由行政行为的本质决定的

行政法的重要价值是公共利益，在个人利益和公共利益发生冲突时，行政法往往更重视保护公共利益，这在《中华人民共和国行政诉讼法》第七十四条第一款第一项①的规定可以清楚看出。在撤销行政行为会给国家利益、社会公共利益造成重大损害的，法院一般判决确认违法，但不撤销行政行为，也就是让被确认违法的行政行为继续保持法律效力。在一定的条件下，追加、补充等方式使得违法行为欠缺的合法要件得以完备，从而消除行政行为的违法性。行政机关可以通过自我治愈使得违法的行政行为继续保持法律效力。对于行政机

---

① 行政行为有下列情形之一的，人民法院判决确认违法，但不撤销行政行为：（一）行政行为依法应当撤销，但撤销会给国家利益、社会公共利益造成重大损害的……

关已经在行政程序中对违法情形进行治愈的，法院不需要判决其再次作为。

2. 允许行政行为进行治愈符合行政诉讼法的立法宗旨，有利于保护法律的安定性

行政诉讼在监督行政机关依法行使职权和保护公民、法人和其他组织的合法权益的同时还应当以解决行政争议为重要价值取向。基于行政法的一般理念，行政执法的首要目的是效率，行政诉讼的首要目的是公正。因此，当行政行为程序违法时，只要不是违反法定程序，且对当事人的实体权利没有实质影响，就没有必要撤销并重作行政行为，而是可以通过一定的方法来消除其违法性，使其转变成合法行为。这样既可以提高行政效率，也可以节约司法资源，使得社会资源得到优化配置。如果严格按照行政法治的原则，即使有轻微违法也要撤销重做，必然会使得相关程序变得更加拖沓，社会成本大大增加。法的安定性是民众对社会生活一致性、连续性和确定性的要求在法律上的体现。如果仅仅因为程序上的轻微违法就导致实体上合法的行政行为被撤销，使得相关的行政程序再走一遍然后作出与原来结果基本相同的行政行为，这在降低行政效率的同时也损害了法的安定性。

3. 允许行政行为进行治愈不会因此使得行政机关乱作为

从行政效率和效益的角度出发，行政机关撤销有瑕疵的行政行为应当采取审慎的态度，只有在该行政行为的瑕疵严重违反法定程序且足以影响到实质处理结果的时候才应采用撤销的方式进行纠错。行政机关在行政执法中存在行政程序瑕疵，法院在审理过程中发现行政机关已经对程序瑕疵进行治愈的，可以在文书中对相关瑕疵予以指正，亦可在案件生效后向相关行政机关发送司法建议促使其依法整改，但不需要撤销行政行为，让其重新再走程序。允许行政机关对违法程序进行治愈，并不一定会引起行政机关乱作为。

编写人：江苏省苏州市吴江区人民法院　秦绪栋

60

劳动保障监察对企业停工停产行为的审查强度

——张某诉某市某区人力资源和社会保障局、某市人力资源和社会保障局不履行法定职责及行政复议案

【案件基本信息】

1. 裁判书字号

北京市第二中级人民法院（2021）京02行终575号行政判决书

2. 案由：不履行法定职责及行政复议纠纷

3. 当事人

原告（上诉人）：张某

被告（上诉人）：某市某区人力资源和社会保障局（以下简称某区人社局）

被告：某市人力资源和社会保障局（以下简称某市人社局）

第三人（上诉人）：通信公司

【基本案情】

张某与通信公司分别于2009年3月5日、2012年2月15日签订劳动合同，约定张某的基本年薪为127776元，分12个月发放；住房津贴12780元，分12个月发放；另有绩效类奖金。2017年3月2日，张某与通信公司签订无固定期限劳动合同。某区人社局的调查笔录记载，通信公司称张某的工作岗位为客户销售经理，工资每月合计16222元。2019年6月3日，张某经医院诊断为抑郁焦虑状态，医嘱建议休假。次日起张某开始病休。通信公司在被调查期间向某区人社局提交了一份《停工（停产）决定》，证明公司以业务量下滑为由，决定自2019年8月1日起该公司A部门进入全面停工（停产）状态。通信公司

称该公司A部门在北京地区只有张某一名员工，涉及停工停产的仅其一人。2019年7月29日，通信公司通过电子邮件向张某发送《停工通知》。张某收到后回复："收到了公司关于该公司A部门进入全面停工（停产）状态的通知。从2019年8月1日开始，如果我接到了之前负责的用户的电话或邮件，将以该停工通知作为依据回复。"后张某向通信公司主张其工资应按照国家相关规定的病假工资支付，不应该按照停工工资支付。通信公司于2019年7月向张某支付工资11997.54元，2019年8月向张某支付工资8930.3元（扣除病假工资），自2019年9月起每月向张某发放1540元工资。2016年至2018年间，张某应享受的法定年休假为10天，2016年、2017年两年张某未休年休假。2018年张某已休假14.5天。张某主张通信公司另有公司内部约定的年假制度，其2018年的休假为公司福利年假并非法定年休假，通信公司对此不予认可。

2019年9月6日，张某向某区人社局投诉，要求通信公司支付2019年9月工资差额；支付2016年、2017年、2018年未休年休假工资。2019年9月9日，某区人社局立案调查。2019年9月至2020年1月间，某区人社局分别对张某及通信公司进行调查询问，通信公司向某区人社局提交了证据材料。2020年2月7日，某区人社局根据调查情况作出《责令（限期）改正通知书》，要求通信公司支付张某2016年、2017年未休年休假工资。通信公司于2020年2月13日向张某支付了上述工资，于2020年2月14日向某区人社局提交了《改正情况说明》。2020年2月17日，某区人社局针对张某的投诉作出被诉告知书，告知张某："通信公司已经支付2021年9月工资，未发现该公司存在工资支付违法行为；通信公司未安排你休2016年、2017年年休假，且未支付应休未休年休假工资，已经责令通信公司向你支付前述工资；通信公司已安排你休2018年年休假，不存在未支付2018年未休年休假工资的问题。"张某不服，向某市人社局申请行政复议，某市人社局于2020年7月7日作出被诉复议决定，维持了被诉告知书，遂成讼。

【案件焦点】

某区人社局在劳动监察程序中对于通信公司停工停产的行为是否应予审查。

【法院裁判要旨】

北京市西城区人民法院经审理认为：劳动保障行政部门对于用人单位涉嫌侵害劳动者权益的行为，应在查清事实的基础上正确适用法律，履行法定程序，依据举报线索依法对职权范围内的监察事项全面主动地进行监察并作出处理。企业的停工停产行为直接关系到双方劳动合同能否正常履行，对于劳动者的工资具有直接影响，企业对此负有举证职责，劳动保障行政部门亦应予以着重审查。通信公司并未就此问题在接受某区人社局调查阶段提供充分证据予以证明，某区人社局对此问题的认定缺乏证据支持。另外，张某对于涉及停工停产的“该公司 A 部门”是否存在亦有不同主张，上述情况仍需调查核实。某区人社局根据调查情况责令通信公司向张某补发未休年休假工资，并无不妥。如张某对未休年休假工资问题仍持有异议，亦可另行通过劳动争议处理程序解决。据此，被诉告知书认定通信公司不存在工资支付方面违法行为，证据不足，认定事实不清，应予撤销。复议机关决定维持原行政行为，结论错误，被诉复议决定亦应一并予以撤销。张某在向某区人社局投诉时，并未要求通信公司支付 2009 年至 2015 年未休年休假工资，故某区人社局、某市人社局围绕张某的投诉事项进行处理，并无不妥。张某要求某区人社局重新处理上述年休假工资问题并确认某市人社局未予审查该项投诉的行为违法的诉讼请求，缺乏事实与法律依据，不予支持。

北京市西城区人民法院依照《中华人民共和国行政诉讼法》第七十条第一项、第七十九条，《最高人民法院关于适用〈中华人民共和国行政诉讼法〉的解释》第一百三十六条第三款规定，判决如下：

一、撤销被诉告知书；

二、撤销被诉复议决定；

三、责令某区人社局在法定期限内对张某的投诉重新处理；

四、驳回张某的其他诉讼请求。

张某、某区人社局、通信公司均不服一审判决，提起上诉。北京市第二中级人民法院经审理认为：《劳动保障监察条例》第十一条并未将企业决定实施停工停产的行为纳入劳动保障监察范围。基于依法行政的基本原则，行政机关执法应有法律依据，在《劳动保障监察条例》并未授权劳动保障行政部门对企业停工停产进行监察的前提下，劳动保障行政部门对企业停工停产的动因、范围、时间及方式不具有实质审查职责。此外，从市场经济运行的客观规律来看，企业作为市场经济主体，在生产经营过程中有权基于自身状况及市场行情，决定是否实施停工停产，此系企业行使经营自主权的行为，行政机关应予尊重。因此，通信公司停工停产的原因、范围、方式等，并不属于某区人社局劳动保障监察的范围。

从《劳动保障监察条例》第十一条规定的劳动保障监察事项以及《劳动保障监察条例》的规范旨意来看，劳动保障行政部门应当对工资待遇支付、休息休假、劳动保障、社会保障等涉及劳动者权益的事项实施监察。根据《北京市工资支付规定》第二十七条规定，企业停工停产后所涉劳动者的工资标准将会受到影响。据该条规定，企业是否实际处于停工停产状态、企业停工停产是否“非因劳动者本人原因造成”、停工停产期间是否依法依规向劳动者支付工资等直接影响劳动者权益的事项，属于《劳动保障监察条例》第十一条第六项规定的劳动保障监察范围。在案证据能够证明某区人社局在行政程序中对相关事项进行了调查。从张某的投诉主张来看，其认为通信公司以停工停产为由，否定张某处于病休期间的事实，将病休期间应享受的病假工资用停工停产后的最低工资代替。根据《企业职工患病或非因公负伤医疗期规定》第三条规定，企业职工因患病或非因公负伤，需要停止工作医疗时，根据本人实际参加工作年限和在本单位工作年限，给予三个月到二十四个月的医疗期。第五条规定，企业职工在医疗期内，其病假工资、疾病救济费和医疗待遇按照有关规定执行。自2019年6月4日起，张某开始病休，其9月是否处于医疗期、应如何享受病假工资等事宜，属于劳动保障监察范围，某区人社局应予审查。通信公司并未提供证据证明在发放张某9月工资时已经充分考虑张某的病休因素，故被诉告知书认定未发现通信公司在9月工资支付方面存在违法行为证据不足，一审法院予以撤销结论正确，应予维持。

关于张某主张其未休年休假的工资补发问题，某区人社局根据调查情况责令通信公司向张某补发2016年、2017年未休年休假工资，认为2018年张某已休年休假，不存在2018年未休年休假应补发工资问题，并无不妥。张某主张2018年其确实休假，但不是法定年假，属于单位福利休假，故仍应支付其未休年假工资。《企业职工带薪年休假实施办法》并未对同时存在单位福利休假和法定年休假的情形下，应优先计算何种假期作出规定。因此，用人单位与劳动者可以就该问题自行作出约定。通信公司的年休假政策规定，员工使用休假时，先使用国家法定年休假，法定年休假用完的，再使用公司休假。张某并未提交证据证明其曾对该项规定提出过异议并与通信公司另行达成约定，应认定该规定适用于张某。对张某的该项主张，不予支持。如张某对未休年休假应支付工资问题仍持有异议，可另行通过劳动争议处理程序解决。

张某在向某区人社局投诉时，并未要求通信公司支付2009年至2015年未休年休假工资，故某区人社局、某市人社局未对此进行调查处理并无不妥。张某上诉主张，其曾经通过其他途径向某区人社局投诉通信公司未支付2009年至2015年未休年休假工资问题，某区人社局应予调查处理。根据《中华人民共和国行政诉讼法》第三十八条第一款规定，张某应对其曾就2009年至2015年未休年假工资支付的问题向某区人社局提出过查处申请承担证明责任。根据《劳动保障监察条例》第十四条第一款规定，劳动者向劳动保障行政部门提起履行监察职责申请的形式应为直接就具体事项向劳动保障行政部门进行投诉举报。本案中，关于2009年至2015年未休年假工资支付的问题，张某并未直接向某区人社局提出投诉举报，而是通过信访途径在相关信访平台提出，不构成要求某区人社局履行查处该事项的申请。故张某要求某区人社局重新处理上述未休年假工资问题并确认某市人社局未予审查该项投诉的行为违法的诉讼请求，一审法院不予支持正确。

北京市第二中级人民法院依照《中华人民共和国行政诉讼法》第八十九条第一款第一项的规定，判决如下：

驳回上诉，维持一审判决。

【法官后语】

劳动保障监察是为了保障劳动法律、法规有效实施，维护劳动关系的健康发展，充分保障劳动者合法权益，对用人单位遵守劳动各方面规定的情况进行监督监察并对违法行为施以惩戒和矫正的制度。劳动保障监察的制度架构决定了，劳动监察一方面牵扯到劳动者的合法权益，另一方面也必然使得行政权在一定程度上介入企业的经营活动。客观来看，维持企业的合法、正常经营是保护劳动者权益的现实基础。因此，劳动保障监察如何在保障劳动者合法权益的基础上，减少对企业合法、正常经营的干预，既是依法行使劳动监察权的要求，也是优化营商环境，保障企业合法经营进而从根本上保障劳动者合法权益的要求。

沿此逻辑，劳动保障行政部门在劳动监察中的审查范围应限定在涉及劳动者合法权益事项的范畴内，对于企业基于自身经营状况和市场行情，行使经营自主权的行为，则应审慎行使劳动监察权，以免过度干预企业经营。本案中，张某向某区人社局所投诉的通信公司停工停产行为即企业行使经营自主权的行为，劳动监察部门对该行为的审查，应从以下几点考量：

第一，根据《北京市工资支付规定》第二十七条规定，非因劳动者本人原因造成用人单位停工、停业的，在一个工资支付周期内，用人单位应当按照提供正常劳动支付劳动者工资；超过一个工资支付周期的，可以根据劳动者提供的劳动，按照双方新约定的标准支付工资，但不得低于本市最低工资标准；用人单位没有安排劳动者工作的，应当按照不低于本市最低工资标准的70%支付劳动者基本生活费。据此，企业停工停产后劳动者实际所得工资势必会减少，为避免企业通过停工停产的方式扣减劳动者工资，劳动监察部门应对企业停工停产的动因、时间、方式、范围进行审查。但企业作为市场主体，有权根据市场情况作出停工停产的决策，故而此种审查应限于审查停工停产是否属于“非劳动者本人原因”，在明确停工停产系“非劳动者本人原因”后，不应继续对企业停工停产的动因、时间、方式、范围进一步作实体审查，否则便有过度干预企业经营自主权的可能。

第二，停工停产后的工资支付，系涉及劳动者权益的事项，根据《劳动保障监察条例》第十一条第六项规定，劳动保障行政部门应对用人单位支付劳动者工资和执行最低工资标准的情况实施劳动保障监察。因此，企业停工停产后是否依法向劳动者支付工资，劳动保障行政部门应予审查。

综上，本案中，在现有能够证明通信公司停工停产非张某本人原因的情况下，二审法院最终认定某区人社局不应继续对停工停产行为作进一步审查。但因张某在通信公司决定停工停产时仍处于病休期间，而对于职工病休假期间工资的支付相关法规另有规定。通信公司工资在停工停产后未考虑张某病休假的情况，径行选择最低标准支付工资，显然不合理。某区人社局在劳动监察过程中对此并未审查便在被诉告知书中认定通信公司不存在工资支付方面的违法行为亦有不当，应予撤销。

编写人：北京市第二中级人民法院　金丽　陶军

61

行政机关不履行法定协助调查义务的行为不可诉

——潘某诉深圳市公安局某派出所不履行法定职责案

【案件基本信息】

1. 裁判书字号

广东省深圳市中级人民法院（2021）粤03行终1146号行政裁定书

2. 案由：不履行法定职责纠纷

3. 当事人

原告（上诉人）：潘某

被告（被上诉人）：深圳市公安局某派出所（以下简称某派出所）

【基本案情】

2021年5月21日，潘某向广东省深圳市宝安区人民法院（以下简称宝安区法院）提出调查取证申请，该院于当日签发《律师调查令》（以下简称涉案调查令），其中载明：为查明案件事实，根据《中华人民共和国民事诉讼法》的相关规定，经该院审查决定，指定某律师事务所的律师到某派出所收集、调查证据。随后，潘某代理律师持涉案调查令到某派出所处调查取证。潘某认为，某派出所拒不执行涉案调查令，经其代理律师向该所上级机关反映后，该所直至同年7月15日才作出《关于律师调查令的回复》并直接寄给宝安区法院，而未按其代理律师要求将上述回复交给该律师。据此，潘某诉至法院，请求：1. 判决某派出所限期履行涉案调查令确定的法定协助调查义务；2. 判决某派出所依法追究拒不履行上述法定协助调查义务责任人的行政责任。

【案件焦点】

潘某所诉之某派出所不履行法定协助调查义务的行为是否可诉。

【法院裁判要旨】

广东省深圳市盐田区人民法院经审理认为：《中华人民共和国民事诉讼法》第六十四条第二款规定，当事人及其诉讼代理人因客观原因不能自行收集的证据，或者人民法院认为审理案件需要的证据，人民法院应当调查收集。第六十七条第一款规定，人民法院有权向有关单位和个人调查取证，有关单位和个人不得拒绝。第一百一十四条规定，有义务协助调查、执行的单位有下列行为之一的，人民法院除责令其履行协助义务外，并可以予以罚款：（一）有关单位拒绝或者妨碍人民法院调查取证的……人民法院对有前款规定的行为之一的单位，可以对其主要负责人或者直接责任人员予以罚款；对仍不履行协助义务的，可以予以拘留；并可以向监察机关或者有关机关提出予以纪律处分的司法建议。《中华人民共和国行政诉讼法》第四十九条规定，提起诉讼应当符合下列条件……（四）属于人民法院受案范围和受诉人民法院管辖。结合起诉材料以及上述法律规定可知：第一，涉案调查令是潘某及其代理律师因客观原因不能自行收集相关民事案件证据而向宝安区法院申请调查取证，宝安区法院经审查批准后签发的、供潘某代理律师使用的协助调查文书；第二，涉案调查令所载之行为，是宝安区法院在办理相关民事案件中的调查取证行为；第三，涉案调查令要求某派出所履行的是协助宝安区法院调查相关民事案件事实的义务；第四，某派出所是否履行上述协助调查义务，由宝安区法院在相关民事案件审理阶段依法认定、处理，潘某认为某派出所不履行上述协助调查义务而提起的本案行政诉讼不属于人民法院受案范围。综上，潘某的起诉不符合法定条件。

广东省深圳市盐田区人民法院依照《中华人民共和国行政诉讼法》第四十九条第四项、第五十一条第二款之规定，裁定如下：

对潘某的起诉，不予立案。

二审法院同意一审法院裁判意见。

【法官后语】

在民事诉讼领域设立律师调查令制度的主要目的，在于保护当事人的合法权益、充分发挥律师依法调查收集证据的作用。此类律师调查令，是指民事诉讼当事人及其代理律师因客观原因不能自行收集涉诉案件相关证据时，经代理律师申请，人民法院审查批准，由代理律师向接受调查的单位或个人调查收集相关证据的法律文件。[①] 案涉律师调查令即为适例。本案被诉行为，是潘某主张的某派出所不履行案涉律师调查令确定的协助调查义务的行为，对该行为是否可诉的认定，可以从以下两方面着手分析：

1. 案涉律师调查令的法律性质

结合本案裁定理由中载明的法律规定分析，案涉律师调查令是以律师为媒介实施的法院调查取证行为，而非律师调查取证行为，理由为：第一，不履行律师调查令确定的协助调查义务的行为将导致等同于不配合法院调查取证的法

---

① 详见《广东省高级人民法院、广东省司法厅关于在民事诉讼中施行律师调查令的规定》第一条，载广东省司法厅网站，http：//sft.gd.gov.cn/sfw/zwgk/tzgg/content/post_3571323.html，最后访问时间：2023年4月14日。

律后果，即依照民事诉讼法等规定作为妨害民事诉讼行为予以司法处罚、提出司法建议等。如将律师调查令归为律师调查取证行为，则对不配合律师调查取证的行为予以司法处罚缺乏法律依据。第二，《广东省实施〈中华人民共和国律师法〉办法》[①] 第三十二条规定的也是律师在特定条件下可以书面申请法院签发协助调查函，该协助调查函应是律师调查令的法律出处，该协助调查函应写明“受委托人”，该受委托人应是持函律师，所以持律师调查令的律师实质是法院委托其进行调查取证的受托人。因此，认定律师调查令属法院调查取证行为更符合相关法律规定。

2. 对不履行协助调查义务行为可诉性的判断

在认定案涉律师调查令属于法院调查取证行为的前提下，无论当事人主张的行政机关不履行律师调查令确定的协助调查义务的行为是否客观存在，该行为都不具行政可诉性、不属于行政诉讼受案范围。理由为：第一，是否履行律师调查令确定的协助调查义务应由调查令签发法院依法确定，法院认为协助调查人不履行上述义务的，有权依法予以责令履行义务、司法处罚、提出司法建议等，此事项的处理包含在相关民事案件审理过程中，是否达到处理标准、应如何处理均不应由行政诉讼受诉法院另案进行合法性审查，否则将造成调查令签发法院与行政诉讼受诉法院之间的职权冲突、浪费司法资源；况且，同一事项由两个法院通过两种不同的司法程序进行重复处理亦不符合司法逻辑。第二，法律、法规没有规定当事人对协助调查人不履行协助调查义务的行为有权提出异议。换言之，目前尚无当事人对协助调查行为提出异议的法定途径。律师调查令属于法院调查取证行为，协助调查人是否履行律师调查令确定的义务应由该调查令的签发法院结合其审理的案件具体情况自行判断，当事人依法亦没有权利就协助调查行为向调查令签发法院提出异议、要求法院依法处理。

编写人：广东省深圳市盐田区人民法院　吴文芬

---

① 载国家法律法规数据库网站，https：//flk. npc. gov. cn/detail2. html？NDAyOGFiY2M2MTI3Nzc5MzAxNjEyODI4ZjcyYjZiYzk，最后访问时间：2023 年 4 月 14 日。

62

行政机关在12345热线平台的反馈答复不属于行政诉讼受案范围

——王某诉北京市某区市场监督管理局不履行价格监管职责案

【案件基本信息】

1. 裁判书字号

北京市西城区人民法院（2021）京0102行初169号行政裁定书

2. 案由：不履行价格监管职责纠纷

3. 当事人

原告：王某

被告：北京市某区市场监督管理局（以下简称某区市监局）

【基本案情】

2020年11月20日，王某通过12345网站互动交流平台反映某小区电动自行车充电收费不合理问题，主要内容为："某小区设了集中充电设施，经计算其收费最高3.14元/度，最低1.36元/度，平均1.99元/度，远远超过北京市居民生活用电电价（约0.5元/度），违反相关规定。现要求立即按照北京市的规定调整收费价格并向居民返还多收取的充电费。"12345平台将该问题转交某区市监局予以回复。某区市监局接到该问题后，根据相关线索于2020年11月25日对涉事电动自行车充电收费情况进行现场检查并制作现场检查笔录。涉事充电设施经营者某科技公司提供了书面情况说明，某区市监局在调查过程中调取了涉事企业的营业执照、合作协议、手机软件截屏等资料。

某区市监局经调查，认定被举报单位从事充电服务经营，其并非单纯提供电力接入的转供电单位，其与设备用户间形成的亦非供用电力合同法律关系；且某科技公司在提供充电服务过程中，除基础电能消耗费用外，理应负担设备建设、运营、维护及人员等成本支出，故某科技公司对用户所收取的费用，不应当仅以电价标准予以衡量。被举报单位明码标价，收费合理，未发现价格违法行为，决定不予立案。2020年11月27日，某区市监局将回复反馈至市民服务平台，平台通过网站予以公开回复。王某不服，对某区市监局的反馈答复提起诉讼。

【案件焦点】

某区市监局在12345热线平台上的反馈答复是否属于行政诉讼受案范围。

【法院裁判要旨】

北京市西城区人民法院经审理认为：12345平台及12345市民服务热线是为畅通群众与政府之间交流沟通渠道所设立的统一受理诉求并协调、督促办理的便民服务，不同于行政机关在履行法定职责过程中针对特定申请事项所作出的行政行为。本案中，王某向12345平台反映小区电动自行车充电收费的问题，要求返还部分充电费，但该投诉举报并不能等同于直接向具体行政机关提出履责申请，12345平台对问题的答复行为亦不应认为系代表行政机关作出的履职行为。故12345平台的答复事项不属于行政诉讼受案范围。因此，王某的起诉不符合法定条件，对其起诉，依法应予驳回。

北京市西城区人民法院依照《最高人民法院关于适用〈中华人民共和国行政诉讼法〉的解释》第六十九条第一款第八项的规定，裁定如下：

驳回王某的起诉。

宣判后，原、被告均未提起上诉，判决已发生法律效力。

【法官后语】

以12345热线为代表的政务服务便民热线，在拓宽公众参与社会治理渠道，推动政务服务问题解决方面发挥着日益重要的作用。可是对于公众提出的诉求是否构成履职申请，行政机关在热线中的反馈答复是否属于受案范围仍存在一定争议。

第一，从制度设计目的来看，政务服务便民热线是畅通公众诉求表达渠道的方式，不代替具体行政机关履行职能。政务服务便民热线的开通是推动社会治理重心向基层下移，优化基层治理效能的重要途径。《国务院办公厅关于进一步优化地方政务服务便民热线的指导意见》① 指出，12345热线负责受理企业和群众诉求、回答一般性咨询，不代替部门职能，部门按职责分工办理相关业务、实施监管执法和应急处置等。北京市依托12345市民服务热线及其网络平台确立了接诉即办工作机制，出台了《北京市接诉即办工作条例》②，强调在热线办理中要对涉及本行政区域的咨询、求助、投诉、举报、建议等诉求给予快速响应、高效办理、及时反馈和主动治理。热线帮助行政机关与公众建立起沟通桥梁，并且因为热线转办是在上级机关监督领导下开展，在一定程度上实现了公众诉求自上而下办理的目标，呈现出扁平化基层治理的特征。12345热线是渠道的创新，并不是工作模式的颠覆，在热线受理公众诉求后如果需要行政机关依法履责，还应当启动对应的法定程序。

第二，从受理范围来看，热线受理的诉求分为咨询类诉求和求助、投诉、举报、建议类诉求两类，并不必然构成履责申请。公众可以出于维护自身、他人正当权益或者公共利益的目的向社会管理的各方面提出诉求。热线受理范围突出强调了接收诉求的全面性，最大可能吸收公众的意见和建议，由办理机关针对反映的问题进行调查处理。至于诉求是否符合履责申请条件，是否应当启动相应的法定程序，还应当根据具体规范进行判定。以市场监管领域为例，《市场监督管理投诉举报处理暂行办法》③ 是市场监督管理部门处理投诉举报的

① 载中国政府网，http：//www.gov.cn/gongbao/content/2021/content_5581062.htm，最后访问时间：2023年4月14日。

② 载国家法律法规数据库网站，https：//flk.npc.gov.cn/detail2.html？ZmY4MDgxODE3Yzc5MzQ5YzAxN2M4MzIzZGQ4NjM4MWU%3D，最后访问时间：2023年4月14日。

③ 载中国政府网，http：//www.gov.cn/zhengce/2022-10/08/content_5723506.htm，最后访问时间：2023年4月14日。

主要依据，该办法规定，投诉是消费者为生活消费需要购买、使用商品或者接受服务，与经营者发生消费者权益争议，请求市场监督管理部门解决该争议的行为。投诉应当提供投诉人的姓名、电话号码等信息；被投诉人的名称（姓名）、地址；具体的投诉请求以及消费者权益争议事实，如果被投诉人侵害之日起超过三年的不予受理。本案中，王某在热线中反映的是电动自行车充电收费不合理的问题，并不符合市场监管部门投诉举报处理的规定，无法作为履责申请进行处理。

第三，从救济途径来看，政务服务便民热线主要是通过考核评价和纪律监察来保障落实，并未赋予公众诉讼救济权。《北京市接诉即办工作条例》赋予公众提出诉求后了解诉求办理情况并作出评价的权利。接诉即办考评制度以响应率、解决率、满意率为核心内容，公众的社会评价直接影响办理机关的考评，在办理机关出现严重恶劣行为时由上级机关和监察机关处理。从 12345 热线受理的诉求来看，诉求不以与诉求人存在利害关系为前提，不考虑是否超过处罚追溯时效，热线所要保护的法益已经超出了公民个人权益的范围。据此可以看出，政务服务便民热线的设立建立在上级行政机关对下级行政机关的领导权之上，公众并不能因提出诉求而获得相应诉权。办理机关在平台上向公众反馈办理情况，是对案件办理结果的告知，一般不会对诉求人的权利义务产生实际影响。政务服务便民热线始终坚持不替代行政机关履行职能的原则，如行政机关因政务服务热线提供的线索作出了行政处罚、行政处理或者其他影响诉求人、被投诉人合法权益的行为，相关权利人也应当对具体可诉的行政行为提起诉讼，而非对告知行为提起诉讼。

综上，政务服务便民热线是行政机关发现社会问题，履行行政管理职能的重要抓手，但是公众在平台上的诉求不能等同于直接向行政机关提出履责申请，行政机关受理投诉举报、作出处理仍需按照相关规定开展，行政机关在热线中的反馈答复不属于行政诉讼受案范围。

编写人：北京市西城区人民法院　颜九洲

63

公民个人不具有针对行政机关涉及公共利益的职责提起诉讼的权利

——张某诉北京市某区城市管理委员会不履行法定职责案

【案件基本信息】

1. 裁判书字号

北京市第三中级人民法院（2021）京03行终117号行政裁定书

2. 案由：不履行法定职责纠纷

3. 当事人

原告（上诉人）：张某

被告（被上诉人）：北京市某区城市管理委员会（以下简称某区城管委）

【基本案情】

张某于2020年7月31日14时30分驾驶私家车前往北京市某区政务服务中心办理不动产变更登记业务，将车辆停放在政务服务中心门口南侧停车位内。14时50分，当地气象台发布暴雨蓝色预警。15时2分，某区城管委所属市政工程处启动防汛预案。15时20分至17时10分，政务服务中心附近路段采取封路措施，抢险人员在现场参与防汛抢险工作。16时，张某发现，由于道路排水不畅，水已没至其汽车底盘处。16时30分，水降至安全位置后，张某车辆中控仪表盘多处故障灯点亮。经检测，汽车故障灯点亮为汽车底盘进水导致行车电脑及相关机电单元损毁引起。

张某认为，根据相关法律规定，某区城管委应当依法履职，保障城镇排水与污水处理设施安全运行，防治城镇水污染和内涝灾害，保障公民生命、财产安全。而判断是否依法履职的标准只有一个，即除却损害无法避免的情况，是否避免损害的发生。本次事件中，损害本身是可以避免的。涉案路段无相关标志标识提示、某区城管委接到暴雨预警后抢险不及时以及抢险过程中未对沿街商户逐一提醒，故张某车辆进水无法正常使用、财产安全受到危害，系某区城管委未依法对道路排水进行管护、事发时抢险不到位所致。其诉至法院，请求确认某区城管委未依法履行道路排水管护和及时抢险职责违法。

【案件焦点】

张某是否具有原告主体资格，即张某与某区城管委履行该项职责之间是否具有利害关系。

【法院裁判要旨】

北京市密云区人民法院经审理认为：公民、法人或者其他组织提起行政诉讼，应当符合法定的起诉条件，起诉不符合法定条件，已经立案的，应当裁定驳回起诉。《中华人民共和国行政诉讼法》第二十五条第一款规定，行政行为的相对人以及其他与行政行为有利害关系的公民、法人或者其他组织，有权提起诉讼。本案中，某区城管委依照《城镇排水与污水处理条例》的规定，具有负责本行政区域内城镇排水与污水处理监督管理工作的法定职责，该职责的履行涉及社会公共利益，张某作为公民个人并不具有直接质疑该履职行为合法性的主体资格，其提起的本案诉讼不符合起诉条件。

北京市密云区人民法院依照《最高人民法院关于适用〈中华人民共和国行政诉讼法〉的解释》第六十九条第一款第一项规定，作出如下裁定：

驳回张某的起诉。

张某不服一审裁定，提起上诉。北京市第三中级人民法院经审理认为：张某诉至一审法院，请求确认某区城管委未依法履行道路排水管护和及时抢险职责违法。但某区城管委履行城镇排水与污水处理监督管理的法定职责涉及社会公共利益，张某基于自身车辆受损提起本案诉讼不符合《中华人民共和国行政诉讼法》第二十五条第一款有关利害关系的规定，其提起本案诉讼不符合法定起诉条件。一审法院裁定驳回张某的起诉正确，应予维持。

北京市第三中级人民法院依照《中华人民共和国行政诉讼法》第八十九条第一款第一项之规定，裁定：

驳回上诉，维持一审裁定。

【法官后语】

公民个人是否可以就行政机关履行的涉及公共利益的职责提起诉讼，亦即行政机关履行的涉及公共利益的行政职责，与公民个人是否具有利害关系，是一个普遍关注的问题。《中华人民共和国行政诉讼法》第二十五条第一款规定，行政行为的相对人以及其他与行政行为有利害关系的公民、法人或者其他组织，有权提起诉讼。依此规定，提请法院启动对行政行为合法性的审查程序，应以原告与行政行为之间存在一定的利害关系为前提。

利害关系判断标准是确定原告资格的核心问题。关于"利害关系"的判定，目前主流意见是要求起诉人对被诉行政行为具有"诉的利益"或者"裁判上值得保护的利益"。《中华人民共和国行政诉讼法》第二条规定，公民、法人或者其他组织认为行政机关和行政机关工作人员的行政行为侵犯其合法权益，有权依照本法向人民法院提起诉讼。第十二条列举了对行政行为"不服"的几种情形。"认为""不服"等主观性的词语，表明合法权益是否受到侵害，原则上由原告进行主观判断，这体现了对诉权的重视和保护强度。从行政诉讼法及司法解释的修改沿革看，针对原告主体资格的认定，是一个逐步摒弃狭隘的理解的过程，以"诉的利益保护"为原则，逐步降低行政诉讼的门槛。但是为了防止不必要的诉讼，《最高人民法院关于适用〈中华人民共和国行政诉讼法〉的解释》第六十九条第一款第八项规定，行政行为对其合法权益明显不产生实际影响的，应当裁定驳回起诉。即在合法权益是否受到侵害、这种侵害是否需要通过诉讼给予保护的判断上赋予法院一定的裁量权。也就是说，特定的公民、法人或者其他组织有权提起行政诉讼的前提，不仅包括其主观上认为与行政行为有利害关系，还要求这种利害关系客观上存在。

在确认"诉的利益"是"利害关系"的核心要义、是具备原告主体资格的实质要件前提下，“诉的利益”的判断就变得尤其重要，这是法院对行政行为实质审查的前提。虽然“诉的利益”是一个抽象概念，理论上有主观权利与反射利益之区分，但从平衡行政诉讼作为公权力救济途径作用的发挥和防止滥诉或者形成全民诉讼的角度，应当遵从以下标准进行判断：被诉行政行为可能对原告的合法权益造成现实的、特别的、直接损害或者不利影响，亦即原告具备值得保护的区别于其他人的、特别的合法权益。这种合法权益是区别于公共利益的。如果原告主张的诉的利益，与行政行为之间利害关系较远或该利益除原告之外还为其他社会公众所共享，此时应认定此为公共利益，而非原告的个人利益。尽管有些行政行为最终也会影响到原告个人的利益，但这是权利的反射，而非原告自身的权利。从另一个角度讲，这种情况下，作为公众一部分的公民、法人或者其他组织，通常不会受到比其他人更加不利的影响，并不具有区别于他人的、更加特别的合法权益，所以应认定其不具备原告主体资格。但如果行政行为作出时，不仅出于维护公共利益的考量，还特别考虑了部分公民、法人或者其他组织的个别利益，就应当认定此部分公民、法人或者其他组织具备需要保护的、区别于他人的、特别的合法权益，在此基础上认定其具备原告资格。总体而言，除检察机关和符合法定条件的社会组织在符合法定情形时可代表公共利益提起诉讼外，作为公众一部分的公民、法人或者其他组织并不具有直接针对涉及公共利益的行政行为提起行政诉讼的原告主体资格。

本案中，某区城管委在履行城镇排水与污水处理监督管理工作过程中实施公共管理活动，考量的是公共利益，不以追求特定权利义务关系的产生、变更或消灭为目的，且未考虑特定群体的个人利益，即该涉诉行政行为并未对张某设定新的权利和义务。虽然张某在被告实施防汛抢险过程中财产受到损害，但该损害并非某区城管委实施公共管理行为所导致，即某区城管委的履职行为对张某的权益不产生法律上的实际影响。此外，张某要求某区城管委实施的防汛抢险义务并非张某所独享，某区城管委履行这一义务的受益者为所有当地群众，故张某不具备提起行政诉讼的原告主体资格。

编写人：北京市密云区人民法院　王艳菊

ISBN 978-7-5216-3293-4

图书在版编目（CIP）数据

中国法院2023年度案例．行政纠纷／国家法官学院，最高人民法院司法案例研究院编．—北京：中国法制出版社，2023.5

ISBN 978-7-5216-3293-4

Ⅰ.①中… Ⅱ.①国…②最… Ⅲ.①行政法-案例-汇编-中国 Ⅳ.①D920.5

中国国家版本馆CIP数据核字（2023）第026353号

策划编辑：李小草　韩璐玮（hanluwei666@163.com）
责任编辑：赵律玮（ayu.0907@163.com）　　封面设计：李宁

中国法院2023年度案例．行政纠纷

ZHONGGUO FAYUAN 2023 NIANDU ANLI. XINGZHENG JIUFEN

编者/国家法官学院，最高人民法院司法案例研究院
经销/新华书店
印刷/三河市紫恒印装有限公司
开本/730毫米×1030毫米　16开　　印张/18.75　字数/225千
版次/2023年5月第1版　　2023年5月第1次印刷

中国法制出版社出版
书号 ISBN 978-7-5216-3293-4　　定价：79.00元

北京市西城区西便门西里甲16号西便门办公区
邮政编码：100053　　传真：010-63141600
网址：http://www.zgfzs.com　　**编辑部电话：010-63141793**
市场营销部电话：010-63141612　　**印务部电话：010-63141606**

（如有印装质量问题，请与本社印务部联系。）

中国法院 2012~2023 年度案例系列

国家法官学院　最高人民法院司法案例研究院　编

简便易用、专业实用——打造“好读有用”的案例

1. 专业的作者：国家法官学院自 2012 年起推出“中国法院年度案例丛书”，至今已有 12 年，旨在探索编辑案例的新方法、新模式，以弥补当前各种案例书的不足。自 2020 年起，丛书由国家法官学院与最高人民法院司法案例研究院共同编辑，每年年初定期出版。

2. 强大的规模：23 本含传统和新近的热点纠纷，这些案例是从全国各地法院收集到的上一年度审结的近万件典型案例中挑选出来的，具有广泛的选编基础和较强的代表性。

3. 独特的内容：高度提炼案情和裁判要旨，突出争议焦点问题，主审法官撰写“法官后语”，展现裁判思路方法。

4. 数据库增值服务：2023 年继续推出数据库增值服务，凡购买本书，扫描前勒口二维码，即可免费使用往年同类案例数据库。

《中国法院 2023 年度案例系列（全 23 册）》

1. 婚姻家庭与继承纠纷
2. 物权纠纷
3. 土地纠纷（含环境资源纠纷）
4. 房屋买卖合同纠纷
5. 合同纠纷
6. 买卖合同纠纷
7. 借款担保纠纷
8. 民间借贷纠纷
9. 侵权赔偿纠纷
10. 道路交通纠纷
11. 提供劳务者受害责任纠纷
12. 人格权纠纷
13. 劳动纠纷（含社会保险纠纷）
14. 公司纠纷
15. 保险纠纷
16. 金融纠纷
17. 知识产权纠纷
18. 行政纠纷
19. 刑事案例一
20. 刑事案例二
21. 刑事案例三
22. 刑事案例四
23. 执行案例

中国法院年度案例集成丛书(全15册)

国家法官学院　最高人民法院司法案例研究院　编

汇集十年精华　展现裁判思维　促进适法统一

实务性：一本为新型疑难法律适用问题提供解决方案的司法实务参考用书

工具性：一部可以查阅人民法院类型化裁判规则的小全书

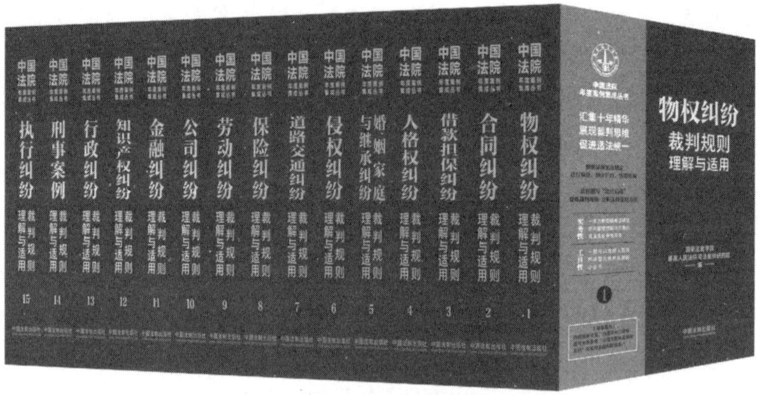

1. 物权纠纷裁判规则理解与适用
2. 合同纠纷裁判规则理解与适用
3. 借款担保纠纷裁判规则理解与适
4. 人格权纠纷裁判规则理解与适用
5. 婚姻家庭与继承纠纷裁判规则理解与适用
6. 侵权纠纷裁判规则理解与适用
7. 道路交通纠纷裁判规则理解与适用
8. 保险纠纷裁判规则理解与适用
9. 劳动纠纷裁判规则理解与适用
10. 公司纠纷裁判规则理解与适用
11. 金融纠纷裁判规则理解与适用
12. 知识产权纠纷裁判规则理解与适用
13. 行政纠纷裁判规则理解与适用
14. 刑事案例裁判规则理解与适用
15. 执行纠纷裁判规则理解与适用